U0057800

航空財務管理

Airline Financial Management

黃中堅 

作者簡介

黃中堅

學歷：

國立中山大學財務管理學系　博士

現職：

國立高雄餐旅大學航空暨運輸服務管理系　兼任助理教授

經歷：

1994 企業經理名人（'94 The Executive Who's Who, Taiwan）
遠東航空公司（股票代號：5605）、興勤電子工業股份有限公司（股票代號：2428）、雷科股份有限公司（股票代號：6207）財務長／雷科股份有限公司總經理
2007 年教宗本篤十六世暨單國璽樞機主教頒發表彰對藝術與教育的奉獻

專書著作：

《航空財務管理》
《八十八曼陀羅百疎》
《菊島杏花村》
《海上絲路澎湖灣》

法律顧問

黃陽壽博士／律師
薛西全博士／律師
洪條根律師

序

無論是政府、營利性或非營利性組織，組織內的所有營運活動，均與財務有密切關聯。近年來，全球金融市場震盪，為了防範金融體系發生系統性風險、規避通縮覆轍，裨益組織仍能穩健發展，「財務管理」在組織經營中的功能，已漸次由傳統價值體系的後勤行政支援，演變為組織的關鍵決策評估要素。

民用航空運輸業是人力密集、技術密集、資本密集與政府高度管制之整合性國際企業，其尖離峰及淡旺季明顯、全年無休運轉的特性，無論就產業特性或營運成本結構而言，皆較一般產業複雜：該產業非僅深受經濟循環、油價波動影響，亦容易因政治環境變遷、國際疫情而帶來營運的變數。同時，龐大的沉沒成本（飛航機隊與後勤支援的設備）挹注，搭配具有規模經濟的航線網路與多元化經營的商業模式，方能維持組織的正常營運。因此，對於民用航空運輸業的「財務管理」，不只侷限於資金籌措、帳務作業、預算規劃、投資評估、融資規劃、營運資金管理等傳統知識，更應在成本會計的基礎上建立該產業的深厚專業背景知識（如：旅遊周邊產業的財務帳務作業特性、收入作業管理、國際票務知識、專業會計制度、國內航線營運特質、國際航線營運特質、海峽兩岸航線營運特質等），裨益擘劃最佳的資產與負債組合，以確保組織的正常營運發展。

本書承蒙，過去在遠航從事企劃行政幕僚工作，現任國立高雄餐旅大學航空暨運輸服務管理研究所的楊振榫所長，暨過去負責遠航營運安全行政幕僚工作，現任國立高雄餐旅大學課務組王穎駿組長，他們由於在航空產業運作模式與學養具有一定的體驗與認識，對於本書的內容提供了許多珍貴的資料與見解，並作嚴謹的匡正，使這本《航空財務管理》專書能夠縝密的鋪陳而順利誕生，恩情銘感五內。

為了宥恕以往文采的窠臼以便嘉惠讀者，由於腦袋是圓的，那是為滿足我們不斷轉換思路需要（Der kopf ist rund, damit das Denken die Richtung wechseln kann），在學習中努力朝著自己的目標邁進，留下我們自己的腳印，去開拓視野，讓國內的航空業者風華再現，如雲輕掠而安祥自在，飛翔如柳絮徐徐，讓賓客安泰而瀟灑，恬靜而致祥和。也讓人生在悠長的學習路途，師如星生如月，夜夜流光相皎潔，來道盡天下師生共同心聲，星月相伴師生互映，發揚「吾愛吾師」（To sir with love）精神，也讓授者繼續負起為人師表的神聖使命。本書係以實務觀點，著重於民用航空運輸業在財務分析過程中所涉及的邏輯方法，提供航空公司相關行政幕僚人員參考，並協助航運相關系所的莘莘學子建立基礎且有系統的專業航空財管知識。

黃中堅 謹誌

目次

Part 3　交通部民航局各航線票價及十四項成本之制定

Part 4 航空業會計制度

Part 5 航空業預算及財務預測

附錄

緒論

航空是一項資本密集、技術密集、勞力密集且營運易受外在環境影響的產業。一架波音 747-400 客機（如圖 1、圖 2 所示）造價超過 1.5 億美元，其發動機價值 1,000 萬美元，一套模擬機 3,000 萬美元，一名新進機師完成一年初訓則需 7 萬美元，一名正駕駛員基本月薪約 1 萬美元，還有空服員、修護人員、地服人員等國內外上千員工的薪資；除飛航操作、飛機修護需利用最新科技設備外，另外訂位、票務、旅客報到、組員派遣、財務作業、貨運作業等則都必須運用大量的資訊科技（Information Technology, IT）。航空業也是現金流量最為豐沛的產業，但全球經濟、戰爭、恐怖活動、傳染病、天災、油價、金融風暴等卻隨時可能重創其產業，因此航空業之經營管理，實與其他產業之特性迥異，如何讓其永續發展，實為一重要課題。

▲圖 1　中華航空波音 747-400 貨機及企業總部（王穎駿攝）

▲圖2 長榮航空波音 747-400 客機（王穎駿攝）

財務管理是航空公司營運之命脈，策略規劃與穩定健全之財務運作是奠定航空公司永續經營的基石。全球航空業在歷經了 2008 上半年油價高漲及 2008 下半年至 2009 年金融海嘯的衝擊，國外許多大型航空公司紛紛尋求合併或申請破產保護以因應，台灣兩大航空公司（華航、長榮）更是呈現巨額虧損。以華航為例，2008 年本業虧損 102.1 億元，加上油料跌價損失與其他業外損失，稅後虧損高達 323.5 億元，占該公司資本額 66.57%，創下該公司成立五十年來最大虧損紀錄，2009 年稅後虧損 38 億元，長榮航空 2009 年稅後虧損 28 億元。國際航空運輸協會（International Air Transport Association, IATA）統計 2000～2010 年間，全球航空業總共虧損 500 億美元，光是 2009 年度便占了 110 億美元，當年度所有航空公司的營收共下滑了 800 億美元。許多航空公司為了改善財務結構避免虧損並提升上市股價淨值，因此在財務管理上祭出如減資、增資、發債等措施，此操作手法是先減資再增資後，讓航空公司負債比降低，銀行的還本與利息壓力減輕，並因財務結構調整後可使財務回歸正常狀態，有利於營運衝刺。良好的財務運作、規劃及管理可以因此挽救不少瀕臨破產的航空業者。

航空產業在經過金融海嘯衝擊後已逐漸起色，亞太地區航空市場在 2012 年增加了 5.2%，並持續成長。2014 年下半年及 2015 年油價持續下跌更是為航空業帶來一大利多。2008 年海峽兩岸開放通航後，兩岸市場的旅客人數從 2009 年的 310 萬人次增加到 2012 年的 895 萬人次，2014 年已接近 1,000 萬人次。2014 年華航營收新台幣 1507.65 億元，較 2013 年營收新台幣 1417.03 億元成長 6.35%，2014 年獲利新台幣 107.43 億元。2014 年長榮航空，營收新台幣 1387.04 億元，較 2013 年營收新台幣 1,241.62 億元成長 11.71%，

2014 年獲利新台幣 114.58 億元。圖 3 至圖 6 為兩家公司自 2013 至 2014 年營收、盈餘與年增率變化趨勢。另一家區域型航空公司復興航空 2012 年新闢 10 條亞洲區間與兩岸直航航線，挹注成長動能，復興航空 2014 年營收新台幣 131.66 億元，較 2013 年營收新台幣 121.73 億元成長 0.16%，2014 年獲利新台幣 3.67 億元，成果豐碩。（資料來源：中華航空公司、長榮航空公司、復興航空公司 2013 年財報暨 2014 年財報自結數，取材自中央社記者韋樞台北 2015 年 1 月 12 日電）

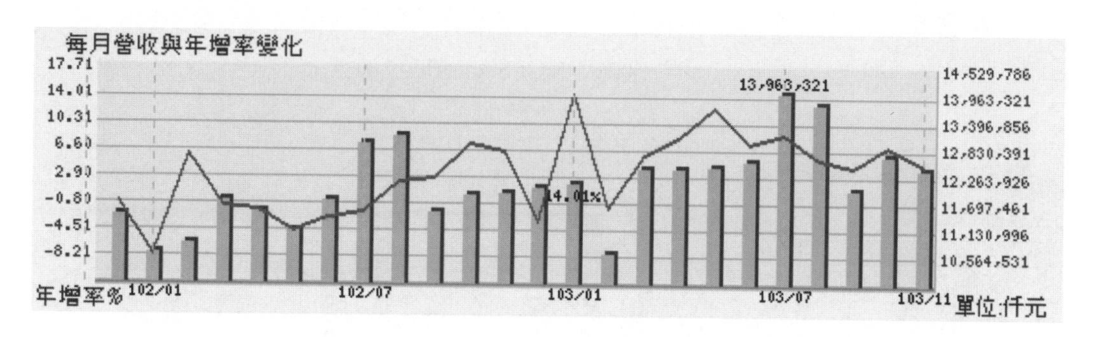

▲圖 3　2013 年 1 月～2014 年 11 月中華航空公司每月營收與年增率變化

資料來源：KGI Securities

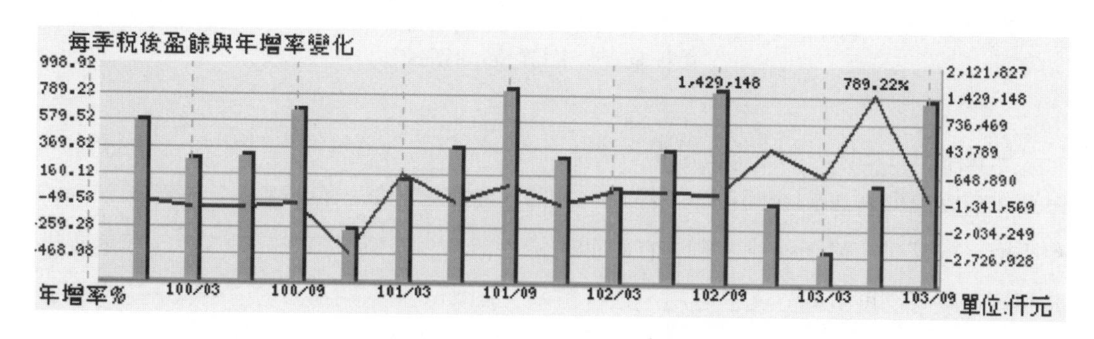

▲圖 4　2013 年 1 月～2014 年 11 月中華航空公司每季稅後盈餘與年增率變化

資料來源：KGI Securities

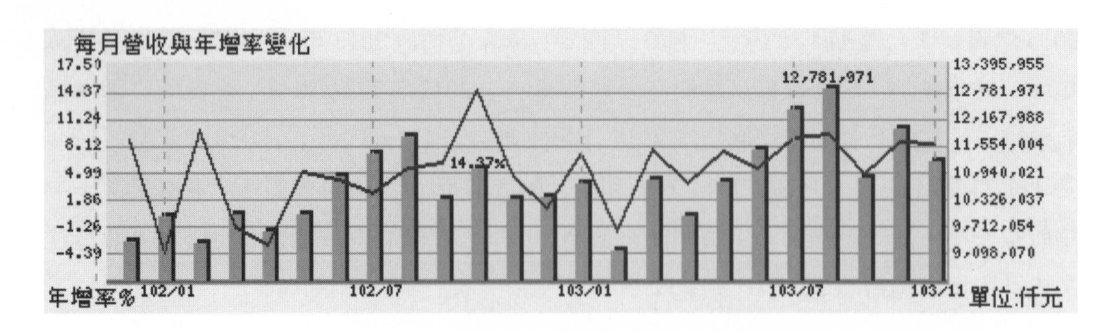

▲ 圖 5　2013 年 1 月～2014 年 11 月長榮航空公司每月營收與年增率變化

資料來源：KGI Securities

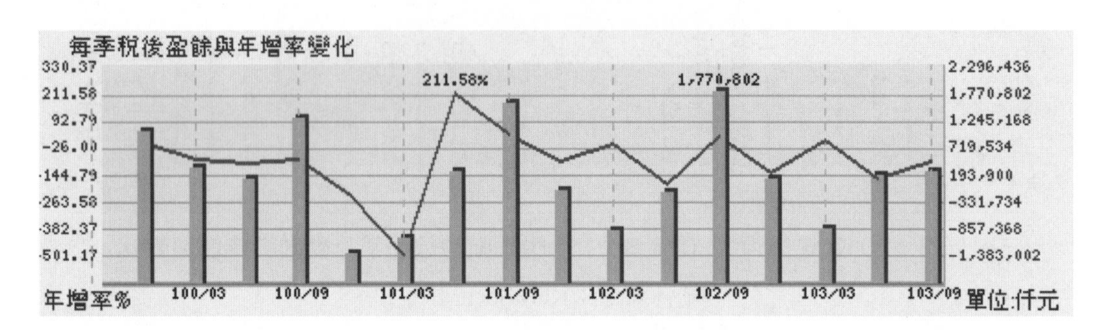

▲ 圖 6　2013 年 1 月～2014 年 11 月長榮航空公司每季稅後盈餘與年增率變化

資料來源：KGI Securities

航空財務管理係以航空營運整體系統結合會計資訊的一項科學管理模式，回顧歷史，一萬年前以色列人 Jerry 發明畜產、穀倉、武器收發庫存記錄的存貨會計；五千年前伊拉克兩河流域蘇美人 Marion 用象形文在庫存記錄上審計，類似簽證會計師；二千年前羅馬共和國在政府制度上建立文官體制、銀行體系，Jerome 並定期在公告財務報表主辦會計位置上簽名，是早期的財務金融業務；800 年前義大利威尼斯城、熱內亞、佛羅倫斯合夥及公司組織商業往來發達，當時資本主 Amatino Manucci 以審計核閱財務報表；516 年前義大利旅行家兼數學家 Luca Pacioli（1447-1517）在中年雲遊義大利全國時撰寫一本名為 *Summa* 的書，全書分五章，其中一章是會計，會計流程由分錄、過帳、試算、調整、結算、報表，所有會計過程非常完備，帳簿亦分日記簿和分類帳，甚至連資產負債表與損益表的格式都已完備，損益表上收入與支出結算的餘絀都清楚地歸入資產負債表的業主權益；十八世紀英國一家陶瓷工廠負責人 Josiah Wedgwood（1730-1795）發明控制成本的成本會計；1854 年英國倫敦 William Cooper 建立審計制度創立會計師事務所，是早期的六大會計師事務所之一，後來各會計師事務所之間業務合縱連橫，其中成就為資誠會計師事務所（Price Water House Cooper），為現今全球四大會計師事務所之一。

目前攸關航空公司財務管理的三個組織是：國際航空運輸協會（IATA）、航空業界碳排放問題聯盟（Aviation Global Deal Group, AGD）與國際會計準則理事會（International Accounting Standards Board, IASB），分別說明如下。

航空客貨運市場隨著中國、印度及東協其他新興市場的人口及平均收入的增加，亞洲市場持續的成長使全球區域性的差異漸趨平衡，而航空公司在飛航市場國際化的趨勢下，為了要提高經營效率以及降低空運成本的前提下，紛紛加入 IATA 組織。IATA 於 1945 年在古巴哈瓦那成立，同時促成航空業者之間的共同合作，目前總部設於加拿大蒙特婁，另在瑞士日內瓦設有辦事處。IATA 提供安全、可靠且經濟的航空服務，並轉移紙本發票到一個整合的電子化系統，備供其成員與航空公司等合作廠商一個共通、有彈性且可靠的發票系統，作為集中服務的平台，藉以凝聚航空產業的向心力，提高 IATA 成員處理國際各航空公司間之票價、運費等商務事務效能。我國的華航早期原本為 IATA 成員，後來隨著台灣退出聯合國，華航隨即在 1974 年喪失會員資格，被迫退出其組織，直到後來 IATA 日益壯大，並逐漸與國際民航組織（International Civil Aviation Organization, ICAO）脫勾，進而修改組織章程，開放非聯合國會員國的民航業者也可加入組織。華航在中斷 28 年後於 2002 年重新加入IATA，除了在航班聯運、機票分帳與清帳、機場起降時間帶協調等方面與全世界其他會員享有相同權利外，並可參加其組織旗下多個委員會，不論在營運安全、航空環境、資訊管理、客貨營運等方面，均可與世界先進航空業者同步接軌，進一步提升國籍航空業者的國際競爭力。

此外，隨著全球暖化議題及環保意識的抬頭，《京都議定書》賦予了國際民航組織（ICAO）為全球民航業者提出一個碳排放解決方案的責任，而 IATA 一直寄望 ICAO 能為這個世界國際民航組織碳排減量問題交出一個全球性的方案，這是航空業界碳排放問題聯盟（AGD）成立後，IATA 首次對民航業內部為解決行業碳排放問題做出的回應，表示接受其配額的存在。AGD 呼籲航空業界「如何試算碳排放量及配額」（how to calculate your carbon emissions & each has his quota of airlines）。與其他行業所不同的是以上這三個單位不僅是航空公司的利害關係人，而且與航空事業日益緊密並息息相關。

以航空碳稅實例說明如下：

實例

A航空公司採用 400 人座之B747-400 飛航台北⟷洛杉磯航線，該航線以出入境平均值計算，年度總載客率為 81.9%，台北到洛杉磯的哩程數為 6,774 哩，歐盟的歐洲環境署（EEA）所出具的飛航與溫室氣體相關報告實驗結果，顯示 1 公斤的飛機燃料約產生 3.15 公斤的二氧化碳，台北到洛杉磯（one way）航班耗用總燃料數量為：3,402.2 公斤[起飛及落地耗用量]＋（112,150.9 公斤＋ 9,852.9 公斤）[爬升航行及下降航行耗用量]

＝ 125,406 公斤。

請試算：

1. 台北到洛杉磯（one way）航班平均每人二氧化碳排放量（按座位數計算）多少公斤？
2. 台北到洛杉磯（one way）航班平均每人二氧化碳排放量（按乘客數計算）多少公斤？

解答：

1. 台北到洛杉磯（one way）航班平均每人二氧化碳排放量（按座位數計算）為：
   3.15 公斤×125,406÷400（人）＝ 987.57 公斤。
2. 台北到洛杉磯（one way）航班平均每人二氧化碳排放量（按乘客數計算）為：
   3.15 公斤×125,406÷[400（人）×81.9%]＝ 1,205.83 公斤。

航空公司與國際接軌，除了加入 IATA 組織外，公司財報也須遵循「國際財務報導準則」（International Financial Reporting Standards, IFRSs）。IFRSs 是指由國際會計準則理事會（IASB）制定的「財務報表編製及表達之架構」及其他準則、解釋公告。許多現行 IFRS 體系中的準則以其舊稱「國際會計準則」（International Accounting Standards, IAS）而廣為人知。IAS 由國際會計準則委員會（International Accounting Standards Committee, IASC）於 1973 年至 2001 年間頒布，IASC 主要是由日本、法國、德國與美國等會計團體發起，而中國亦在 1998 年加入。2001 年 4 月，新成立的IASB 決定保留並繼續修訂此前頒布的 IAS，以後新制定頒布的準則則統稱為 IFRS。

國際財務報導準則（IFRSs）是一系列以原則性為基礎的準則，它只規定了寬泛的規則而不是約束到具體的業務處理。到 2002 年為止，大量的國際會計準則提供了多種可選的處理方法；國際會計準則理事會的改進方案是盡量找到並減少同一業務的可選處理方案。

以往我國一向習慣採用同美國一般公認會計原則（Generally Accepted Accounting Principles, GAAP）的細則基礎，如今改採原則基礎下的 IFRSs，所有企業面臨會計處理準則著重經濟實質判斷之轉變。隨著經濟全球化的發展，全球採用統一的財務報導語言已成趨勢，我國會計研究發展基金會以 IAS 或 IFRSs 為藍圖，接連發布或修正許多財會公報，金管會更於 2008 年 10 月宣布我國與 IFRSs 的接軌方式，由往昔的逐步增修國內會計準則改為直接採用 IFRSs。IFRSs 允許航空公司資產於首次採用 IFRSs 時做一次重新評價，以公平價值衡量其航空器，後續處理仍以折舊後成本作為基礎，公司只需要確保於首次採用 IFRSs 時未高估所評估的資產價值作為規範。IFRSs 建置可以讓航空公司建立更完善之財務管理報表資訊，提升財務透明度、經營管理效率以及企業形象等效益。

以某航空公司購買一架 2 億元飛機，估計殘值 1,000 萬，耐用年限 10 年，在公司採用我國現行會計準則（ROC GAAP）與 IFRSs 在財報呈現上的差異為例，現行做法僅帳列飛機 2 億元，每年折舊攤提 1,900 萬元；IFRSs 的做法則要：(1)帳列飛機 2 億元；(2)主體設備 1.5 億元，每年折舊攤提 1,400 萬元；(3)附屬設備 5,000 萬，分 3 年攤提每年 1,666 萬 7,000 元，顯然訊息更為充分。

航空公司與其他企業一樣有許多往來的利害關係人（stakeholder），最直接的就是投資人（investors）業主，由於航空公司依公司法成立，所以業主就是股東（stockholder），他們是公司經營資金的主要提供者。公司資金籌措來源除了股東之外，也可以向銀行融資或發行公司債取得資金，提供融資的銀行或持有公司債者稱之為貸款人（lender）或債權人（creditors）。經理人（managers）則應用股東或債權人提供的資金購置飛機、機修廠棚、維修零件、飛行油料、飛機與旅客之保險及再保險、侍應食用品等，產生了供應商和其他商業債權人（suppliers, vendors and other trade creditors）。經理人從事聘雇飛航機師、空服人員、機務人員、人資、財務、總務等員工（employees），並經營客貨運輸業務行銷，服務顧客（customers）。

代表政府機關（governments and their agencies）的交通部民用航空局（Civil Aeronautics Administration, CAA）及國際航空運輸協會（IATA）、航空業界碳排放問題聯盟（AGD）對大眾運輸資源分配與活動實施監督管控，稅務、關務單位同時也決定租稅政策作為所得重分配、圖謀國家社會發展、富國裕民福利機制。另外航空公司也必須依規定提出客觀性的財務報表經外部審計人員（external auditors）依國際財務報導準則（IFRSs）實施一定的查核程序，以超然的立場出具專業的審計報告給利害關係人。

經營航空公司必須要有充分的短期營運資金與長期負債（銀行長期融資或發行公司債）、特別股、普通股、保留盈餘四種長期資金來源，藉以投資航空器等資產設備，其委託經理人運籌帷幄發展航空運輸業務，因此在經營航空事業的活動期間與上述利害關係人會產生許多相關的商業交易行為，本書作者群將這些商業交易內容歸納成《航空財務管理》一書加以介紹。

本書共分為五篇：

第一篇主要討論「國際航空票務」。第一章介紹國際航空運輸協會（IATA）重要功能、飛航時間換算等。

第二篇討論「國際航空公司財務帳務作業系統」。第一章介紹成本費用管理系統，包括國際航空運輸協會清帳交換所（ICH）、IATA 合格 BSP 旅行社作業系統，以及場站、貨物等各個成本管理系統；第二章介紹收入作業管理系統，包含票價試算、飛航行徑票價、國際航空飛航票價計算基本元素、機票銷售指標、標準票價試算步驟、應收帳款系統、貨運電子帳單系統（E-AWB）、國際會計準則理事會（IASB）及美國財務會計準則委員會（Financial Accounting Standards Board, FASB）對航空公司未來收入認列會計處理等議題。

第三篇討論「交通部民航局各航線票價及十四項成本之制定」。第一章介紹交通部民航局航線票價訂定；第二章介紹十四項成本之內涵與比重。

第四篇探討「航空業會計制度」。第一章介紹資產科目；第二章介紹負債科目；第三章介紹股東權益科目；第四章介紹營業收入科目；第五章介紹營業成本科目；第六章介紹營業費用科目；第七章介紹營業外收支科目；第八章則介紹非常損益及會計原則變動累積影響數及所得稅科目。

第五篇討論「航空業預算及財務預測」，第一章至第六章分別介紹預算管理之目的、範圍及內容、預算審核、預算執行與控制，以及預算執行績效評估和預算編制；第七章為航空公司資本支出。

「附錄」則為航空公司預算編制表範例，以及中國大陸運輸（民用航空）企業會計制度。

經營航空運輸事業除了有飛機、旅客、貨物外，要飛越各國領空進入全球航空市場，更涉及了領空主權與八大航權問題：第一航權為領空飛越權，凡是無害通過，該國必須同意不落地的穿越領空；第二航權為技術落地權，同意他國航機落地加油、維修，禁止攬客裝卸貨物；第三及第四航權為兩國互簽航約同意目的地載客攬貨權；第五航權為航線延遠權，他國飛機經第三國載客攬貨後再飛回飛機註冊國；第六航權為橋樑權，他國或本國飛機在境外兩國或地區間載客攬貨，途中須經航機註冊國；第七航權為完全第三國運輸權，航空公司經營本國以外的航線，同時擁有在境外兩國載客攬貨之權利；第八航權為國內運輸權，外國航空公司在某國境內擁有載客攬貨之權利。

經由上述介紹，讀者可以明瞭從事航空財務管理除了要了解許多往來的利害關係人之外，同時更要熟悉航空事業獨有的行業特性，本書藉由作者群歷經航空實務的經驗，採用深入淺出的方法回饋予對航空財務管理有興趣的讀者，保持始終如一的使命感。

以下茲引用一家名為江夏航空股份有限公司（化名）的財務報表（表 1 至表 4），導引讀者進入航空財務管理實務運作的相關情境。

表 1

江夏航空股份有限公司

財務狀況表（資產負債表）

2012 年 12 月 31 日　　　　單位：新台幣仟元

資產 代碼	會計科目	金額	%	負債及股東權益 代碼	會計科目	金額	%
11XX	流動資產	4,288,440	38.48	21XX	流動負債	3,705,433	33.25
1420	長期股權投資	187,062	1.68	2420	長期負債	2,286,570	20.52
固定資產				28XX	其他負債	13,007	0.12
固定資產原始成本				2XXX	負債合計	6,005,010	53.89
1501	土地	42,746	0.38				
1521	房屋及建築	127,113	1.14				
1554	飛航設備	7,911,186	71.00	股東權益			
1681	什項設備	420,848	3.78	3110	股本	2,398,200	21.52
15X1	固定資產原始成本小計	8,501,893	76.30	32XX	資本公積		
15X8	重估增值	125,471	1.13	3230	固定資產重估增值	290,818	2.61
15XY	成本及重估增值	8,627,364	77.43	3240	處分固定資產利益	938	0.01
15X9	減：累積折舊	(2,639,304)	23.69	33XX	保留盈餘		
1670	未完工程及預付設備款	27,439	0.25	3310	法定公積	384,055	3.45
15XX	固定資產淨額	6,015,499	53.99	3350	未分配盈餘	2,063,398	18.52
18XX	其他資產	651,418	5.85	3XXX	股東權益合計	5,137,409	46.11
1XXX	資產總計	11,142,419	100.00	X XXX	負債及股東權益總計	11,142,419	100.00

表2

江夏航空股份有限公司

損益表

2012年1月1日至12月31日　　單位：新台幣仟元

代碼	會計科目	金額	%
4000	營業收入	6,146,034	100.00
5000	營業成本	4,075,051	66.30
5910	營業毛利	2,070,983	33.70
6000	營業費用	698,655	11.37
6900	營業利益	1,372,328	22.33
7100	營業外收入		
7110	利息收入	247,304	4.02
7130	處分固定資產利益	193	-
7140	處分長期股權投資利益	90,720	1.48
7160	兌換利益		
7280	理賠收入	2,944	0.05
7210	租賃收入	3,627	0.06
7480	其他收入	13,719	0.22
	小計	358,507	5.83
7500	營業外支出		
7510	利息支出	361,413	5.88
7570	材料配件跌價損失	24,494	0.40
7560	兌換損失	146,035	2.37
7530	處分固定資產損失	1,232	0.02
7880	其他損失	1,105	0.02
	小計	534,279	8.69
7900	稅前利益	1,196,556	19.47
8110	預計所得稅	238,200	3.88
9600	本期純益	958,356	15.59
9750	每股純益	4.00	

表 3

江夏航空股份有限公司

股東權益變動表

2011 年及 2012 年 1 月 1 日至 12 月 31 日　　單位：新台幣仟元

	股本	資本公積		保留盈餘		合　計
		固定資產重估增值	處分固定資產利益	法定公積	未分配盈餘	
2011 年 1 月 1 日餘額	600,000	324,417	218,995	206,661	2,041,669	3,391,742
提列法定公積				72,411	(72,411)	-
2011 年純益					1,050,031	1,050,031
固定資產處分稅後利益轉列資本公積			199		(199)	-
2011 年 12 月 31 日餘額	600,000	324,417	219,194	279,072	3,019,090	4,441,773
2012 年盈餘分配						
提列法定公積				104,983	(104,983)	-
股票股利	1,798,200	(33,599)	(218,401)		(1,546,200)	-
員工紅利					(262,720)	(262,720)
2012 年純益					958,356	958,356
固定資產處分稅後利益轉列資本公積			145		(145)	-
2012 年 12 月 31 日餘額	2,398,200	290,818	938	384,055	2,063,398	5,137,409

表 4

江夏航空股份有限公司

現金流量表

2012 年 1 月 1 日至 12 月 31 日　　單位：新台幣仟元

項目	金額
營業活動之現金流量：	
本期損益	958,356
調整項目：	
折舊及攤銷	465,835
處分長期股權投資利益	(90,720)
處分固定資產損失淨額	1,039
遞延所得稅淨負債減少	(26,570)
應收票據增加	(48,807)
應收帳款減少（增加）	36,030
其他應收款增加	(32,590)
材料及配件增加	(4,382)
預付款項增加	(29,913)
其他資產增加	(93,554)
應付票據增加	19,991
應付帳款（減少）增加	(167,966)
其他應付款（減少）增加	(240,490)
預收款項增加	23,848
應付所得稅減少	(103,110)
其他流動負債增加	12,494
存入保證金減少	(863)
外幣長期借款匯率調整	142,070
淨調整數	(137,658)
營業活動之淨現金流入	820,698
投資活動之現金流量：	
質押定期存款增加	(1,350,000)
存出保證金減少（增加）	1,176,688
長期投資增加	-
處分長期投資價款	120,000
處分固定資產價款	243
購置固定資產	(175,054)
投資活動之淨現金流出	(228,123)

（續下表）

項目	金額
理財活動之現金流量：	
應付短期票券（減少）增加	(299,505)
舉借長期借款	-
償還長期借款	(310,391)
理財活動之淨現金流入	(609,896)
本期現金及約當現金減少數	(17,321)
期初現金及約當現金餘額	1,767,952
期末現金及約當現金餘額	1,750,631
現金流量之補充揭露：	
本期支付利息	361,666
本期支付所得稅	367,880
不影響現金流量之投資及理財活動：	
一年內到期之長期借款	1,955,527
提列員工紅利	262,720

依據江夏航空股份有限公司上述四大財務報表，其相關財務資訊如下：

(1) Kd（負債成本、利率）＝ 1.1335%	(2) Rf（無風險報酬、公債殖利率）＝ 2.75%
(3) Rm（市場報酬）＝ 15%	(4) β（風險係數）＝ 0.48
(5) t（營業所得稅率）＝ 25%	(6) V（資產總額）＝ 11,142,419 仟元
(7) D（負債總額）＝ 6,005,010 仟元	(8) E（股東權益）＝ 5,137,409 仟元
(9) NI（稅後淨利）＝ 958,356 仟元	(10) I（利息費用）＝ 361,666 仟元

會計調整數＝ 607,905 仟元，內容如後：	
(1) 折舊及攤銷＝ 465,835 仟元	
(2) 累積換算數＝ 142,070 仟元	

(1) 稅後淨利＝ 958,356 仟元	
(2) 公司營所稅＝ 238,200 仟元	

公司評價公式模型試算如下：

1. 資本資產定價模式 CAPM（Capital Asset Price Model）=Ke

$Ke = Rf + \beta（Rm - Rf）$

Ke ＝ 2.75%＋ 0.48（15%－ 2.75%）

＝ 8.63%

2. 加權平均資金成本 WACC（Weighted Average Capital Cost）

$$WACC = Kd\,(1 - t)\,\frac{D}{V} + Ke\,\frac{E}{V}$$

WACC ＝ 1.1335%（1 － 25%）6,005,010/11,142,419 ＋
8.63% ×5,137,409/11,142,419
＝ 4.44%

3. 經濟附加價值 EVA（Economic Value Added）

EVA ＝ NI ＋ I（1 － t）－（資金成本＝ V×WACC）＋會計調整數

EVA ＝ 958,356 ＋ 361,666（1 － 25%）－（11,142,419×4.44%）＋ 607,905
＝ 1,342,788（仟元）

4. 債權及股權投注營業資金之稅後報酬 ROIC（Return On Invested Capital）

ROIC ＝合併本業稅前淨利－公司營所稅

ROIC ＝ 1,196,556 － 238,200 ＝ 958,356（仟元）

5. 超額報酬 Spread

Spread 超額報酬＝ ROIC －（V×WACC）

Spread ＝ 958,356 －（11,142,419×4.44%）＝ 463,633（仟元）

part 1

國際航空票務

CHAPTER 1

國際航空運輸協會（IATA）

國際航空票價、運算規則及機票的格式，均由國際航空運輸協會（以下簡稱國際航協，IATA）制定而成。國際航協（IATA）為全球航空運輸業界馬首是瞻的民間權威組織，組織會員分為航空公司、旅行社、貨運代理及組織結盟等四類，總部設在加拿大的蒙特婁，執行總部則在瑞士日內瓦。國際航協組織權責為訂定航空運輸之票價、運價及規則，由於其會員眾多，且各項決議多獲得各會員國政府的支持，因此不論是國際航協會員或非會員均能遵守其規定。

國際航協之航空公司會員來自 130 餘國，由世界主要 272 家航空公司組成，其經營規模為國際航空公司者，為正式會員（Active Member）；經營規模為國內者，為預備會員（Associate Member）。

第一節 國際航協的重要商業功能

一、多邊聯運協定

多邊聯運協定（Multilateral Interline Traffic Agreements, MITA），係航空業聯運網路的基礎，航空公司加入多邊聯運協定後，即可互相接受對方的機票或是貨運提單，亦即同意接受對方的旅客與貨物，因此，協定中最重要的內容就是客票、行李運送與貨運提單格式及程序的標準化。

二、票價協調會議

票價協調會議（Tariff Coordination Conference），係制定客運票價及貨運費率的主要會議，會議中通過的票價仍須由各航空公司向各國政府申報獲准後方能生效。

三、訂定票價計算規則

訂定票價計算規則（Fare Construction Rules），係指票價計算規則以哩程作為基礎，名為哩程系統（Mileage System）。

四、分帳

分帳（Prorate）為開票航空公司將總票款按一定的公式，分攤在所有航段上，是以需要統一的分帳規則。

五、國際航空運輸協會清帳交換所

國際航空運輸協會清帳交換所（IATA Clearing House, ICH），係指國際航協將所有航空公司的清帳工作集中在一個業務中心。

六、銀行清帳計畫

銀行清帳計畫（Billing and Settlement Plan，舊稱 Bank Settlement Plan，以下簡稱 BSP），係由國際航協各航空公司會員與旅行社會員所共同擬訂，主要在簡化機票銷售代理商在銷售、結報、清帳、設定等方面的程序，使業者的作業更具效率。

台灣地區於 1992 年 7 月開始實施 BSP，目前計有 38 家 BSP 航空公司及 344 家 BSP 旅行社。

第二節　國際航協定義之地理概念

一、三大區域

國際航協為了管理與制定票價方便起見，將全球劃分為三大區域（如圖 1-1-1），說明如下。

(一) 第一大區域（IATA Traffic Conference Area 1, TC1）

包括北美洲（North America）、中美洲（Central America）、南美洲（South America）和加勒比海島嶼（Caribbean Islands）。

涵蓋的區域西起白令海峽，東至百慕達（Bermuda）為止，包括：阿拉斯加（Alaska），北、中、南美洲，太平洋中的夏威夷群島（Hawaiian Islands），大西洋中的格陵蘭（Greenland）。如果以大城市來劃分，即西起檀香山（Honolulu），包含：北、中、南美洲所有城市，東至百慕達為止。

(二) 第二大區域（IATA Traffic Conference Area 2, TC2）

包括歐洲（Europe）、中東（Middle East）和非洲（Africa）。

涵蓋的區域西起冰島，東至俄羅斯烏拉山脈及伊朗為止，包括：大西洋中的歐洲、非洲及中東全部。如果以大城市來劃分，即西起冰島的凱夫拉維克（Keflavik），包含：歐洲、非洲、中東及俄羅斯烏拉山脈以西的所有城市，東至伊朗的德黑蘭（Tehran）為止。

(三) 第三大區域（IATA Traffic Conference Area 3, TC3）

包括東南亞（South East Asia）、東北亞（North East Asia）、亞洲次大陸（South Asian Subcontinent）和大洋洲（South West Pacific）。

涵蓋的區域西起烏拉山脈、阿富汗及巴基斯坦，東至南太平洋大溪地為止，包括：亞洲全部、澳洲、紐西蘭、太平洋中的關島（Guam Islands）及威克島（Wake Islands）、南太平洋中的美屬薩摩亞（American Samoa）及法屬大溪地（Tahiti）。如以大城市來劃分，即西起喀布爾（Kabul）及喀拉蚩（Karachi），包含：亞洲全部、澳洲、紐西蘭、太平洋中的大小城市，東至南太平洋大溪地為止。

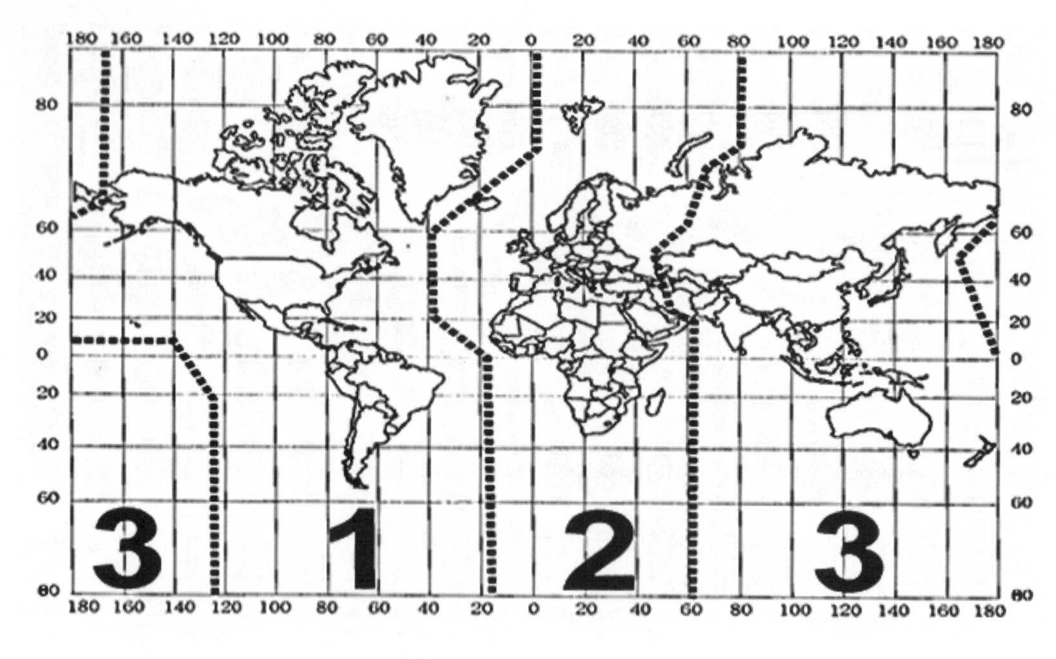

▲圖 1-1-1　全球三大區域

二、兩個半球

國際航協除將全球劃分為三大區域外，亦將全球劃分為兩個半球：

1. 東半球（**Eastern Hemisphere, EH**）：包括 TC2 和 TC3；東半球為 Area 2（TC2）與 Area 3（TC3）。
2. 西半球（**Western Hemisphere, WH**）：包括 TC1；西半球即為 Area 1（TC1）。

三、地理區域總覽（IATA Geography）

Hemisphere	Area	Sub Area
西半球 （WH）	第一大區域 （TC1）	北美洲（North America） 中美洲（Central America） 南美洲（South America） 加勒比海島嶼（Caribbean Islands）

（續下表）

Hemisphere	Area	Sub Area
東半球（EH）	第二大區域（TC2）	歐洲（Europe） 非洲（Africa） 中東（Middle East）
	第三大區域（TC3）	東南亞（South East Asia） 東北亞（North East Asia） 亞洲次大陸（South Asian Subcontinent） 大洋洲（South West Pacific）

第三節　國際時間換算

由於航空公司航班時間表上的起飛和降落時間均是當地時間，而兩個不同城市之時區可能不同，飛行時間就無法直接用到達時間減去起飛時間來表示，因此要計算實際飛行時間，必須將所有時間先調整成格林威治時間（Greenwich Mean Time, GMT），再加以換算成實際飛行時間。各國與格林威治時間之時差，可由*Office Airline Guide*（OAG）書中查得。

世界各國均有固定的時差及標準時間，現以台灣為例：台灣位於格林威治子午線的東方，故比格林威治時間快八小時。以 GMT ＋ 8 來代表與 GMT 的時差。

若想得知飛機飛行兩地的時間，可依照以下步驟計算之：

GMT ＋時差＝當地時間

1. 先找出兩地的經度位置，確認兩地是否位於同一時區。
2. 找出兩地與 GMT 的時差。
3. 確認當地是否有實施日光節約時間。
4. 將起飛地點的出發時間與抵達目的地的當地抵達時間換算成 GMT 的時間並相減。
5. 若中途有轉機停留時間則需一併扣除，所得的時間才是真正的飛行時間。

一、飛行時間計算（同一半球）

釋例 1

某班機 11 月 1 日 11:30 由台北飛往東京，於當天下午 15:15 抵達東京，其實際飛行時數為多久？

解析：

11 月 1 日台北→東京 11:30→15:15

台北（GMT ＋ 8）→東京（GMT ＋ 9）

起飛時間 11:30 換成 GMT 是 03:30

到達時間 15:15 換成 GMT 是 06:15

06:15 － 03:30 ＝ 2:45

實際飛行時間是 2 小時又 45 分鐘。

釋例 2

某班機 11 月 1 日 22:20 由台北飛阿姆斯特丹，抵達阿姆斯特丹的時間為當地時間 11 月 2 日上午 09:00，其實際飛行時數為多久？

解析：

11 月 1 日台北→阿姆斯特丹 22:20→09:00 ＋ 1

台北（GMT ＋ 8）→阿姆斯特丹（GMT ＋ 1）

起飛時間 22:20 換成 GMT 是 14:20（11/1）

到達時間 09:00（11/2）換成 GMT 是 08:00（11/2）

11/2 的 08:00 ＝ 11/1 的 32:00

32:00 － 14:20 ＝ 17:40

實際飛行時間是 17 小時又 40 分鐘。

二、飛行時間計算（不同半球）

釋例 1

某班機 11 月 1 日 16:40 由台北飛洛杉磯，於 11 月 1 日 12:05 抵達洛杉磯，其實際飛行時數為多久？

解析：

11 月 1 日台北→洛杉磯 16:40→12:05

台北（GMT ＋ 8）→洛杉磯（GMT － 8）

起飛時間 16:40 換成 GMT 是 08:40（11/1）

到達時間 12:05 換成 GMT 是 20:05（11/1）

20:05 － 08:40 ＝ 11:25
實際飛行時間是 11 小時又 25 分鐘。

釋例 2

某班機 3 月 13 日由台北 22:00 飛往奧克蘭，飛行時間 11 小時，請試算抵達奧克蘭當地時間為何？

解析：
台北（GMT ＋ 8）→奧克蘭（GMT ＋ 13）
起飛時間 22:00 換成 GMT 是 3 月 13 日 14:00
加上飛行時間 11 小時換成 GMT 是 3 月 13 日 25:00 ＝ GMT 是 3 月 14 日 01:00
到達時間換成 GMT 為 01:00 ＋ 13:00（GMT ＋ 13）
GMT 3 月 14 日 01:00 ＝奧克蘭時間 3 月 14 日 14:00

三、美國時區

1. 東岸標準時區（EST；UTC-5；R 區）
2. 中部標準時區（CST；UTC-6；S 區）
3. 山嶽標準時區（MST；UTC-7；T 區）
4. 太平洋標準時區（PST；UTC-8；U 區）

   美國大陸地區以外地區採用的時區：
5. 阿拉斯加標準時區（AKST；UTC-9；V 區）
6. 夏威夷時區（HST；UTC-10；W 區）

世界協調時間（Coordinated Universal Time, UTC）是高度精確的原子時間，全球的時區都是以 UTC 的正／負位移表示，是中立時區的時間。

第四節　其他航空資料

一、航空公司代碼（Airline Designator Codes）

每一家航空公司的兩個大寫英文字母代號（二碼），例如：中華航空 China Airlines 代號是 CI，英國航空 British Airways 代號是 BA。

二、航空公司數字代號（Airline Code Numbers）

每一家航空公司的數字代號（三碼），例如：華航 China Airlines 代號是 297，英航 British Airways 代號是 125。

航空公司	航空公司代碼	數字代號
美洲		
Aerolineas Argentinas　阿根廷航空	AR	044
American Airlines　美利堅航空	AA	001
Air Canada　加拿大楓葉航空	AC	014
Continental Airlines　大陸航空	CO	005
Delta Airlines　達美航空	DL	006
Lan-Chile　智利航空	LA	045
Northwest Airlines　西北航空	NW	012
Trans World Airlines　環球航空	TW	015
United Airlines　聯合航空	UA	016
US Airways　全美航空	US	037
Varig　巴西航空	RG	042
歐洲、非洲		
Aeroflot-Russian Intl. Airlines　俄羅斯航空	SU	555
Air France　法國航空	AF	057
Air Portugal　葡萄牙航空	TP	047
Alitalia　義大利航空	AZ	055
Austrian Airlines　奥地利航空	OS	257
British Airways　英國航空	BA	125
British Midland　英倫航空	BD	236
Ceskoslovenske Aeroline　捷克航空	OK	064
Egyptair　埃及航空	MS	077
El Al Israel Airlines　以色列航空	LY	114
Emirates　阿聯酋航空	EK	176
Finnair　芬蘭航空	AY	105
Gulf Air　海灣航空	GF	072
Iberia　西班牙航空	IB	075
KLM Royal Dutch Airlines　荷蘭航空	KL	074
Lauda Air　維也納航空	NG	231
Lufthansa German Airlines　德國漢莎航空	LH	220

（續下表）

航空公司	航空公司代碼	數字代號
歐洲、非洲		
MALEV-Hungarian Airlines　匈牙利航空	MA	182
Olympic Airways　奧林匹克航空	OA	050
Royal Jordanian　約旦航空	RJ	512
South African Airways　南非航空	SA	083
Scandinavian Airlines (SAS)　北歐航空	SK	117
Swiss Intl. Airlines　瑞士航空	LX	724
Saudi Arabian Airlines　沙烏地阿拉伯航空	SV	065
Turkish Airlines　土耳其航空	TK	235
Virgin Atlantic　英國維珍航空	VS	932
亞洲		
Air India　印度航空	AI	098
Air New Zealand　紐西蘭航空	NZ	086
Srilankan Airlines　斯里蘭卡航空	UL	603
China Airlines　中華航空	CI	297
Cathay Pacific Airways　國泰航空	CX	160
Dragon Air　港龍航空	KA	043
EVA Air　長榮航空	BR	695
Garuda Indonesia　印尼航空	GA	126
Japan Airlines　日航	JL	131
Japan Asia Airways　日本亞細亞航空	EG	688
Korean Air　大韓航空	KE	180
Mandarin Airlines　華信航空	AE	803
Malaysia Airlines　馬來西亞航空	MH	232
Air Macau　澳門航空	NX	675
Philippine Airlines　菲律賓航空	PR	079
Qantas Airways　澳亞航空	QF	081
Royal Brunei Airlines　汶萊航空	BI	672
Singapore Airlines　新加坡航空	SQ	618
Thai Intl. Airways　泰國航空	TG	217
Vietnam Airlines　越南航空	VN	738

三、制定城市／機場代號

(一) 城市代號（Worldwide City Code）

國際航協用三個大寫英文字母來表示有定期班機飛航之城市代號，由國際標準組織制定。例如新加坡英文全名是 Singapore，城市代號為 SIN；台北的英文全名為 Taipei，其城市代號為 TPE；香港的英文全名為 Hong Kong，其城市代號為 HKG；東京的英文全名為 Tokyo，其城市代號為 TYO。城市代號亦用於辨別位於不同國家的同名城市，例如同名為 San Jose，一個位於南美哥斯大黎加的 SJO，另一個位於美國加州的 SJC。

1. 歐洲

除了傳統觀念上的歐洲外，還包括非洲的阿爾及利亞、突尼西亞及摩洛哥，此外土耳其亦算入歐洲。

國家	城市	城市代號	城市名稱
德國 Germany	柏林	BER	Berlin
	科隆	CGN	Cologne
	法蘭克福	FRA	Frankfurt
	漢諾威	HAJ	Hanover
	慕尼黑	MUC	Munich
法國 France	巴黎	PAR	Paris
	里昂	LYS	Lyon
	尼斯	NCE	Nice
	馬賽	MRS	Marseille
荷蘭 Netherlands	阿姆斯特丹	AMS	Amsterdam
	鹿特丹	RTM	Rotterdam
比利時 Belgium	布魯塞爾	BRU	Brussels
盧森堡 Luxemburg	盧森堡	LUX	Luxemburg
西班牙 Spain	馬德里	MAD	Madrid
	巴塞隆納	BCN	Barcelona
	瓦倫西亞	VLC	Valencia
葡萄牙 Portugal	里斯本	LIS	Lisbon
	波多	OPO	Porto
奧地利 Austria	維也納	VIE	Vienna
	薩爾茲堡	SZG	Salzburg
	格拉茲	GRZ	Graz

（續下表）

國家	城市	城市代號	城市名稱
義大利 Italy	羅馬	ROM	Rome
	米蘭	MIL	Milan
	威尼斯	VCE	Venice
	佛羅倫斯	FLR	Florence
希臘 Greece	雅典	ATH	Athens
丹麥 Denmark	哥本哈根	CPH	Copenhagen
瑞典 Sweden	斯德哥爾摩	STO	Stockholm
挪威 Norway	奧斯陸	OSL	Oslo
芬蘭 Finland	赫爾辛基	HEL	Helsinki
冰島 Iceland	雷克雅維克	REK	Reykjavik
英國 United Kingdom	倫敦	LON	London
	曼徹斯特	MAN	Manchester
	伯明罕	BHX	Birmingham
	格拉斯哥	GLA	Glasgow
	愛丁堡	EDI	Edinburgh
愛爾蘭 Ireland	都柏林	DUB	Dublin
瑞士 Switzerland	蘇黎世	ZRH	Zurich
	日內瓦	GVA	Geneva
匈牙利 Hungary	布達佩斯	BUD	Budapest
捷克 Czech Republic	布拉格	PRG	Prague（Praha）
塞爾維亞 Serbia-Montenegro	貝爾格勒	BEG	Belgrade
俄羅斯 Russia	莫斯科	MOW	Moscow
波蘭 Poland	華沙	WAW	Warsaw
羅馬尼亞 Romania	布加勒司特	BUH	Bucharest
保加利亞 Bulgaria	索菲亞	SOF	Sofia
白俄羅斯 Belarus	明斯克	MSQ	Minsk
烏克蘭 Ukraine	基輔	IEV	Kiev
拉托維亞 Latvia	利佳	RIX	Riga
立陶宛 Lithuania	維尼爾斯	VNO	Vilnius
克羅埃西亞 Croatia	薩格勒布	ZAG	Zagreb
斯洛伐尼亞 Slovenia	盧布爾雅那	LJU	Ljubljana
波士尼亞 Bosnia	塞拉耶佛	SJJ	Sarajevo
馬其頓 Macedonia	史高比耶	SKP	Skopje
土耳其 Turkey	伊斯坦堡	IST	Istanbul
	安卡拉	ANK	Ankara

2. 紐、澳、關、塞

國家	城市	城市代號	城市名稱
澳洲 Australia	雪梨	SYD	Sydney
	墨爾本	MEL	Melbourne
	布里斯本	BNE	Brisbane
	伯斯	PER	Perth
紐西蘭 New Zealand	奧克蘭	AKL	Auckland
	威靈頓	WLG	Welington
	基督城	CHC	Christchurch
關島 Guam	關島	GUM	Guam
塞班島 Saipan	塞班島	SPN	Saipan

3. 美洲

國家	城市	城市代號	城市名稱
美國 U.S.A.－西岸	舊金山	SFO	San Francisco
	洛杉磯	LAX	Los Angeles
	西雅圖	SEA	Seattle
	波特蘭	PDX	Portland
	聖地牙哥	SAN	San Diego
	拉斯維加斯	LAS	Las Vegas
	鳳凰城	PHX	Phoenix
	檀香山（夏威夷）	HNL	Honolulu
美國 U.S.A.－中部	芝加哥	CHI	Chicago
	底特律	DTT	Detroit
	堪薩斯城	MKC	Kansas City
	丹佛	DEN	Denver
	亞特蘭大	ATL	Atlanta
	達拉斯	DFW	Dallas
	休士頓	HOU	Houston
美國 U.S.A.－東岸	波士頓	BOS	Boston
	紐約	NYC	New York City
	費城	PHL	Philadelphia
	華盛頓	WAS	Washington
	水牛城	BUF	Buffalo
	邁阿密	MIA	Miami
	奧蘭多	ORL	Orlando

（續下表）

國家	城市	城市代號	城市名稱
加拿大 Canada	溫哥華	YVR	Vancouver
	愛德蒙頓	YEA	Edmonton
	溫尼伯	YWG	Winnipeg
	多倫多	YTO	Toronto
	蒙特婁	YMQ	Montreal
	渥太華	YOW	Ottawa
墨西哥 Mexico	墨西哥市	MEX	Mexico City
波多黎各 PuertoRico	聖胡安	SJU	San Juan
巴拿馬 Panama	巴拿馬市	PTY	Panama City
阿根廷 Argentina	布宜諾斯艾利斯	BUE	Buenos Aires
巴西 Brazil	里約熱內盧	RIO	Rio de Janeiro
	聖保羅	SAO	Sao Paulo
智利 Chili	聖地牙哥	SCL	Santiago de Chile
巴拉圭 Paraguay	亞松森	ASU	Asuncion
烏拉圭 Uruguay	蒙特維多	MVD	Montevideo
委內瑞拉 Venezuela	卡拉卡斯	CCS	Caracas
哥倫比亞 Columbia	波哥大	BOG	Bogota
秘魯 Peru	利馬	LIM	Lima
波利維亞 Bolivia	拉巴茲	LPB	La Paz
厄瓜多爾 Ecuador	基多	UIO	Quito

4. 亞洲

國家	城市	城市代號	城市名稱
台灣 Taiwan	台北	TPE	Taipei
	高雄	KHH	Kaohsiung
中國大陸 China	北京	BJS	Beijing
	上海	SHA	Shanghai
	廣州	CAN	Guangzhou
	香港	HKG	Hong Kong
	澳門	MFM	Macau
菲律賓 Philippine	馬尼拉	MNL	Manila
	宿霧	CEB	Cebu
新加坡 Singapore	新加坡	SIN	Singapore
馬來西亞 Malaysia	吉隆坡	KUL	Kuala Lumpur
	檳城	PEN	Penang

（續下表）

國家	城市	城市代號	城市名稱
泰國 Thailand	曼谷	BKK	Bangkok
	普吉島	HKT	Phuket
	清邁	CNX	Chiang Mai
印尼 Indonesia	雅加達	JKT	Jakarta
越南 Vietnam	胡志明市	SGN	Ho Chi Minh City
	河內	HAN	Hanoi
日本 Japan	東京	TYO	Tokyo
	大阪	OSA	Osaka
	福岡	FUK	Fukuoka
	名古屋	NGO	Nagoya
	沖繩島	OKA	Okinawa
韓國 Korea	首爾	SEL	Seoul
	釜山	PUS	Pusan
印度 India	孟買	BOM	Bombay
	德里	DEL	Delhi
巴基斯坦 Pakistan	喀拉蚩	KHI	Karachi
斯里蘭卡 Sri Lanka	可倫坡	CMB	Colombo

5. 中東

指伊朗、黎巴嫩、約旦、以色列、沙烏地阿拉伯半島上的各國，以及非洲的埃及與蘇丹。

國家	城市	城市代號	城市名稱
埃及 Egypt	開羅	CAI	Cairo
伊朗 Iran	德黑蘭	THR	Tehran
伊拉克 Iraq	巴格達	BGW	Baghdad
敘利亞 Syrian	大馬士革	DAM	Damascus
黎巴嫩 Lebanon	貝魯特	BEY	Beirut
以色列 Israel	特拉維夫	TLV	Tel Aviv
約旦 Jordan	安曼	AMM	Amman
科威特 Kuwait	科威特	KWI	Kuwait
巴林 Bahrain	巴林	BAH	Bahrain
阿拉伯聯合大公國 United Arabic Emirates	阿布達比	AUH	Abu Dhabi
	杜拜	DXB	Dubai
沙烏地阿拉伯 Saudi Arabia	利亞德	RUH	Riyadh
	吉達	JED	Jeddah

6. 非洲

即指整個非洲大陸，但不包括非洲西北角的阿爾及利亞、突尼西亞及摩洛哥，亦不包括東北角的埃及與蘇丹。

國家	城市	城市代號	城市名稱
摩洛哥 Morocco	卡薩布蘭加	CAS	Casablanca
衣索匹亞 Ethiopia	阿迪斯阿貝巴	ADD	Addis Ababa
肯亞 Kenya	奈洛比	NBO	Nairobi
薩伊 Zaire	金夏沙	FIH	Kinshasa
奈及利亞 Nigeria	拉哥斯	LOS	Lagos
利比亞 Libya	的黎波里	TIP	Tripoli
南非 South Africa	約翰尼斯堡	JNB	Johannesburg

(二) 機場代號（Airport Code）

國際航協亦將每一個機場以英文字母來表示。東京（Tokyo）本身之機場代號為TYO，但有兩個不同的機場：一是成田機場（Narita Airport），其機場代號為 NRT；一是羽田機場（Haneda Airport），其機場代號為 HND。

1. 台灣

城市名稱	機場代碼	機場所在地
TAIPEI-CHIANG KAI SHEK	TPE	桃園（中正機場）
CHIAYI	CYI	嘉義
CHIMAY	CMJ	七美
GREEN ISLAND	GNI	綠島
HUALIEN	HUN	花蓮
KAOHSIUNG	KHH	高雄
KINMEN	KNH	金門
MAKUNG	MZG	馬公
MATSU	MFK	馬祖
ORCHID ISLAND	KYD	蘭嶼
PINGTUNG	PIF	屏東
WON-AN	WOT	望安
SUNG SHAN-TAIPEI CITY	TSA	松山
TAICHUNG	TXG	台中
TAITUNG	TTT	台東
TAINAN	TNN	台南

2. 港澳及東北亞

城市名稱	機場代碼	機場所在地
HONG KONG	HKG	香港
MACAU	MFM	澳門
韓國：		
SEOUL, Gimpo	GMP	金浦
SEOUL, Incheon	ICN	仁川
CHEJU	CJU	濟州
PUSAN	PUS	釜山
日本：		
CHITOSE	CTS	札幌
FUKUOKA	FUK	福岡
HAKODATE	HKD	函館
HANEDA	HND	東京羽田
NAGOYA	NGO	名古屋
NARITA	NRT	東京成田
OKADAMA	OKD	札幌
OKINAWA	OKA	沖繩
OSAKA-KANSAI INTERNATIONAL	KIX	大阪
SAPPORO	SPK	札幌

3. 大陸地區

城市名稱	機場代碼	機場所在地
BEIHAI	BHY	北海
BEIJING	PEK	北京
CANTON	CAN	廣州
CHANGCHUN	CGQ	長春
CHANGSHA	CSX	長沙
CHENGTU	CTU	成都
CHONGQING	CKG	重慶
DALIAN	DLC	大連
DAYONG	DYG	張家界
FOOCHOW	FOC	福州
GUILIN	KWL	桂林
GUIYANG	KWE	貴陽
HAIKOU	HAK	海口

（續下表）

城市名稱	機場代碼	機場所在地
HANGCHOW	HGH	杭州
HARBIN	HRB	哈爾濱
HEFEI	HFE	合肥
JINAN	TNA	濟南
KUNMING	KMG	昆明
LANZHOU	LHW	蘭州
LUOYANG	LYA	洛陽
MEIXIAN	MXZ	梅縣
NANCHANG	KHN	南昌
NANKING	NKG	南京
NANNING	NNG	南寧
NINGBO	NGB	寧波
SANYA	SYX	三亞
SHANGHAI	SHA	上海
SHENYANG	SHE	瀋陽
SHENZHEN	SZX	深圳
SWATOW	SWA	汕頭
TAIYUAN	TYN	太原
TIANJIN	TSN	天津
TSINGTAO	TAO	青島
TUNXI	TXN	黃山
URUMQI	URC	烏魯木齊
WENZHOU	WNZ	溫州
WUHAN	WUH	武漢
XIAMEN	XMN	廈門
XIAN	SIA	西安
XIANYANG	XIY	襄陽
YANTAI	YNT	煙台
ZHENGZHOU	CGO	鄭州
ZHUHAI	ZUH	珠海

4. 東南亞及中亞地區

城市名稱	機場代碼	機場所在地	國家
BAGUIO	BAG	碧港	菲律賓
BANDAR SERI BEGAWAN	BWN	汶萊	汶萊

（續下表）

城市名稱	機場代碼	機場所在地	國家
BANGKOK	BKK	曼谷	泰國
BOMBAY	BOM	孟買	印度
CALCUTTA	CCU	加爾各答	印度
CEBU	CEB	宿霧	菲律賓
CHIANG MAI	CNX	清邁	泰國
CHITTAGON	CGP	吉大港	孟加拉
COLOMBO	CMB	可倫坡	斯里蘭卡
DACCA	DAC	達卡	孟加拉
DAVAO	DVO	達沃	菲律賓
DELHI	DEL	新德里	印度
DENPASAR	DPS	峇里島	印尼
DILI	DIL	帝利	印尼
HANOI	HAN	河內	越南
IPOH	IPH	怡保	馬來西亞
JAKARTA	CGK	雅加達	印尼
KABUL	KBL	喀布爾	阿富汗
KARACHI	KHI	喀拉蚩	巴基斯坦
KATHMANDU	KTM	加德滿都	尼泊爾
KOTA KINABALU	BKI	亞庇	馬來西亞
KUALA LUMPUR	KUL	吉隆坡	馬來西亞
KUCHING	KCH	古晉	馬來西亞
LANGKAWI	LGK	蘭卡威	馬來西亞
MADRAS	MAA	馬德拉斯	印度
MALDIVES	MLE	馬爾地夫	馬爾地夫
MANADO	MDC	馬納都	印尼
MANILA	MNL	馬尼拉	菲律賓
MATARAM	AMI	馬塔蘭	印尼
MEDAN	MES	棉蘭	印尼
NAURU	INU	諾魯	諾魯
PADANG	PDG	巴東	印尼
PALEMBANG	PLM	巨港	印尼
PEKANBARU	PKU	帕干巴魯	印尼
PENANG	PEN	檳城	馬來西亞
PHNOM PENH	PNH	金邊	柬埔寨
PHUKET	HKT	普吉島	泰國

（續下表）

城市名稱	機場代碼	機場所在地	國家
RANGOON	RGN	仰光	緬甸
SAIGON	SGN	胡志明市	越南
SAIPAN	SPN	塞班	塞班
SIBU	SBW	詩誣	馬來西亞
SINGAPORE	SIN	新加坡	新加坡
SOLO CITY	SOC	梭羅	印尼
SURABAYA	SUB	泗水	印尼
TONGATAPU	TBU	東加大埔	東加王國
VIENTIANE	VTE	永珍	寮國

5. 美國地區

城市名稱	機場代碼	機場所在地
ABILENE	ABI	德州
ABERDEEN	ABR	南達科他州
AKRON/CANTON	CAK	俄亥俄州
ALAMOSA	ALS	科羅拉多州
ALBANY-SCHENCTADY	ALB	紐約州
ALBUOERQUE	ABQ	新墨西哥州
ALEXANDRIA	AEX	路易西安那州
ALLENTOWN-BTHLEHM	ABE	賓州
ALLIANCE	AIA	內布拉斯加
AMARILLO	AMA	德州
ANCHORAGE	ANC	阿拉斯加州
APPLETON	ATW	威斯康辛州
ARCATA	ACV	加州
ASHEVLE-HENDSNVLE	AVL	北卡羅萊納州
ASPEN	ASE	科羅拉多州
ATLANTA	ATL	喬治亞州
AUGUSTA	AGS	喬治亞州
AUSTIN	AUS	德州
BAKERSFIELD	BFL	加州
BANGOR	BGR	緬因州
BATON ROUGE-RYAN	BTR	路易西安那州
BEAUMONT-PTARTHUR-JEFFERSON	BPT	德州
BEAVER CREEK VAN SVC	ZBV	科羅多拉州

（續下表）

城市名稱	機場代碼	機場所在地
BELLINGHAM	BLI	華盛頓州
BILLINGS	BIL	蒙大拿州
BINGHAMTON	BGM	紐約州
BIRMINGHAM	BHM	阿拉巴馬州
BOISE	BOI	愛達荷州
BOSTON	BOS	麻州
BOZEMAN	BZN	蒙大拿州
BLOOMINGTON-NORMAL	BMI	伊利諾州
BLOOMINGTON	BMG	印第安納州
BRADLEY INTL-HARTFORD	BDL	康乃狄克州
BROOKINGS	BKX	南達科他州
BUFFALO	BUF	紐約州
BURLINGTON	BRL	愛荷華州
BURLINGTON	BTV	佛蒙特州
CARBONDALE	MDH	伊利諾州
CARLSBAD	CLD	加州
CASPER	CPR	懷俄明州
CEDAR RAPIDS	CID	愛荷華州
CHEYENNE	CYS	懷俄明州
CHADRON	CDR	內布拉斯加
CHAMPAIGN	CMI	伊利諾州
CHARLESTON	CHS	南卡羅萊納州
CHARLESTON	CRW	西維吉尼亞州
CHARLOTTE	CLT	北卡羅萊納州
CHARLOTTESVILLE	CHO	維吉尼亞州
CHATTANOOGA-LOVELL FIELD	CHA	田納西州
CHICAGO-O HARE INTER.	ORD	伊利諾州
CHICO	CIC	加州
CINCINNATI	CVG	俄亥俄州
CODY/YELLOWSTONE	COD	懷俄明州
COLORADO SPRINGS	COS	科羅拉多州
COLUMBIA	CAE	南卡羅萊納州
COLUMBUS	CSG	喬治亞州
COLUMBUS	CMH	俄亥俄州
COLUMBUS-GOLDEN TRIANGLE REG.	UBS	密西西比州

（續下表）

城市名稱	機場代碼	機場所在地
COUNTY AIRPORT	SBP	加州
CORPUS CHRISTI	CRP	德州
CORTEZ	CEZ	科羅拉多州
CLEVELAND	CLE	俄亥俄州
CRESCENT CITY	CEC	加州
DALLAS	DFW	德州
DAYTON	DAY	俄亥俄州
DAYTONA BEACH	DAB	佛羅里達州
DECATUR	DEC	伊利諾州
DENVER	DEN	科羅拉多州
DEVILS LAKE	DVL	北達科他州
DES MOINES	DSM	愛荷華州
DETROIT	DTW	密西根州
DICKINSON	DIK	北達科他州
DODGE CITY	DDC	堪薩斯州
DUBUQUE	DBQ	愛荷華州
DURANGO	DRO	科羅拉多州
EAGLE	EGE	科羅拉多州
EL PASO	ELP	德州
ELMIRA	ELM	紐約州
ESCANABA	ESC	密西根州
EUGENE	EUG	奧勒岡州
EVANSVILLE	EVV	印第安納州
FAIRMONT	FRM	明尼蘇達州
FARGO	FAR	北達科他州
FARMINGTON	FMN	新墨西哥州
FORT LAUDERDALE	FLL	佛羅里達州
FORT MYERS-PAGE FIELD	FMY	佛羅里達州
FORT MYERS-SOUTH WEST FLORIDA	RSW	佛羅里達州
FORT SMITH	FSM	阿肯色州
FORT WAYNE	FWA	印第安納州
FRESNO	FAT	加州
FT. COLLINS BUS SERVICE	QWF	科羅拉多州
GILLETTE	GCC	懷俄明州
GAINESVILLE	GNV	佛羅里達州

（續下表）

城市名稱	機場代碼	機場所在地
GALESBURG	GBG	伊利諾州
GARDEN CITY	GCK	堪薩斯州
GRAND ISLAND	GRI	內布拉斯加州
GRAND JUNCTION	GJT	科羅拉多州
GRAND RAPIDS	GRR	密西根州
GREAT FALLS	GTF	蒙大拿州
GREEN BAY	GRB	威斯康辛州
GREENSBORO-HIGHPT	GSO	北卡羅萊納州
GREENVL-SPARTANBG	GSP	南卡羅來納州
GUAM	GUM	關島
GUNNISON	GUC	科羅拉多州
HARLINGEN	HRL	德州
HARRISBURG SKYPORT	HAR	賓州
HARRISBURG INTL	MDT	賓州
HARTFORD	HFD	康乃狄克州
HAYDEN	HDN	科羅拉多州
HAYS	HYS	堪薩斯州
HONOLULU (HAWAII)	HNL	夏威夷州
HOUSTON-HOBBY	HOU	德州
HOUSTON-INTERCONTINENTAL	IAH	德州
HURON	HON	南達科他州
HUNTSVIL-DECATUR	HSV	阿拉巴馬州
IMPERIAL	IPL	加州
INDIANAPOLIS	IND	印第安納州
INYOKERN	IYK	加州
IRON MOUNTAIN	IMT	密西根州
IRONWOOD	IWD	密西根州
JACKSON	JAN	密西西比州
JACKSON	JAC	懷俄明州
JACKSONVILLE	JAX	佛羅里達州
JAMESTOWN	JMS	北達科他州
JOHNSON CTY-KINGPORT	TRI	田納西州
KALAMAZOO	AZO	密西根州
KANSAS CITY-DOWNTOWN	MKC	密蘇里州
KANSAS CITY-INTERNATIONAL	MCI	密蘇里州

（續下表）

城市名稱	機場代碼	機場所在地
KILLEEN	ILE	德州
KEY WEST	EYW	佛羅里達州
KNOXVILLE	TYS	田納西州
LA CROSSE	LSE	威斯康辛州
LAFAYETTE	LAF	印第安納州
LAKE CHARLES	LCH	路易西安那州
LANSING	LAN	密西根州
LARAMIE	LAR	懷俄明州
LAREDO	LRD	德州
LAS VEGAS	LAS	內華達州
LEXINGTON	LEX	肯塔基州
LIBERAL	LBL	堪薩斯州
LINCOLN	LNK	內布拉斯加州
LITTLE ROCK	LIT	阿肯色州
LONGVIEW	GGG	德州
LOS ANGELES	LAX	加州
LOS ANGELES-BURBANK	BUR	加州
LOS ANGELES-LONG BEACH	LGB	加州
LOUISVILLE	SDF	肯塔基州
LYNCHBURG	LYH	維吉尼亞州
MCALLEN	MFE	德州
MADISON	MSN	威斯康辛州
MANCHESTER	MHT	新罕布夏州
MANISTEE	MBL	密西根州
MASON CITY	MCW	愛荷華州
MATTOON	MTO	伊利諾州
MEDFORD	MFR	奧勒岡州
MELBOURNE	MLB	佛羅里達州
MEMPHIS	MEM	田納西州
MERCED	MCE	加州
MIAMI	MIA	佛羅里達州
MIDLAND	MAF	德州
MINNEAPOLIS	MSP	明尼蘇達州
MIWAKEE	MKE	威斯康辛州
MISSOULA	MSO	蒙大拿州

（續下表）

城市名稱	機場代碼	機場所在地
MOBILE	MOB	阿拉巴馬州
MODESTO	MOD	加州
MOLINE	MLI	伊利諾州
MONTEREY	MRY	加州
MONTGOMERY	MGM	阿拉巴馬州
MONTROSE	MTJ	科羅拉多州
MONROE	MLU	路易西安那州
MUSKEGON	MKG	密西根州
MT VERNON	MVN	伊利諾州
NASHVILLE	BNA	田納西州
NEW IBERIA-ACADIANA REGIONAL	ARA	路易西安那州
NEW IBERIA-LAFAYETTE	LFT	路易西安那州
NEW ORLEANS	MSY	路易西安那州
NEWPORTNEWS-HAMPT	PHF	維吉尼亞州
NEW YORK-J.F.KENNEDY INTL.	JFK	紐約州
NEW YORK-LA GUARDIA	LGA	紐約州
NEW YORK-NEWARK INTL	EWR	紐約州
NORFOLK	OFK	內布拉斯加州
NORFOLK	ORF	維吉尼亞州
NORTH PLATTE	LBF	內布拉斯加州
OAKLAND	OAK	加州
OKLAHOMA CITY	OKC	奧克拉荷馬州
OMAHA	OMA	內布拉斯加州
ONTARIO	ONT	加州
ORLANDO	MCO	佛羅里達州
OSHKOSH	OSH	威斯康辛州
OTTUMWA	OTM	愛荷華州
OXNARD/VENTURA	OXR	加州
PALM SPRINGS	PSP	加州
PANAMA CITY	PFN	佛羅里達州
PASCO-RICHLD-KENN	PSC	華盛頓州
PENSACOLA	PNS	佛羅里達州
PEORIA	PIA	伊利諾州
PHILADEPHIA	PHL	賓州
PHOENIX	PHX	亞利桑那州

（續下表）

城市名稱	機場代碼	機場所在地
PIERRE	PIR	南達科他州
PITTSBURGH	PIT	賓州
PORTLAND	PDX	奧勒岡州
PORTLAND	PWM	緬因州
POUGHKEEPSIE-DUCHESS COUNTY	POU	紐約州
POUGHKEEPSIE-NEWBURGH	SWF	紐約州
PUEBLO	PUB	科羅拉多州
PULLMAN	PUW	華盛頓州
RALEIGH/DURHAM	RDU	北卡羅萊納州
RAPID CITY	RAP	南達科他州
REDDING	RDD	加州
REDMOND	RDM	奧勒岡州
RENO	RNO	內華達州
RICHMOND	RIC	維吉尼亞州
RIVERTON	RIW	懷俄明州
PROVIDENCE	PVD	羅德島州
QUINCY	UIN	伊利諾州
ROANOKE	ROA	維吉尼亞州
ROCHESTER	RST	明尼蘇達州
ROCHESTER	ROC	紐約州
ROCKFORD-GREATER ROCKFORD	RFD	伊利諾州
ROCKFORD-ROCKFORD PARK & RIDE	ZRF	伊利諾州
ROCK SPRINGS	RKS	懷俄明州
SACRAMENTO	SMF	加州
SAGINAW-BAYCITY	MBS	密西根州
SAN ANTONIO	SAT	德州
SALT LAKE CITY	SLC	猶他州
SAN ANGELO	SJT	德州
SAN DIEGO	SAN	加州
SAN FRANCISCO	SFO	加州
SAN JOSE	SJC	加州
SAN LUIS OBISPO	CSL	加州
SAN LUIS OBISPO-COUNTY AIRPORT	SBP	加州
SANTA ANA	SNA	加州
SANTA BARBARA	SBA	加州

（續下表）

城市名稱	機場代碼	機場所在地
SANTA FE	SAF	新墨西哥州
SANTA MARIA	SMX	加州
SANTA ROSA	STS	加州
SARASOTA	SRQ	佛羅里達州
SAVANNAH	SAV	喬治亞州
SCOTTSBLUFF	BFF	內布拉斯加州
SCRANTN-WILKESBAR	AVP	賓州
SEATTLE	SEA	華盛頓州
SHERIDAN	SHR	懷俄明州
SHREVEPORT	SHV	路易西安那州
SIOUX FALLS	FSD	南達科他州
SOUTH BEND	SBN	印第安納州
SPENCER	SPW	愛荷華州
SPRINGFIELD	SPI	伊利諾州
SPRINGFIELD	SGF	密蘇里州
SPOKANE INTERNATIONAL	GEG	華盛頓州
ST. LOUIS	STL	密蘇里州
STATE COLLEGE	SCE	賓州
SYRACUSE	SYR	紐約州
VAIL	QBF	科羅拉多州
VISALIA	VIS	加州
TALLAHASSEE	TLH	佛羅里達州
TAMPA	TPA	佛羅里達州
TELLURIDE	TEX	科羅拉多州
TERRE HAUTE	HUF	印第安納州
TEXARKANA	TXK	阿肯色州
TOLEDO	TOL	俄亥俄州
TRAVERSE CITY	TVC	密西根州
TUCSON	TUS	亞利桑那州
TULSA	TUL	奧克拉荷馬州
TYLER	TYR	德州
WACO-MUNICIPAL	ACT	德州
WASHIONTON-BALTIMORE/WASH INTL	BWI	馬里蘭州
WASHIONTON-DULLES INTL.	IAD	馬里蘭州
WASHIONTON-RONALD REAGAN NATL.	DCA	馬里蘭州

（續下表）

城市名稱	機場代碼	機場所在地
WATERLOO	ALO	愛荷華州
WATERTOWN	ATY	南達科他州
WAUSAU-MUNICIPAL	AUW	威斯康辛州
WAUSAU-CENTRAL WISCONSIN	CWA	威斯康辛州
WESTCHESTER COUNTY	HPN	紐約州
WEST PALM BEACH	PBI	佛羅里達州
WICHITA	ICT	堪薩斯州
WICHITA FALLS	SPS	德州
WILLISTON	ISN	北達科他州
WORLAND	WRL	懷俄明州
YAKIMA	YKM	華盛頓州
YANKTON	YKN	南達科他州
YOUNGSTOWN	YNG	俄亥俄州
YUMA	YUM	亞利桑那州

6. 加拿大地區

城市名稱	機場代碼	機場所在地
BAIE COMEAU	YBC	貝克
BAGOTVILLE	YBG	波哥維
CALGARY	YYC	卡加立
CASTLEGAR	YCG	卡司特雷加
CHARLOTTETOWN	YYG	沙絡特城
COLD LAKE	YOD	冷湖
COMOX	YQQ	康英克斯
CRANBROOK	YXC	克藍布魯克
DEER LAKE	YDF	鹿湖
DIGBY ISLAND	YPR	魯伯特王子鎮
EDMONTON	YEA	艾德蒙頓
FORT MCMURRAY	YMM	福麥木瑞
FORT SAINT JOHN	YXJ	福聖約翰
FREDERICTON	YFC	菲德里鎮
GANDER	YQX	甘德
GASPE	YGP	加斯佩
GRANDE PRAIRIE	YQU	格蘭伯瑞爾
GOOSE BAY	YYR	鵝灣

（續下表）

城市名稱	機場代碼	機場所在地
HALIFAX	YHZ	哈利法克斯
KAMLOOPS	YKA	康露市
KELOWNA	YLW	卡洛那
LETHBRIDGE	YQL	雷絲橋
LLOYDMINSTER	YLL	羅明斯特
LONDON	YXU	倫頓
MEDICINE HAT	YXH	麥迪森漢
MONCTON	YQM	蒙克通
MONT JOLI	YYY	蒙特朱利
MONTREAL	YMQ (YUL)	蒙特利爾（蒙特婁）
MUNICIPAL	YBL	原貝爾河
NANAIMO ARPT	YCD	娜娜莫
NORTH BAY	YYB	北灣市
OTTAWA	YOW	渥太華
PENTICTON	YYF	攀蒂頓
PRINCE GEORGE	YXS	喬治王子鎮
QUEBEC	YQB	魁北克
REGINA	YQR	瑞吉娜
SAINT JOHN	YSJ	聖約翰
SAULT STE MARIE	YAM	所聖瑪利
SASKATOON	YXE	撒司卡通
SMITHERS	YYD	史密得斯
ST. JOHNS	YYT	聖約翰斯
ST LEONARD	YSL	聖隆那
SUDBURY	YSB	蘇布瑞
SYDNEY	YQY	希梨
TERRACE	YXT	德瑞司
THUNDER BAY	YQT	雷灣市
TIMMINS	YTS	丁敏市
TORONTO	YYZ (YTO)	多倫多
VAL-D'OR	YVO	瓦多爾
VANCOUVER	YVR	溫哥華
VICTORIA	YYJ	維多利亞
WABUSH	YWK	瓦布希
WINDSOR	YQG	溫莎

（續下表）

城市名稱	機場代碼	機場所在地
WINNIPEG	YWG	溫尼伯
YARMOUTH	YQI	亞茅斯
YELLOWKNIFE	YZF	黃刀鎮

7. 歐洲地區

城市名稱	機場代碼	機場所在地
ABERDEEN	ABZ	雅柏丁
AMSTERDAM	AMS	阿姆斯特丹
ANTWERP	ANR	安特衛普
ATHENS	ATH	雅典
BARCELONA	BCN	巴塞隆納
BELFAST	BFS	貝爾法斯特
BELGRADE	BEG	貝爾格萊德
BERGEN	BGO	卑爾根
BERLIN	TXL	柏林
BOLOGNA	BLQ	波隆那
BONN	BNJ	波昂
BRISTOL	BRS	布里斯托
BRUSSELS	BRU	布魯塞爾
BUCHAREST	BUH	布加勒斯特
BUDAPEST	BUD	布達佩斯
CARDIFF	CWL	卡地夫
COLOGNE	CGN	科隆
COPENHAGEN	CPH	哥本哈根
DUBLIN	DUB	都伯林
DUSSDOLF	DUS	杜塞道夫
EDINBURGH	EDI	愛丁堡
FARO	FAO	法羅
FRANKFURT	FRA	法蘭克福
GENOA	GOA	熱那亞
GENEVA	GVA	日內瓦
GIBRALTAR	GIB	直布羅陀
GLASGOW	GLA	格拉斯哥
GOTHENBURG	GOT	哥特堡
GRAZ	GRZ	格拉茨

（續下表）

城市名稱	機場代碼	機場所在地
HAMBURG	HAM	漢堡
HANOVER	HAJ	漢諾威
HEATHROW	LHR	倫敦
HELSINKI	HEL	赫爾辛基
INNSBRUCK	INN	因斯布魯克
ISTANBUL	IST	伊斯坦堡
KIEV	IEV	基輔
KLAGENFURT	KLU	克拉根福特
BORISPOL	KBP	鮑里斯波爾
KRAKOW	KRK	克拉科夫
LEEDS	LBA	里茲
LINZ	LNZ	林茨
LISBON	LIS	里斯本
LONDON-GATWICK	LGW	倫敦
LJUBLJANA	LJU	盧布爾雅那
LUXEMBOURG	LUX	盧森堡
LYON	LYS	里昂
MADRID	MAD	馬德里
MALAGA	AGP	馬拉加
MANCHESTER	MAN	曼徹斯特
MARSEILLE	MRS	馬賽
MOSCOW	MOW	莫斯科
MONTPELLIER	MPL	蒙貝利耶
MUNICH	MUC	慕尼黑
MILAN-MALPENSA	MXP	米蘭
MILAN-LINATE	LIN	米蘭
NAPLES	NAP	那不勒斯
NEW CASTLE	NCL	新堡
NICE	NCE	尼斯
NORWICH	NWI	諾里奇
ODESSA	ODS	奧德薩
OSLO	OSL	奧斯陸
PARIS-CHARLES DE GAULLE	CDG	巴黎
PARIS-ORLY	ORY	巴黎
PRAGUE	PRG	布拉格

（續下表）

城市名稱	機場代碼	機場所在地
RIGA	RIX	利加
ROME	FCO	羅馬
SALZBURG	SZG	薩爾斯堡
SHANNON	SNN	善隆
SOFIA	SOF	索非亞
SPLIT	SPU	克羅埃西亞
STOCKHOLM	STO	斯德哥爾摩
ST PETERSBURG	LED	聖彼得堡
STUTTGART	STR	斯圖加特
TALLINN	TLL	塔林
TEESSIDE	MME	英國
TIMISOARA	TSR	羅馬尼亞
TOULOUSE	TLS	圖盧茲
VERONA	VRN	維洛那
VENICE	VCE	威尼斯
VIENNA	VIE	維也納
VILNIUS	VNO	維爾紐斯
WARSAW	WAW	華沙
WROCLAW	WRO	樂斯拉夫
ZAGREB	ZAG	薩格勒布
ZURICH	ZRH	蘇黎世

8. 紐澳地區

城市名稱	機場代碼	機場所在地
AUCKLAND	AKL	奧克蘭
BRISBANE	BNE	布里斯本
CAIRNS	CNS	凱恩斯
CANBERRA	CBR	坎培拉
CHRISTCHURCH	CHC	基督城
DARWIN	DRW	達爾文
HOBART	HBA	荷巴特
HAMILTON ISLAND	HTI	昆士蘭
MELBOURNE	MEL	墨爾本
MERIMBULA	MIM	新南威爾斯
NADI	NAN	南地

（續下表）

城市名稱	機場代碼	機場所在地
NOUMEA	NOU	努美亞
PAGO PAGO	PPG	巴哥巴哥
PAPEETE	PPT	大溪地
PERTH	PER	伯斯
POTR MORESBY	POM	摩勒斯比港
WELLINGTON	WLG	威靈頓
SUVA	SUV	蘇瓦
SYDNEY	SYD	雪梨

9. 中南美洲地區

城市名稱	機場代碼	機場所在地
ACAPUCCO	ACA	亞加普科
ASUNCION	ASU	亞松森
BOGOTA	BOG	波哥大
BUENDS AIRES	BUE	布宜諾斯艾利斯
BRASILIA	BSB	巴西利亞
BRIDGE TOWN	BGI	橋鎮
CARACAS	CCS	加拉加斯
CAYENNE	CAY	開雪
GEORGE TOWN	GRG	喬治市
GUATEMALA CITY	GUA	瓜地馬拉市
HAVANA	HAV	哈瓦那
KINGSTON	KIN	京士頓
LA PAZ	LPB	拉巴斯
LIMA	LIM	利馬
MANAGUA	MGA	馬拿瓜
MANAUS	MAO	瑪瑙斯
MANGROVE CAY	MAY	巴哈馬
MEXICO CITY	MEX	墨西哥
MONTEBIDEO	MVD	蒙地維多
MONTEGO BAY	MBJ	蒙特哥灣
PANAMA CITY	PTY	巴拿馬
PARAMARIBO	PBM	巴拉馬利波
PORT AU PRINCE	PAP	太子港
PORT OF SPAIN	POS	西班牙港

（續下表）

城市名稱	機場代碼	機場所在地
QUITO	UIO	基多
RECIFE	REL	雷雪夫
RIO DE JANEIRO	RIO	里約熱內盧
SAN JOSE	SJO	聖荷西
SAN JUAN	SJU	聖胡安
SAO PAULO (GRU)	SAO	聖保羅
SAN SALVADOR	SAL	聖薩爾多
SANTIAGO	SCL	聖地牙哥
SANTO DOMINGO	SDQ	聖多明哥
TEGUCIGALPA	TGU	德古斯加巴

10. 中東及非洲

城市名稱	機場代碼	機場所在地
ACAPULCO	ACA	墨西哥
ABADAN	ABD	阿巴丹
ABIDJAN	ABJ	阿必尚
ABU DHABI	AUH	阿布達比
ABUJA	ABV	阿布賈
ACCRA	ACC	阿克拉
ADDIS ABABA	ADD	阿迪斯阿貝巴
ADEN	ADE	亞丁
ALGIERS	ALG	阿爾及爾
AMMAN	AMM	安曼
ANKARA	ANK	安卡拉
BAGHDAD	BGW	巴格達
BAHRAIN	BAH	巴林
BAMAKO	BKO	巴馬科
BAN-GUI	BGF	班基
BEIRUT	BEY	貝魯特
BLANTYRE	BLZ	布蘭太
BRAXXABILLE	BZV	布拉薩市
CAIRO	CAI	開羅
CAPETOWN	CPT	開普敦
CASABLANCA	CAS	卡薩布蘭加
CONAKRY	CKY	柯那克里

（續下表）

城市名稱	機場代碼	機場所在地
COTONOU	COO	柯多努
DAKAR	DKR	達卡
DAMASCUS	DAM	大馬士革
DAR ES SALAAM	DAR	三蘭港
DHAHRAN	DHA	達蘭
DOHA	DOH	杜哈
DUBAI	DXB	杜拜
ENTEBBE/KAMPALA	EBB	恩特比／坎帕拉
FORT LAMY	FTL	拉米堡
FREETOWN	FNA	自由城
HARARE	HRE	哈拉雷
HAFR ALBATIN	HBT	何巴特
ISTANBUL	IST	伊斯坦堡
JEDDAH	JED	吉達
JOHANNESBURG	JNB	約翰尼斯堡
KHARTOUM	KRT	卡土穆
KINSHASA	FIA	金夏沙
KUWAIT	KWI	科威特
LAGOS	LOS	拉哥斯
LASPALMAS	LPA	拉斯巴馬斯
LIBREVILLE	LBV	自由府
LILONGWE	LLW	里郎威
LOME	LFW	洛梅
LOURENCO MAROUES	LUM	魯倫素馬凱斯
LUAN DA	LAD	盧安達
LUSAKA	LUN	路沙卡
MALTA	MLA	馬爾他
MANZINI	MTS	馬基尼
MARRAKECH	RAK	馬拉喀什
MASERU	MSU	馬基魯
MAURITIUS	MRU	模里西斯
MOGADISHU	MGQ	摩加迪休
MONROVIA	MLW	蒙羅維亞
MUSCAT	MCT	馬斯開特
NAIROBI	NBO	奈洛比

（續下表）

城市名稱	機場代碼	機場所在地
N'DJAMENA	NDJ	恩將納
NIAMEY	NIM	尼阿美
OUAGADOUGOU	OUA	瓦加杜古
RIYADH	RUH	利雅德
SALISBURY	SAY	索斯柏里
SERRE CHEVALIER	SEC	法國
TANGIER	TNG	丹吉爾
TANANARIVE	TNR	塔娜娜利佛
TEHRAN	THR	德黑蘭
TELAVIV	TLV	特拉維夫
TRIPOLI	TIP	的黎波里
TUNIS	TUN	突尼斯
WINDHOEK	WDH	溫德和克
YAOUNDE	YAO	雅恩德

四、最少轉機時間（Minimum Connecting Time, MCT）

當替旅客安排行程遇到轉機時，須特別注意轉機時間是否充裕，每個機場所需要的最少轉機時間不盡相同，登機前記得再次確認。

五、共用班機號碼（Code Sharing）或聯營航班

即某家航空公司與其他航空公司聯合經營某一航程，但只標註一家航空公司名稱、班機號碼。這種共享一個航空公司名稱的情形目前很多，可由該班機號碼來分辨，即在時間表中的班機號碼後面註明*者就是此類班機共用。這種經營模式對航空公司而言，可以擴大市場；對旅客而言，則可以享受到更加便捷、豐富的服務，此方式又稱策略聯盟（Strategic Alliance）。

飛航國際或國內中、長程航線的主要航空公司，一般會擁有數個中樞機場（Hub Airports），而由中樞機場到周邊短線且運量較小的空中交通，則交由地區性的通勤航空公司（Commuter Carriers）來經營。主要航空公司為了掌握支線運量（Feeder Traffic），逐漸與通勤航空公司發展班號共用（即 Code-Sharing）的聯盟關係以擴大服務範圍，而通勤航空公司則可接受主要航空的資源協助並提升形象。尤其在國際航線方面，當旅客抵達國外的門戶機場（Gateway Airports）後，若要轉搭當地國內航班，必須重新劃位、取

得登機證或重掛行李，對旅客而言非常不便。航空公司便運用班號共用的方式，使旅客能方便的轉機至目的地。這種聯盟能克服航權與法令的限制，達到進入外國市場、拓展服務範圍及建立全球飛航網路的目的。

(一) 星空聯盟

以長榮航空 2013 年 6 月 18 日加入星空聯盟（Star Alliance）會員為例，星空聯盟成立於 1997 年，是第一個全球性的航空聯盟，為國際旅客提供綿密與便捷的飛航服務。成立以來，星空聯盟獲得市場高度的肯定與無數的獎項，包括《航空運輸世界》（*Air Transport World, ATW*）雜誌的市場領導獎，並獲《商務旅行者》（*Business Traveler*）雜誌和 SKYTRAX 選為最佳航空公司聯盟。星空聯盟至 2013 年為止共有 28 家成員公司，包括亞德里亞航空、愛琴海航空、加拿大航空、中國國際航空、紐西蘭航空、全日空、韓亞航、奧地利航空、哥倫比亞航空、布魯塞爾航空、巴拿馬航空、克羅埃西亞航空、埃及航空、衣索比亞航空、波蘭航空、德國漢莎航空、北歐航空、深圳航空、新加坡航空、南非航空、瑞士航空、巴西天馬航空、葡萄牙航空、土耳其航空、泰國航空、聯合航空、長榮航空和全美航空。星空聯盟的飛航網路每日提供超過 21,900 個班次，飛往 195 個國家的 1,328 個目的地。加入星空聯盟使長榮航空有機會服務更多來自全球的旅客，並讓既有的旅客從此得以享有星盟依據會員資格所提供全球一致的無接縫服務，可在續程為星盟航班的旅客提供聯程劃位服務，旅客無須前往轉機櫃檯領取續程登機證，且在當地海關規定允許下，行李亦可直接送至目的地。長榮的加入提供全球旅客經台北來往亞洲的另一種旅行經驗。

(二) Code-Share 的合作形式

Code-Share 的合作形式有兩種：

1. **租賃（乾租）／保留艙位合約**（Leased/blocked space agrement）：意指原作業航空公司及售位航空公司兩者都可用它們自己航空公司的代碼及航班編號販售同一架飛機的機票。實務上，原作業航空公司僅租賃飛機到售位（承租）航空公司報到，其他維修、燃油、機組人員及保險均由該承租航空公司負責。
2. **濕租合約**（Wet lease agreement）：意指售位航空公司用它們自己航空公司的代碼及航班編號。飛機和組員是對方聯營公司派遣，售票時是以自身航空公司的公司代碼和航班班號銷售給旅客。包含飛機、維修、燃油、機組人員及保險多視雙方協議由原作業航空公司安排。

六、飛機引擎數

機型	引擎數	備註
波音 737	2	窄體客機
波音 747-300	4	波音 747：又稱為「巨無霸客機」（Jumbo Jet）或「空中巨無霸」，是世界上最易識別的飛機之一，亦是全世界首款生產出的廣體民航機
波音 747-400	4	廣體客機
波音 757	2	窄體客機
波音 767	2	廣體客機
波音 777	2	目前全球最大的發動機廣體客機
波音 787	2	廣體客機，亦稱夢幻客機（Dreaminer）
空中巴士 A319	2	窄體客機
空中巴士 A320	2	窄體客機
空中巴士 A321	2	窄體客機
空中巴士 A330	2	廣體客機 能直飛機場位於海拔 3,500 公尺以上的青藏高原航線的少數機種之一
空中巴士 A340	4	長距離廣體客機
空中巴士 A350	2	廣體客機
空中巴士 A380	4	廣體客機 1. 是目前全球載客量最高的客機。 2. 為雙層四發動機客機，採最高密度座位安排時可承載約 850 名乘客，在典型三艙等配置（頭等艙—商務艙—經濟艙）下也可承載約 525 名乘客。

part 2

國際航空公司財務帳務作業系統

CHAPTER 1

成本費用管理系統

經營航空公司由於航權與市場的限制，航空公司為了拓展飛航網路提升競爭優勢，經常同業間商業結盟，在部分航線上以聯營聯運或共同維修訓練方式來降低經營成本，藉以合縱連横代替惡性競爭，達到資源共享、航空運輸更加便捷，使旅客行程之完整性及服務品質更加舒適。因此全球航空業形成星空聯盟（Star Alliance）、寰宇一家（One World）、天合一家（Sky Team）三大策略聯盟，以可售座位公里（ASK）來作為計算基礎，提供旅客便捷之航網服務，目前已高達全球三分之二航空市場。至於旅空貨運（Aircargo）承攬業務範圍包括海陸空聯營，含進口貨運、出口貨運、轉口貨運，以及航空貨櫃之陸路運輸同時兼營報關業務，成為航空貨物在陸側（Land Side）的接駁運輸者，例如 Federal Express、DHL、UPS。

航空公司基於以上繁複的國際化航空業務，必須建置聯航清帳資料交換平台（SIS-Simplified Interline Settlement），配合國際航空運輸協會清帳交換所（IATA Clearing House, ICH）精簡聯航經營作業，簡化作業程序，透過該聯航清帳交換平台將清帳資料與文件檔案結合，上傳至ICH進行對沖索帳作業，同時應用該平台接收ICH清帳資料與文件檔案，也減少航空公司對帳憑證寄送成本，實現科技化公司無紙化傳遞企業目標。國際航空公司與ICH會員航空公司之清帳作業主要有P、C、U、M四大業務，亦即客運（Passenger）、貨運（Cargo）、通用航空旅遊計畫（UATP-Universal Air Travel Plan）、其他雜項（Miscellaneous）等四大項清帳作業，透過 ICH 進行資料交換，進行沖帳索帳作業。

第一節 IATA 清帳交換所作業名稱

IATA Clearing House 簡稱 ICH 系統，是國際航空公司之間的商業往來債權與債務互抵後的清算系統。

1. **ICH**：係國際航空運輸協會清帳交換所（IATA Clearing House），該會之會員間往來清帳是以透過交換所債權債務互抵後，僅對債權債務互抵後之差額部分收受或支付匯款。
2. **清帳月份（Clearence Month）**：ICH 清帳以清帳月份為作業單位。每個月則分四期，以週結進行清帳。
3. **清帳幣別**：ICH 會員可以指定 USD（美元）、EUR（歐元）、GBP（英鎊）三種貨幣的其中任一支貨幣作為清帳幣別，我國籍航空公司大致指定美元為清帳幣別。
4. **FORM 1**：依索帳對象別，彙總 Invoices 之表單。應顯示完整之轉帳資料，含原幣金額、兌換率、美元金額。航空公司對外索帳帳單（Outward Billing）M 項（其他雜項）之 FORM 1 由財務部門審查單位製作。
5. **FORM 2**：依公司別，彙總 P（客運）、C（貨運）、U（通用航空旅遊計畫）、M（其他雜項）四項 FORM 1 之表單。自己公司 Outward Billing 之 FORM 2 由營收查核部門之聯航查核單位製作，於每個月 20 日之前將 FORM 1 與 FORM 2 寄送 ICH 參加清帳。
6. **FORM 3**：ICH 審核計算各會員間之債權債務互抵後的結果所編製之表單，列示該會員對其他會員之應付款項或應收款項。
7. **婉拒表單（Rejection Memo）**：當對方索帳有誤時，自己公司拒絕對方索帳行為，填寫給對方之婉拒表單（簡稱為 RM），作為拒帳之憑證。
8. **Five Days Rate**：ICH 規定，索帳者應採該帳單所參加之清帳月當月之 Five Days Rate（即第 21 至 25 日之平均匯率）作為兌換率。自己公司查核部系統亦含有此資料庫（021F RATE~ICH 清帳兌換率的資料庫），惟其定義之 Five Days Rate 是前月第 21 至 25 日之平均匯率。因此，在查核經 ICH 某月清帳之帳單時應取該資料庫之次月匯率為參考。例如：ICH JUN/2010 清帳單兌換率應取該資料庫（021F RATE）之 JUL/2010 的兌換率。

IATA SLOT CONFERENCE

FORM 1 - ACCREDITATION OF HEAD AIRLINE REPRESENTATIVE OR HEAD COORDINATOR

In accordance with the Worldwide Slot Guidelines (WSG), in particular the WSG annex 10.1 thereof,

Name of Airline *or* Company:	
2/3 Letter Airline code (*if applicable*)	

being a Member of the Slot Conference hereby appoints and accredits as its representative to the Slot Conference:

HEAD AIRLINE REPRESENTATIVE *or* HEAD COORDINATOR INFORMATION	
First Name:	
Last Name	
Job Title:	
Address	
Tel:	
Fax:	
Email:	
Generic Email:	
TTY	

It is hereby certified that the said appointee meets the requirements of, and has the authority to act in accordance with annex 10.1 of the WSG. Moreover, it is hereby certified that the said appointee has the authorisation to bind ________________________ *(Airline Name/ Company)* in regards to any and all decisions taken within the specific scope of the Slot Conference.

The foregoing appointment will remain in effect until revoked by written notice.

Name: ....

Title: **Chief Executive Officer**

Signature: .... Date: ....

Please complete and return, preferably via email: slots@iata.org (Fax : +41 22 770 2896)
For changes to be included in the yearly SSIM publication
please send forms by 25th November (publication 1st March)

▲ FORM 1

資料來源：IATA（www.iata.org/slots FORM 1）

IATA SLOT CONFERENCE

FORM 2 - ALTERNATES AND SUPPORT STAFF

Name of Airline *or* Company:	
2/3 Letter Airline code (*if applicable*)	

In accordance with the Worldwide Slot Guidelines (WSG), in particular the WSG annex 10.1, thereof, ______________________________ *(Name)*, being the duly Head Airline Representative or Head Coordinator hereby appoints as his/her alternate(s) AND support staff as follows:

Kindly note:
Delegates acting as a **Support role** (ie: Coordinator Support, Facilitator Support and Airline Support) **will not have access to the AppCal system.** Please be aware of this when completing this form.

FIRST & LAST NAME	EMAIL ADDRESS	Indicate Delegate Type (ALTERNATE or SUPPORT)
		Alternate
		Alternate
		Alternate
		Alternate
		Alternate
		Alternate
		Alternate
		Alternate
		Alternate
		Alternate
		Alternate
		Alternate

It is hereby certified that the said appointee meets the requirements of, and has the authority to act in accordance with annex 10.1 of the WSG. Moreover, it is hereby certified that the said appointee has the authorisation to bind ______________________________________ *(Airline Name/ Company)* in regards to any and all decisions taken within the specific scope of the Slot Conference.

The foregoing appointment will remain in effect until revoked by written notice.

Name of **Head Airline Representative** or **Head Coordinator**:..

Job Title: ....

Signature: .... Date: ....

Please complete and return, preferably via email: slots@iata.org (Fax : +41 22 770 2896)

▲ FORM 2

資料來源：IATA（www.iata.org/slots FORM 2）

Form Collection Time	
Monday to Friday	8:45 a.m. – 12:30 p.m. 2:00 p.m. – 5:00 p.m.

FORM 3

TRAVEL AGENTS ORDINANCE

(Chapter 218)

APPLICATION FOR A LICENCE BY A BODY CORPORATE

Application is hereby made to the Registrar of Travel Agents for a licence under Part II of the Travel Agents Ordinance.

1. (a) The name and any former names of the company or other body corporate—

   (i) in English ______________________________

   (ii) in Chinese ______________________________

   (b) The place of incorporation ______________________________

   ____

   (c) The date of incorporation ______________________________

   ____

   (d) Company Registration number ______________________________

   ____

   (e) The name of the proposed business of a travel agent if different from (a) above—

   (i) in English ______________________________

   (ii) in Chinese ______________________________

   (f) Address of the corporation's registered office and of all offices in Hong Kong at which it is intended to carry on the business of a travel agent, including the number of the street, flat, floor(s), whether the area occupied is part of a floor, the number of the room(s) and whether the corporation is the owner, the principal tenant or the sub-tenant of the premises.

Address	State whether the premises are owned or rented by the corporation	Telephone number and Fax number

   (g) State which, if any, of the premises listed above are not in a commercial building ______________

   ____

   (h) Will the proposed office(s) be used exclusively by the business of a travel agent?

   Yes ☐ No ☐

▲ FORM 3

A DUPLICATE LICENCE WILL BE REQUIRED FOR EACH BRANCH OFFICE UNDER REGULATION 12 OF THE TRAVEL AGENTS REGULATIONS

2. Particulars of the Controller (see note 3), the Secretary and all Directors and officers of the corporation.

	1	2	3	4
Full name in English				
Full name in Chinese characters (if applicable) and code				
Aliases (if any)				
Residential address and telephone number (including mobile phone no.)				
Hong Kong Identity Card number				
Position held (e.g. Controller/Managing Director/Director/ Secretary/Manager/ Accountant etc.)				
Date of appointment				

I declare that all information given by me in this application is true and correct to the best of my knowledge and belief.

Signature ____________________

Name of Signatory ____________________

Date ____________________

Capacity ____________________
(Evidence of authorization by the company or other body corporate for a person in this behalf should be produced)

▲ FORM 3（續）

NOTES

1. You are advised to read the Travel Agents Ordinance and the Travel Agents Regulations before submitting this application.

2. A statement of particulars in support of this application (Form 5) must also be completed and submitted.

3. A controller of a travel agency is a person who controls the applicant company and includes a person in accordance with whose directions or instructions the directors thereof are accustomed to act.

4. Documentary evidence may be required in support of the information given in this application.

5. The prescribed fee payable upon submitting this application is $630.

6. The original of-
   (a) this application; and
   (b) the statement of particulars in support,
   together with the application fee should be posted or delivered to the Registrar at the following address -
   TRAVEL AGENTS REGISTRY
   ROOM 4901, 49/F.,
   HOPEWELL CENTRE,
   183 QUEEN'S ROAD EAST,
   WANCHAI, HONG KONG

   (If payment is made by post, only cheques will be accepted. Cheques should be made payable to 'The Government of the Hong Kong Special Administrative Region' and crossed. They must not be made payable to any individual officer. Postdated cheques will not be accepted.)

7. Upon approval of this application, you will be notified of the amount of the licence fee payable, in accordance with the rates set out in the First Schedule of the Travel Agents Regulations.

8. A licence, if granted, shall not enter in force except on payment of the appropriate fee.

WARNING -	Section 48(1)(*c*) of the Travel Agents Ordinance makes it an offence punishable by a fine of $100,000 and to imprisonment for 2 years on conviction upon indictment or by a fine of $10,000 and to imprisonment for 6 months on summary conviction for a person who makes any false or misleading statement or furnishes any false or misleading information in connection with any application for the issue of a licence.

▲ FORM 3（續）

資料來源：IATA（www.tar.gov.hk/eng/doc/gs343se.pdf）

這些 Form 1、2、3 是 ICH Web 的報表，Form 1 是航空公司對於每個費用類別（客運、貨運、通用航空旅遊計畫或雜項費用）所計算的權益總額。Form 2 是每家航空公司之輪班支援人員之費用金額，及從 Form 2 的合計總額之加總。Form 3 是每一家航空公司從 IATA 清帳交換所結算日止應收應付清單結欠淨額合計。

第二節 ICH系統（AFIH*）帳單作業流程

一、內部帳單作業流程

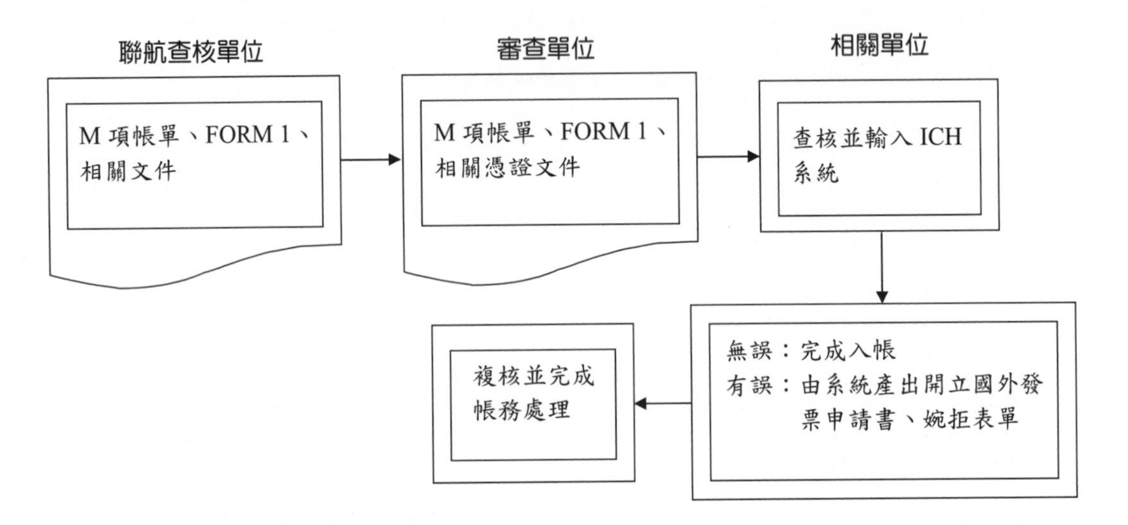

二、對外索帳帳單作業流程

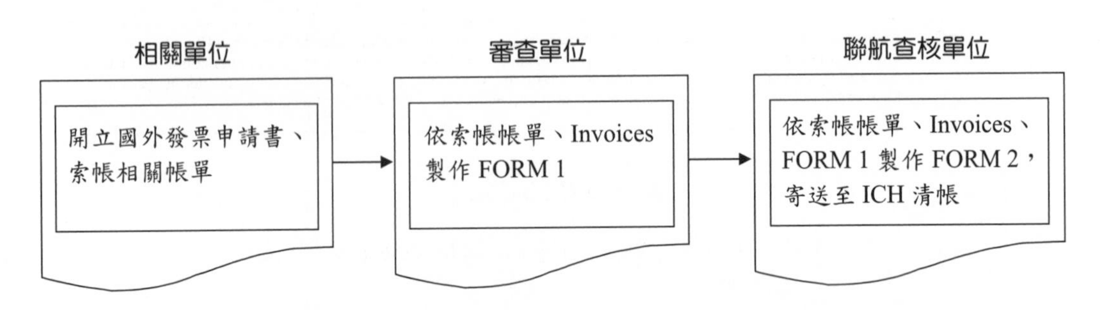

* 註：符合美國工業衛生規定〔in accordance with Uitied States of AFIH (Associated Fellowship in Industrial Health)〕。

第三節　IATA 合格的 BSP 旅行社作業系統

銀行清帳計畫（Billing and Settlement Plan，舊稱 Bank Settlement Plan，簡稱 BSP），是由國際航空運輸協會（IATA）針對旅行社之航空票務作業、業績結報及票務管理作業而設計的電腦化自動化作業系統，供航空公司及旅行社採用（台灣於 1992 年 7 月開始生效）。BSP 提供統一規格標準機票有下列優點：

1. BSP 提供統一規格的標準機票（BSP Standard Tickets）及標準化開票作業。
2. 旅行社只要保管一種機票，不必保存各種不同航空公司的機票，可減少風險。
3. 使用標準機票即可開發任一個授權航空公司之機票，可隨時因應旅客的需要，提升服務水準及效率。
4. BSP 提供統一規格的報表格式供旅行社使用，不必再分別製作不同航空公司之業績報表，可簡化結報之行政作業、節省人力。
5. 旅行社直接與單一的BSP銀行結帳，不必逐一應付各家航空公司透過不同的程序結帳，可簡化結帳作業手續。
6. BSP 可與大部分的電腦訂位與開票系統相容，提供實用的電腦自動化開票功能。

IATA 指定旅行社的條件：

1. 具備交通部觀光局核發之綜合或甲種旅行社執照。
2. 財務結構健全，無不良紀錄，具有支付正常營業所需之現金流量財力，能提供銀行保證函及經會計師簽證之財務報表供審查者。
3. 旅行社獲得 IATA 認可、取得 IATA Code 之後，必須在 IATA 台灣辦事處上完 BSP 說明會課程才能正式成為BSP旅行社，然後向BSP航空公司申請成為其代理商，並由往來銀行出具保證函，IATA台灣辦事處將根據保證函之額度及航空公司提供的資料來核結機票配發量。

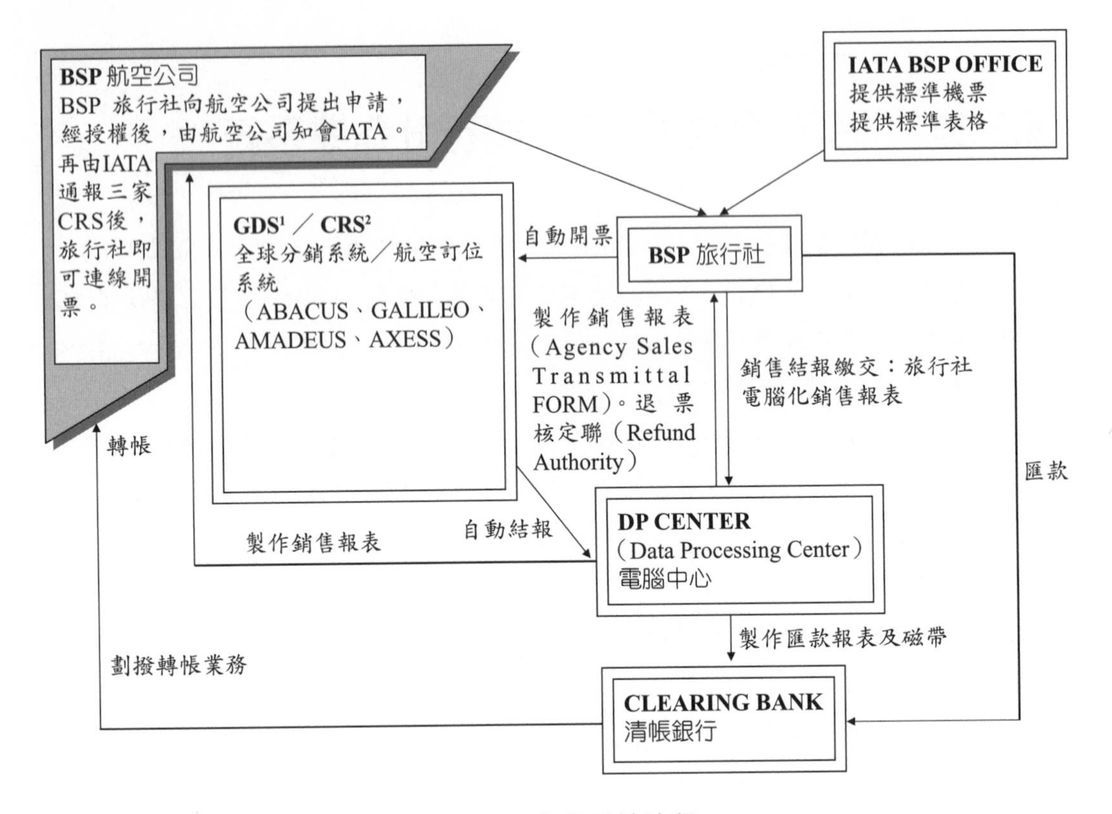

▲ BSP 作業系統流程

註：1. GDS（Global Distribution System）全球分銷系統

2. CRS（Computer Reservation System）航空電腦訂位系統，分為下列四種系統：

(1) ABACUS（先啟）：主力市場在亞洲，總公司在新加坡。

(2) GALILEO（伽利略）：主力市場為 APOLLA 負責北美地區，GALOLEO 負責歐洲、亞洲地區。總公司在美國芝加哥。

(3) AXESS：主力市場在日本及韓國，總公司在東京。

(4) AMADEUS（阿瑪迪斯）：主力市場在歐洲，總公司在西班牙。

台灣旅行社大部分使用 ABACUS 及 AMADEUS，但各家航空公司內部訂位系統皆不同，例如長榮用 EVAPARS，華航用 PASSENGER RES（PROS），澳門航空用 E-TERM，透過上述 CRS 來進行連接，連接費是以旅客運輸（Traffic）來計算。

CRS 航空訂位之五元素：

(1) ABACUS 以 PRINT 為代號：P（PHONE FIELD）訂位者電話，R（RECEIVED FORM）簽收，I（ITINERARY）行程，N（NAME FIELD）旅客姓名，T（TICKETING FIELD）開票期限。

(2) AMADEUS 以 SMART 為代號：S（ITINERARY）行程，M（NAME）旅客姓名，A（ADDPHONE）訂位者聯絡電話，R（RECEIVED FORM）簽收，T（TICKETING）開票期限。

第四節　外站總帳系統（Account General Ledger System of Outside Station，系統代號 ZFGO）

主要架構

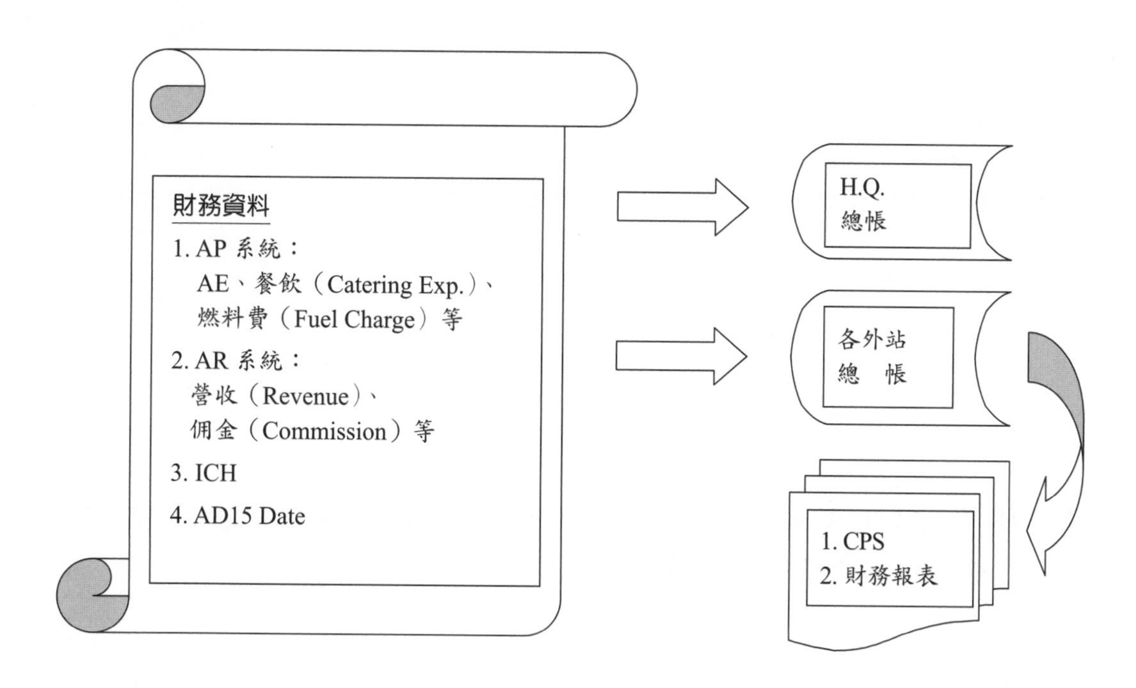

註：AR：應收帳款（Accounts Receivable）
AE：場站成本管理系統（Airport Operation Cost System; Accounting Entry 分錄）
AD15：財務系統的工作底稿（Voucher Working File 傳票系統）
H.Q.總帳：總公司（Headquarters）總帳
CPS：出納報告（Cash Position Statement）

第五節 各項航空成本管理系統

一、場站成本系統（Airport Operation Cost System，系統代號AFEO）

請款流程

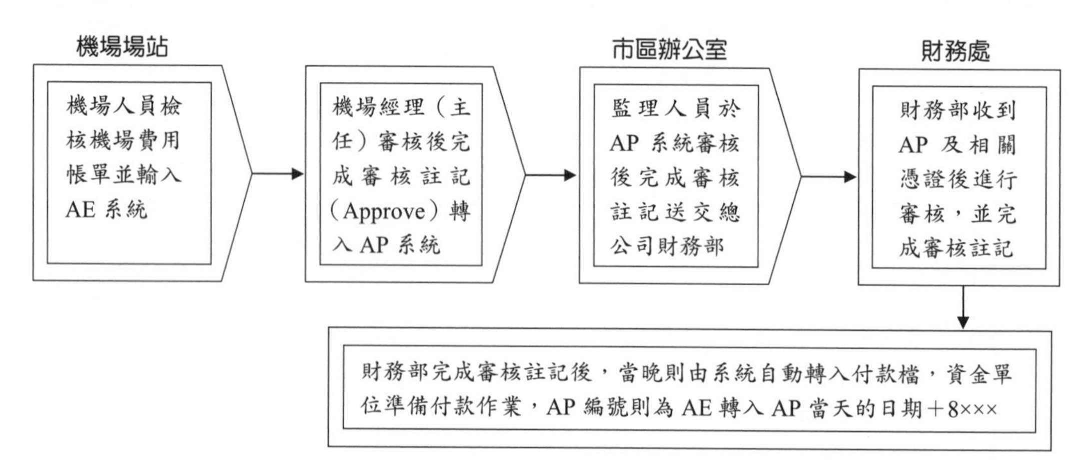

二、旅遊假期票券管理系統（Travel Holidays Ticket Management System，系統代號ARTP）

請款流程

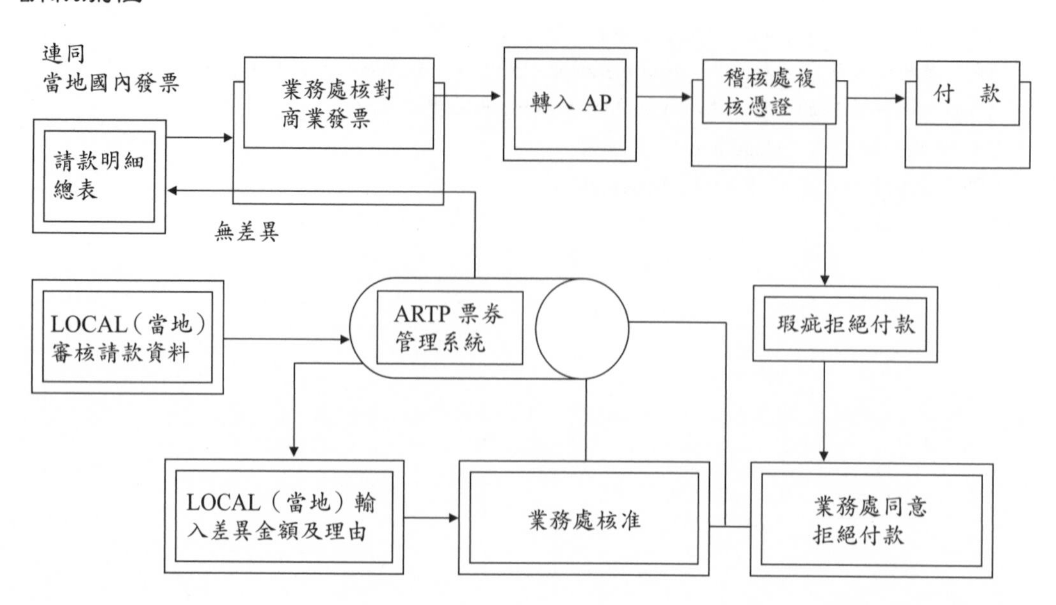

三、全球卡車成本管理系統（陸、海、空聯運系統）（Trucking Cost Management, TCM）

主要架構

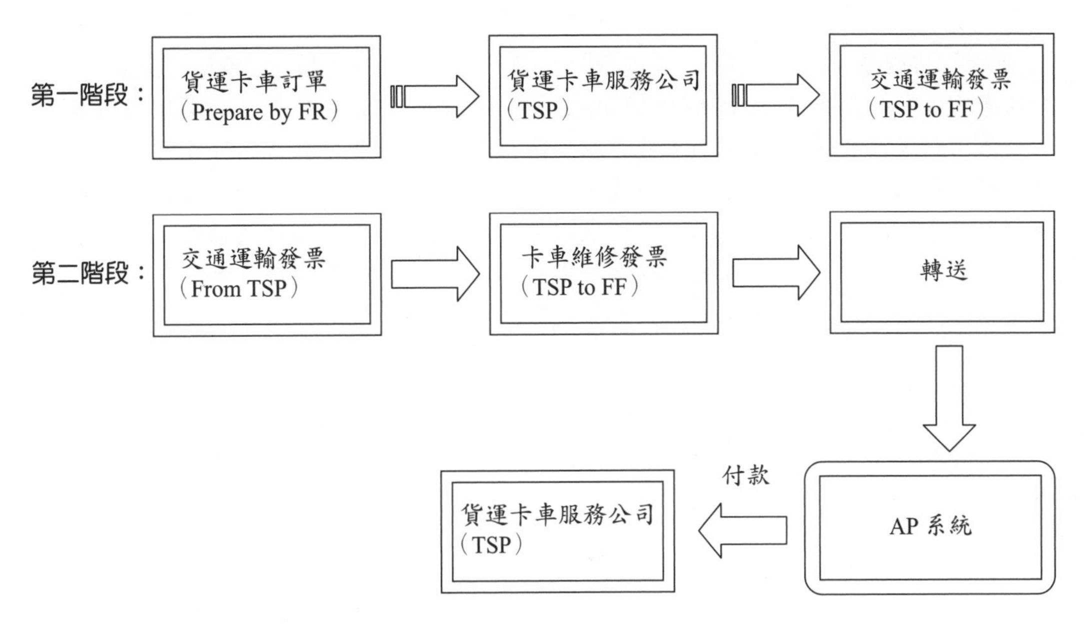

四、貨物處理費管理系統（Handling Cost Management, HCM）

主要架構

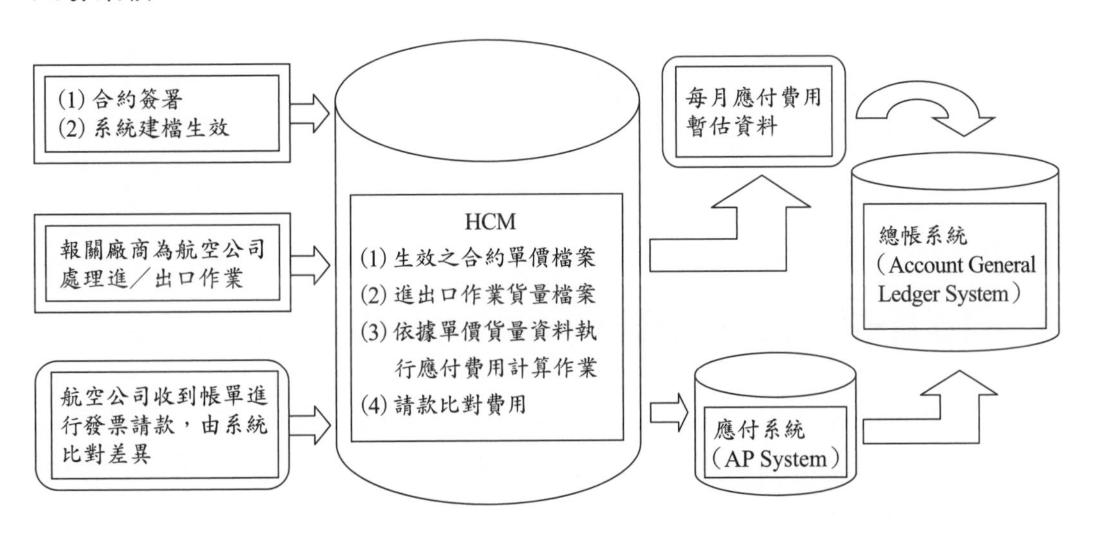

五、飛行組員住宿費用管理系統（Caption Reservation Management, CRM）

(一) 功能範圍

合約條件維護	訂房	暫估／審帳／請款
合約條件設定與修改（如旅館別、住房計價規則、優惠條件、退費規則等）。	1. 依據組員排班系統資料為基礎，由系統自動安排組員旅館住宿訂房作業。 2. 直接通知旅館並同步知會各外站：次月住房計畫／隔日住房進出明細／加訂或取消。	1. 系統依據合約單價與訂房數量，計算應付費用。 2. 由系統進行費用暫估作業。 3. 費用審核與請款，並依合約條件判斷付款日期。

(二) 作業流程

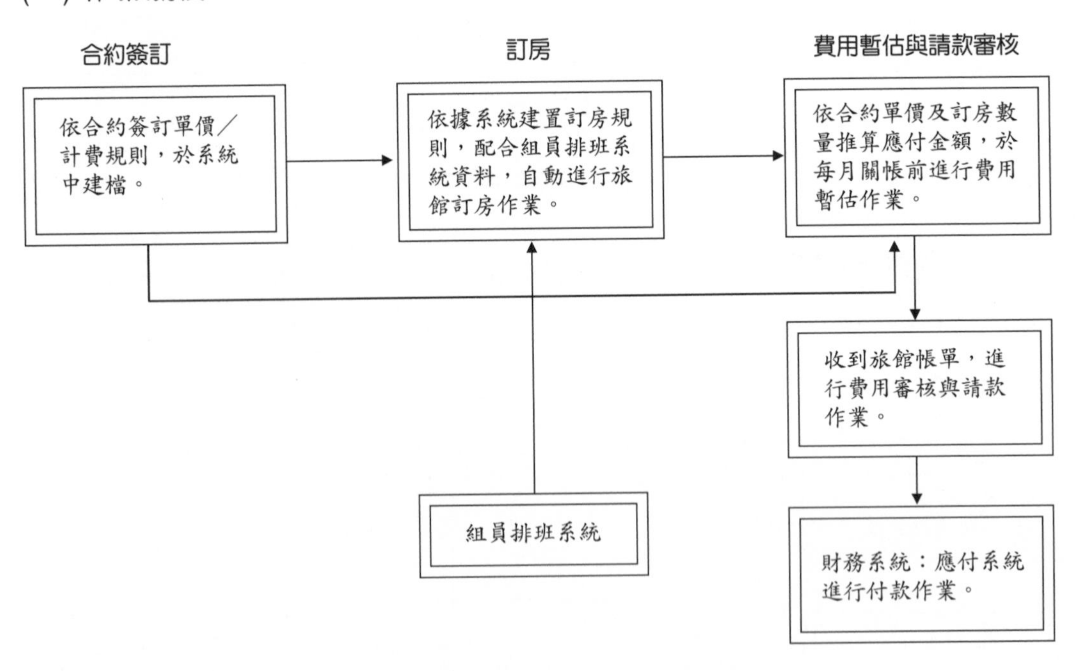

六、全球餐勤作業管理系統（Global Catering System, GCS）

空中廚房的侍應食品包括餐盒食品、飲料以及侍應用品之紙巾，餐具等必須符合U.S.A. HACCP（Hazard Analysis Critical Control Point）規定，HACCP就是食物危害分析重要管制點，1960 年代由美國太空總署（NASA）、美國陸軍Natick技術研究所及Pillsbury 食品公司三個單位共同管理提供太空人之食物，食物中除保鮮、去骨、去刺外，重視有機無毒食品。中東航線穆斯林（Muslim）乘客必須提供清真 Halaal food（或 halal food, Middel Eastern foods, halal阿拉語原意是「合法的」）合乎伊斯蘭指導方針的食物。歐洲航線提供 CE（Conformité Européenne）歐盟認證的食物和印度餐、猶太餐、素食餐，以及一般特別餐、小孩餐、醫療餐等等，國內華膳空廚、長榮桂冠、復興空廚及美國加勒比郵輪「海洋量子號」之水產品食物大部分由嘉豐海洋集團（Gallant-Ocean）供應，這都是全球餐勤作業管理系統的規範。

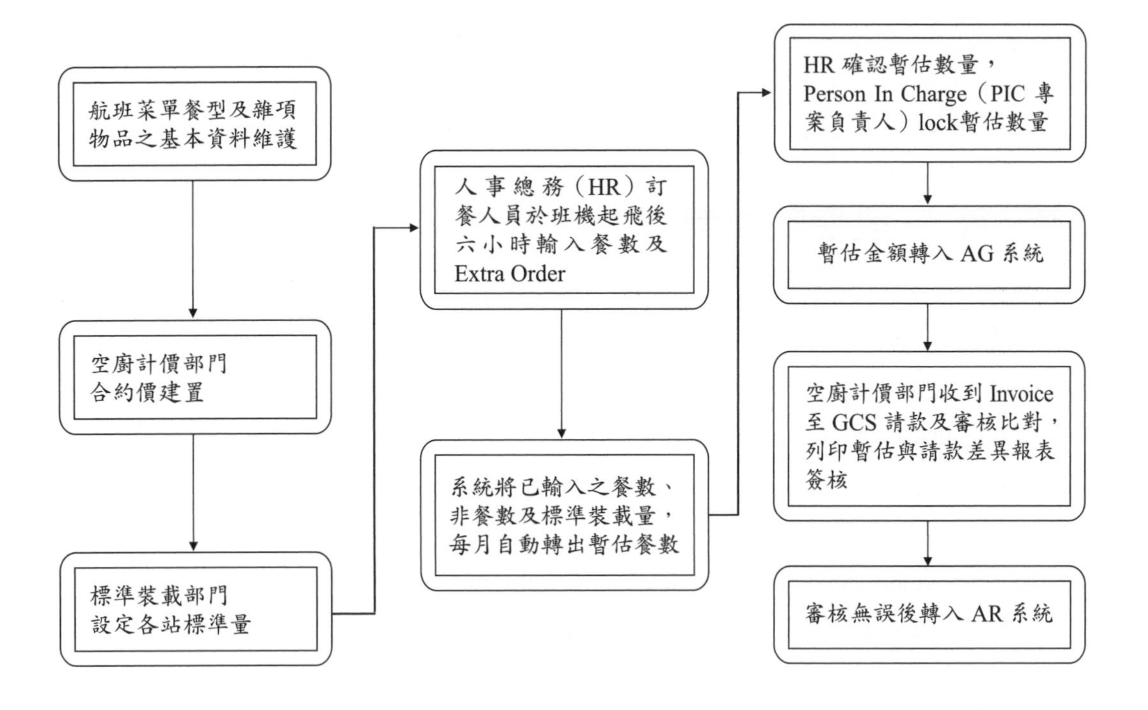

CHAPTER 2

收入作業管理系統

第一節 票價的試算

一、試算公式

Local Currency Fare ＝ Total NUC × ROE

（行程出發國原幣值票面＝票價計算的基本單位總額×IATA 兌換匯率）

NUC（Neutral Unit of Construction）＝ Local Currency Fare ÷ ROE

（票價計算的基本單位＝行程出發國原幣值票面÷IATA 兌換匯率）

Local Currency Fare×BSR（Banker's Selling Rate）＝ Actually Paid Fare

（行程出發國原幣值票面×銀行賣出匯率＝實際賣價）

所有票價皆以行程出發國的貨幣來計價。貨幣匯率波動的國家，則以美元 USD 作為其計價貨幣，例如：阿根廷、巴西、印尼、菲律賓等。

二、IATA 兌換匯率（ROE）

每季更新一次，由 IATA 於每季之前兩個月統計出該貨幣對美元之平均匯率，稱為 ROE（Rate of Exchange）。

每季 IATA ROE 公布月份	航空公司票價有效對應期間
FEB	01 APR ～ 30 JUN
MAY	01 JUL ～ 30 SEP
AUG	01 OCT ～ 31 DEC
NOV	01 JAN ～ 31 MAR

ROE 與美元的關係：

1. ROE 反映的是前兩個月的美元匯率水平。
2. 匯率穩定的國家，其 ROE 與當時美元匯率匯差小。
3. 匯率不穩定的國家，其 ROE 與當時美元匯率匯差大。
4. 匯率極不穩的國家，若其 ROE 與當時美元匯率相差達 10%以上時，IATA 將另行公布新的 ROE，及時取代之。

三、票價計算的基本單位（NUC）

NUC（Neutral Unit of Construction）係票價計算的基本單位，IATA 國際航空運輸協會每個月公布一組票價計算的匯率，自 2008 年起約定美元等於 1 NUC 作為旅行開始國的貨幣兌換率。

NUC ＝行程出發國原幣值票面 ÷ ROE

釋例

台北到香港 Y 艙的票面為台幣 7,329 元，台灣 ROE 是 31.948，則此張票的 NUC 為多少？

解析：

TPE→HKG Y Class 票面 TWD 7,329，Taiwan ROE 是 31.948，因此 TPE→HKG Y Class NUC ＝ 7,329 ÷ 31.948 ＝ 229.40

∵NUC 的定義＝ ROE 代表對美元之匯率　∴NUC ≒USD 相對值

即 TPE→HKG Y Class NUC 229.40，意指這張票的票面大約相當於 USD 229。

NUC 反映一個國家物價生活水準的高低及幣值的強弱

Y / OW NUC	In February 10	In February 11	UP/DOWN %
TPE~FRA	1,541.95	1,479.32	− 4.0%
HKG~FRA	1,645.77	1,645.62	−
BKK~FRA	1,032.83	1,118.99	+ 8.3%
SIN~FRA	1,894.29	1,866.15	− 1.4%
TYO~FRA	2,757.26	2,570.01	− 6.7%
SEL~FRA	1,149.61	1,186.07	+ 3.1%
BJS~FRA	1,847.32	1,847.24	−
SHA~FRA	1,942.77	1,942.68	−
SFO~TPE	1,234.00	1,271.00	+ 3.0%
YVR~TPE	1,172.04	1,177.09	+ 0.4%
FRA~HKG	1,902.24	1,884.25	− 0.9%
PAR~HKG	2,096.25	2,088.96	− 0.3%
AMS~HKG	2,114.68	2,114.77	−
ROM~HKG	1,531.02	1,607.89	+ 5.0%

（註：NUC 只取到小數點後第二位，其餘自動捨去。）

四、貨幣轉換規則（Currency Rules）

(一) NUC（Neutral Units of Construction）

為運價計算的基本單位，計算聯程運輸的票價時，聯程經過幾個國家，如使用當地貨幣會使計算過程更形複雜，因此 IATA 制定了 NUC。計算 NUC 時，尾數只取至小數點後兩位，小數點兩位以後的數字捨去不計。

(二) IROE（IATA Rates of Exchange）

國際航空運價皆是由各國當地貨幣所公布的，如何將計算得到的 NUC 轉換成各國的貨幣價格，則須經由一個轉換比率來完成，此轉換比率就稱為 IROE。IATA 的 IROE 每季更換一次，是由 IATA 於每季的前兩個月統計出該貨幣對美元的平均匯率。例如：

每季 IATA ROE 公布月份	有效的對應期間
2 月	4 月 1 日～6 月 30 日
5 月	7 月 1 日～9 月 30 日
8 月	10 月 1 日～12 月 31 日
11 月	1 月 1 日～3 月 31 日

PAT（Passenger Air Tariff）Worldwide Fares book 中的 IROE 換算表，其進位方式有下述兩種：

1. 完全調整（Full adjustment）：即無條件進入法，代號為 H。
2. 部分調整（Half adjustment）：即四捨五入法，代號為 N。

例如：BND1233.209～(H1)→1234

例如：JPY1233.209～(H100)→1300

(三) LCF（Local Currency Fare）

行程出發國的當地貨幣價值。所有的票價皆以行程出發國的貨幣計算。對於LCF的尾數處理應根據 IATA 或是有關國家的規定來計算。

ELECTRONIC TICKET PASSENGER ITINERARY/RECEIPT 電子機票/旅客行程收執聯

CUSTOMER COPY 顧客聯

Passenger 旅客： HUANG/CHUNGJIANMR	**Ticket No 機票號碼：** 2975807508759
Name Ref 姓名相關備註：	**Issue Date 開票日期：** 09AUG14
Customer No 客戶編號： E27230	**Issuing Airline 開票航空公司：** CHINA AIRLINES
FOID 證件號碼：	**IATA No 旅行社IATA號碼：** 34301890
Abacus Booking Ref 電腦代號： GNOYRJ	**Issuing Agent 開票旅行社：** 0CG8AMD
Frequent Flyer No 航空公司會員號碼： CIWB7639345	**Tour Code 銷售代碼：**

DAY 日	DATE 日期	FLIGHT 航班		TIME 時間	CITY/TERMINAL 城市/航站/ STOPOVER CITY 停留城市	CLASS 艙等/ STATUS 狀態/ STOP 停留	EQP 機型/ FLYING TIME 飛行時間/ SERVICES 服務
WED	13AUG14	CI0839	DEP	1455	KAOHSIUNG INTL 高雄國際機場	ECONOMY 經濟艙	BOEING 737-800 波音 737-800
三	8月13日		出發		INTERNATIONAL TERMINAL 國際航站	CONFIRMED 機位OK	03HR(小時)30MIN(分鐘)
	13AUG14		ARR 抵達	1725	BANGKOK SUVARNABHUMI INTL 曼谷蘇汪納蓬國際機場	NON-STOP 直飛	MEALS 餐點

CHINA AIRLINES REF 中華航空 電腦代號： K8GRPU　　**SEAT 預選座位：** 20C

FARE BASIS 票價基準	**NVA 以下日期之後無效**	**BAGGAGE 免費行李數**
YEE3M	13NOV14	20K

CHINA AIRLINES RESERVATION NUMBER (KAOHSIUNG INTL)
中華航空 訂位電話 (高雄國際機場)： 412-9000 in Taiwan/(886 2) 412-9000 not in Taiwan

DAY 日	DATE 日期	FLIGHT 航班		TIME 時間	CITY/TERMINAL 城市/航站/ STOPOVER CITY 停留城市	CLASS 艙等/ STATUS 狀態/ STOP 停留	EQP 機型/ FLYING TIME 飛行時間/ SERVICES 服務
WED	13AUG14	PG0705	DEP	2015	BANGKOK SUVARNABHUMI INTL 曼谷蘇汪納蓬國際機場	ECONOMY 經濟艙	ATR 72 TURBOPROP ATR 72 渦輪螺旋槳
三	8月13日		出發			CONFIRMED 機位OK	01HR(小時)45MIN(分鐘)
	13AUG14		ARR 抵達	2130	YANGON MINGALADON 仰光機場	NON-STOP 直飛	DINNER 晚餐

BANGKOK AIRWAYS REF 曼谷航空 電腦代號： CWSPDI　　**SEAT 預選座位：** 8B

FARE BASIS 票價基準	**NVA 以下日期之後無效**	**BAGGAGE 免費行李數**
YEE3M	13NOV14	20K

BANGKOK AIRWAYS RESERVATION NUMBER (BANGKOK SUVARNABHUMI INTL)
曼谷航空 訂位電話 (曼谷蘇汪納蓬國際機場)： (66 2) 270-6699

▲ 亞洲電子機票

SUN 17AUG14 PG0702 DEP 1030 YANGON MINGALADON 仰光機場 | ECONOMY 經濟艙 | AIRBUS 320 空中巴士 320
日 8月17日 出發 | CONFIRMED 機位OK | 01HR(小時)25MIN(分鐘)
17AUG14 ARR 1225 BANGKOK SUVARNABHUMI INTL 曼谷蘇汪納蓬國際機場 抵達 | NON-STOP 直飛 | LUNCH 午餐

BANGKOK AIRWAYS REF 曼谷航空 電腦代號：CWSPDI　　**SEAT 預選座位：**16C

FARE BASIS 票價基準	**NVA 以下日期之後無效**	**BAGGAGE 免費行李數**
YEE3M	13NOV14	20K

BANGKOK AIRWAYS RESERVATION NUMBER (YANGON MINGALADON)
曼谷航空 訂位電話 (仰光機場)：

SUN 17AUG14 CI0840 DEP 1835 BANGKOK SUVARNABHUMI INTL 曼谷蘇汪納蓬國際機場 | ECONOMY 經濟艙 | BOEING 737-800 波音 737-800
日 8月17日 出發 | CONFIRMED 機位OK | 03HR(小時)25MIN(分鐘)
17AUG14 ARR 2300 KAOHSIUNG INTL 高雄國際機場 抵達 INTERNATIONAL TERMINAL 國際航站 | NON-STOP 直飛 | MEALS 餐點

CHINA AIRLINES REF 中華航空 電腦代號：K8GRPU　　**SEAT 預選座位：**7C

FARE BASIS 票價基準	**NVA 以下日期之後無效**	**BAGGAGE 免費行李數**
YEE3M	13NOV14	20K

CHINA AIRLINES RESERVATION NUMBER (BANGKOK SUVARNABHUMI INTL)
中華航空 **訂位電話 (曼谷蘇汪納蓬國際機場)：**(66 2) 250-9888

Form of Payment 付款方式： CHECK

Endorsement/Restriction 機票條款： NONENDO O/B VLD 28JUN-20AUG14.///*ZC6006262///

Positive identification required for airport check in 在機場辦理登機手續時，需出示真實身份證明文件
Notice 注意事項：

Transportation and other services provided by the carrier are subjected to conditions of contract and other important notices. Please ensure that you have received these notices, and if not, contact the travel agent or issuing carrier to obtain a copy prior to the commencement of your trip.

If the passenger journey involves an ultimate destination or stop in a country other than the country of departure, the Warsaw Convention may be applicable and this convention governs and on most case limits the liability of carriers for death or personal injury and in respect of loss of or damage to baggage.

IATA Ticket Notice： http://www.iatatravelcentre.com/e-ticket-notice/General/English/
(Subject to change without prior notice)

▲亞洲電子機票（續）

ELECTRONIC TICKET PASSENGER ITINERARY/RECEIPT 電子機票/旅客行程收執聯
CUSTOMER COPY 顧客聯

Passenger 旅客： HUANG/CHENGMEIMS
Name Ref 姓名相關備註：
Customer No 客戶編號： E27230
FOID 證件號碼：
Abacus Booking Ref 電腦代號： QWNAFW
Frequent Flyer No 航空公司會員號碼： CIWB3907157

Ticket No 機票號碼： 2975808109173
Issue Date 開票日期： 23SEP14
Issuing Airline 開票航空公司： CHINA AIRLINES
IATA No 旅行社IATA號碼： 34301890
Issuing Agent 開票旅行社： 0CG8ACL
Tour Code 銷售代碼： V1F2V1A9

DAY 日	DATE 日期	FLIGHT 航班		TIME 時間	CITY/TERMINAL 城市/航站/ STOPOVER CITY 停留城市	CLASS 艙等/ STATUS 狀態/ STOP 停留	EQP 機型/ FLYING TIME 飛行時間/ SERVICES 服務
THU 四	09OCT14 10月09日	CI0308	DEP 出發	2050	KAOHSIUNG INTL 高雄國際機場 INTERNATIONAL TERMINAL 國際航站	ECONOMY 經濟艙/T	E90
						CONFIRMED 機位OK	00HR(小時)55MIN(分鐘)
	09OCT14		ARR 抵達	2145	TAIPEI TAOYUAN 台灣桃園國際機場 TERMINAL 2 第二航站	NON-STOP 直飛	MEALS 餐點
					OPERATED BY MANDARIN AIRLINES 實際飛行 MANDARIN AIRLINES		

CHINA AIRLINES REF 中華航空 電腦代號： KGXTJH **SEAT 預選座位：** 18C

FARE BASIS 票價基準	NVA 以下日期之後無效	BAGGAGE 免費行李數
BLXB1M	09NOV14	2PC

CHINA AIRLINES RESERVATION NUMBER (KAOHSIUNG INTL)
中華航空 訂位電話 (高雄國際機場)： 412-9000 in Taiwan/(886 2) 412-9000 not in Taiwan

---

DAY 日	DATE 日期	FLIGHT 航班		TIME 時間	CITY/TERMINAL 城市/航站/ STOPOVER CITY 停留城市	CLASS 艙等/ STATUS 狀態/ STOP 停留	EQP 機型/ FLYING TIME 飛行時間/ SERVICES 服務
THU 四	09OCT14 10月09日	CI0008	DEP 出發	2350	TAIPEI TAOYUAN 台灣桃園國際機場 TERMINAL 2 第二航站	ECONOMY 經濟艙/T	BOEING 747-400 波音 747-400
						CONFIRMED 機位OK	11HR(小時)45MIN(分鐘)
	09OCT14		ARR 抵達	2035	LOS ANGELES INTL 洛杉磯國際機場 TOM BRADLEY INTL TERM	NON-STOP 直飛	MEALS 餐點

CHINA AIRLINES REF 中華航空 電腦代號： KGXTJH **SEAT 預選座位：** 57G

FARE BASIS 票價基準	NVA 以下日期之後無效	BAGGAGE 免費行李數
BLXB1M	09NOV14	2PC

CHINA AIRLINES RESERVATION NUMBER (TAIPEI TAOYUAN)
中華航空 訂位電話 (台灣桃園國際機場)： 412-9000 in Taiwan/(886 2) 412-9000 not in Taiwan

---

DAY 日	DATE 日期	FLIGHT 航班		TIME 時間	CITY/TERMINAL 城市/航站/ STOPOVER CITY 停留城市	CLASS 艙等/ STATUS 狀態/ STOP 停留	EQP 機型/ FLYING TIME 飛行時間/ SERVICES 服務
SAT 六	18OCT14 10月18日	CI0007	DEP 出發	0105	LOS ANGELES INTL 洛杉磯國際機場 TOM BRADLEY INTL TERM	ECONOMY 經濟艙/T	BOEING 747-400 波音 747-400
						CONFIRMED 機位OK	13HR(小時)55MIN(分鐘)
	19OCT14		ARR 抵達	0600	TAIPEI TAOYUAN 台灣桃園國際機場 TERMINAL 2 第二航站	NON-STOP 直飛	MEALS 餐點

CHINA AIRLINES REF 中華航空 電腦代號： KGXTJH **SEAT 預選座位：** 55D

FARE BASIS 票價基準	NVA 以下日期之後無效	BAGGAGE 免費行李數
BLXB1M	09NOV14	2PC

CHINA AIRLINES RESERVATION NUMBER (LOS ANGELES INTL)
中華航空 訂位電話 (洛杉磯國際機場)： 1-800-227-5118

DAY 日	DATE 日期	FLIGHT 航班		TIME 時間	CITY/TERMINAL 城市/航站/ STOPOVER CITY 停留城市	CLASS 艙等/ STATUS 狀態/ STOP 停留	EQP 機型/ FLYING TIME 飛行時間/ SERVICES 服務
SUN 日	19OCT14 10月19日	CI0301	DEP 出發	0710	TAIPEI TAOYUAN 台灣桃園國際機場 TERMINAL 2 第二航站	ECONOMY 經濟艙/T	E90
						CONFIRMED 機位OK	00HR(小時)55MIN(分鐘)
	19OCT14		ARR 抵達	0805	KAOHSIUNG INTL 高雄國際機場 INTERNATIONAL TERMINAL 國際航站	NON-STOP 直飛	MEALS 餐點
					OPERATED BY MANDARIN AIRLINES 實際飛行 MANDARIN AIRLINES		

CHINA AIRLINES REF 中華航空 電腦代號： KGXTJH **SEAT 預選座位：** 6B

FARE BASIS 票價基準	NVA 以下日期之後無效	BAGGAGE 免費行李數
BLXB1M	09NOV14	2PC

CHINA AIRLINES RESERVATION NUMBER (TAIPEI TAOYUAN)
中華航空 訂位電話 (台灣桃園國際機場)： 412-9000 in Taiwan/(886 2) 412-9000 not in Taiwan

---

Form of Payment 付款方式： CHECK
Endorsement/Restriction 機票條款： ///*ZC6006262///.NONENDO.REFND CHRG TWD2600.OB VLD 11SEP-31DEC14.REFND REISU CHRG APPLY.VLD 0-1M.OB VL

Positive identification required for airport check in 在機場辦理登機手續時，需出示真實身份證明文件
Notice 注意事項：

Transportation and other services provided by the carrier are subjected to conditions of contract and other important notices. Please ensure that you have received these notices, and if not, contact the travel agent or issuing carrier to obtain a copy prior to the commencement of your trip.

If the passenger journey involves an ultimate destination or stop in a country other than the country of departure, the Warsaw Convention may be applicable and this convention governs and on most case limits the liability of carriers for death or personal injury and in respect of loss of or damage to baggage.

IATA Ticket Notice： http://www.iatatravelcentre.com/e-ticket-notice/General/English/
(Subject to change without prior notice)

▲ 美國電子機票

阿聯酋 4/3-13

今日參考票價約 NT42000

＊機票開立後如需更改日期或航班，阿酋航每次更改費 NT3500+票價稅金價差並重新開票

開票日：3/27 前

旅客姓名：01.HUANG/CHUNFENGMR

電腦代號：DVCJXO(ABACUS)

	行程表	日期	日 出發	抵達	航班	艙等	電腦代號	狀態	航空公司
01	台北桃園(TPE) - 杜拜(DXB)	03APR	五 2345	0505+1	EK367	U	HZGYJB	確認 OK	阿聯酋航空
02	杜拜(DXB) - 台北桃園(TPE)	13APR	一 0435	1640	EK366	U	HZGYJB	確認 OK	阿聯酋航空

國泰 4/10-20

一個月票期，限 4/30 前出發（N 艙）目前票價 NT25000

開票日：4/1 前

旅客姓名：01.HUANG/CHUNFENGMR

電腦代號：KBIRIM(ABACUS)

	行程表	日期	日 出發	抵達	航班	艙等	電腦代號	狀態	航空公司
01	高雄(KHH) - 香港(HKG)	10APR	五 1125	1255	KA433	N	3K9KSC	確認 OK	港龍航空
02	香港(HKG) - 杜拜(DXB)	10APR	五 1630	2055	CX731	N	3K9KSC	確認 OK	國泰航空
03	杜拜(DXB) - 香港(HKG)	20APR	一 1710	0505+1	CX746	N	3K9KSC	確認 OK	國泰航空
04	香港(HKG) - 高雄(KHH)	21APR	二 0850	1020	KA432	N	3K9KSC	確認 OK	港龍航空

▲ 杜拜電子機票

電腦代號：XDTJCE(ABACUS)
KD6BJF(CI-中華航空)
DXZCBN(LX-瑞士航空)
旅客姓名：

日期	時間　航班	其他資訊	
05月03日(六)	中華航空(CI 937) 1900 出發：高雄(KHH)高雄國際機場 2030 抵達：香港(HKG)香港國際機場	經濟艙(L)/機位 OK 01 小時 30 分鐘 空中巴士 330-300	/國際航站 /直飛 /餐點 /第一航站
05月03日(六) 05月04日	瑞士航空(LX 139) 2315 出發：香港(HKG)香港國際機場 0610 抵達：蘇黎世(ZRH)蘇黎世國際機場	經濟艙(T)/機位 OK 12 小時 55 分鐘 空中巴士 340-300	/第一航站 /直飛 /餐點
05月04日(日)	瑞士航空(LX 786) 0725 出發：蘇黎世(ZRH)蘇黎世國際機場 0845 抵達：布魯塞爾(BRU)布魯塞爾機場	經濟艙(T)/機位 OK 01 小時 20 分鐘 空中巴士 320	/直飛 /點心
05月09日(五)	瑞士航空(LX 789) 2005 出發：布魯塞爾(BRU)布魯塞爾機場 2115 抵達：蘇黎世(ZRH)蘇黎世國際機場	經濟艙(L)/機位 OK 01 小時 10 分鐘 空中巴士 320	/直飛 /點心
05月09日(五) 05月10日	瑞士航空(LX 138) 2245 出發：蘇黎世(ZRH)蘇黎世國際機場 1650 抵達：香港(HKG)香港國際機場	經濟艙(L)/機位 OK 12 小時 05 分鐘 空中巴士 340-300	/直飛 /餐點 /第一航站
05月10日(六)	中華航空(CI 932) 1840 出發：香港(HKG)香港國際機場 2000 抵達：高雄(KHH)高雄國際機場 香港(HKG)-高雄(KHH)實際飛行：華信航空	經濟艙(L)/機位 OK 01 小時 20 分鐘 E90	/第一航站 /直飛 /餐點 /國際航站

預訂座位：LX 0139 - 座位 25D - OK - WANG/HUISHANMS
預訂座位：LX 0139 - 座位 26D - OK - CHEN/YUTZUMS
預訂座位：LX 0138 - 座位 24D - OK - WANG/HUISHANMS
預訂座位：LX 0138 - 座位 25D - OK - CHEN/YUTZUMS
航空公司訂位電話：

CI-中華航空(高雄(KHH)): 412-9000 in Taiwan/(886 2) 412-9000 not in Taiwan
LX-瑞士航空(香港(HKG)): 3002-1330
LX-瑞士航空(蘇黎世(ZRH)): 0848 700700
LX-瑞士航空(布魯塞爾(BRU)): 78155319
CI-中華航空(香港(HKG)): (852) 2868-2299

機票號碼：

7244676050796/97 - WANG HUISHANMS
7244676050798/99 - CHEN YUTZUMS

▲ 歐洲電子機票

▲ 國內航線登機證

BOARDING PASS

CHINA AIRLINES

PG

HUANG CHUNGJIAN　KHH

PG0705 13AUG 20:15　FM BANGKOK　TO YANGON

HUANG CHUNGJIAN

PG0705 T 13AUG 801

FM BANGKOK

TO YANGON

登機門 Gate	登機時間 Boarding Time	艙等 Class	座位 Seat
C1A	19:35	Y	08B

ET NO COUPON

801/Y/08B/RGN 08　ETKT*ET NO COUPON

PLEASE BE AT GATE 40 MINUTES BEFORE DEPARTURE TIME

▲ 國際航線登機證

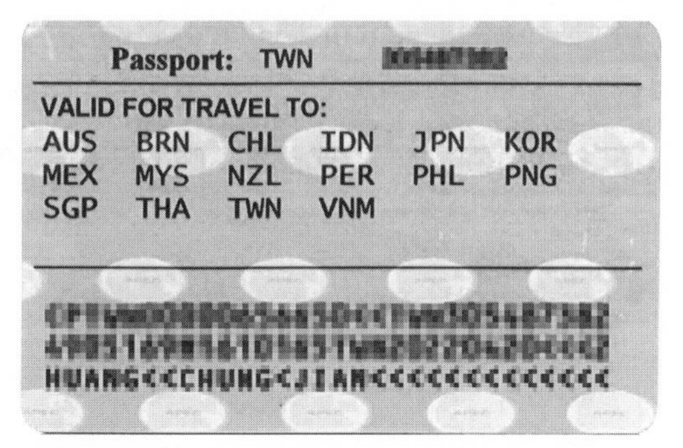

▲ APEC 國家免簽商務卡

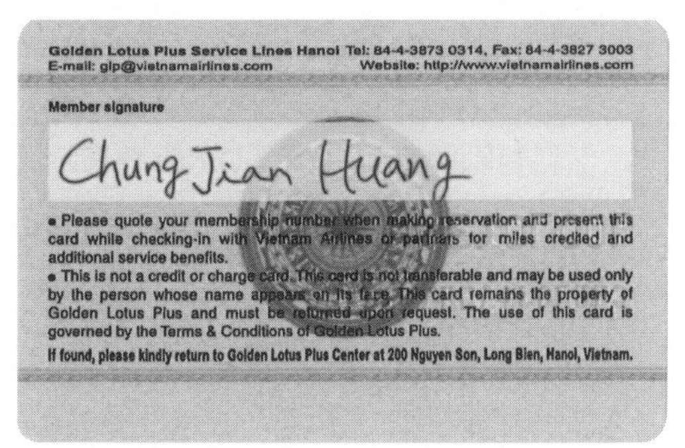

▲ APEC Business Travel Card

亞洲太平洋經濟合作會議成員國 VISA 最惠國包含：

1. 澳大利亞（Australia, AUS）
2. 汶萊（Brunei, BRN）
3. 智利共和國（西班牙語： República de Chile, CHL）
4. 印尼（Republic of Indonesia, IDN）
5. 日本（Japan, JPN）
6. 韓國（Republic of Korea, KOR）
7. 墨西哥（Mexico, MEX）
8. 馬來西亞（Malaysia, MYS）
9. 紐西蘭（New Zealand, NZL）
10. 秘魯（Republic of Peru, PER）
11. 菲律賓（Republic of the Philippines, PHL）
12. 巴布亞新幾內亞（Papua New Guinea, PNG）
13. 新加坡（Republic of Singapore, SGP）

14. 泰國（Kingdom of Thailand, THA）
15. 台灣，中華民國（Taiwan, Republic of China, TWN）
16. 越南（Socialist Republic of Viet Nam, VNM）

第二節 飛航行徑票價

票價（Fare）的定義

(一) 直線票價

係點對點的直線票價（Direct Fare），由 IATA 定期公布。

例如：2009 年 11 月台北到巴黎 Y 艙的直線票價是 TWD 61,974/NUC/Nov. 2009。

(二) 適用票價

係以直線票價為基礎，依據飛航途徑之票價，規則運算後，所試算出之行程適用票價（Applicable Fare）。

例如：航程 TPE→HKG→FRA→PAR 之票價，依票務計算規則試算結果之票價。

適用票價有兩種不同計價規則：

1. **限制特定航路系統票價（Routing System Fare）**

限制特定的路線表，只要旅客的行程按照規定的路線（Routing）飛航，即適用此票價。如美／加的特別票價。

例如：從舊金山到漢堡（SFO→HAM）其中一種票種代碼為 BKWAB2 之 Routing Fare，限制路線走法共有三條：

(1) SFO→DEN/PHX→FRA/MUC→HAM

(2) SFO→FRA/MUC→HAM

(3) SFO→FRA→MUC→HAM

2. **哩程計算法票價（Mileage System Fare）**

係以哩程（Mileage）計算方式來試算票價，係常用的基礎票價試算方式，歐洲航線票價通常為哩程計算法票價。

第三節 國際航空飛航票價計算的基本元素

一、兩點城市之間哩程（TPM）

載明在乘客機票上的城市，不論停留或轉機，順著行程而下，每相鄰兩點之間的哩程數，以 Mile（哩）計算，亦即點對點的直線距離。

1. 兩點城市之間的 TPM，不論正向或反向來回都相同。

   例如：台北 TPE→東京 TYO 與 TYO→TPE 的 TPM 皆為 1,330M。

2. 將行程中由上而下，每兩點間的 TPM 加總起來，即為該行程的實際總哩數。

   例如：行程台北 TPE→香港 HKG→法蘭克福 FRA→倫敦 LON→巴黎 PAR

   TPM 總和：510M ＋ 5,688M ＋ 396M ＋ 220M ＝ 6,814M

3. 特殊情況：

   (1) 額外哩程數減免（EMA）（詳見第四節）。

   (2) 不計入哩程的中斷行程（GAPS）（詳見第五節）。

二、飛航起點站與終點站允許繞路的最大行程哩數之上限（MPM）

(一) 飛航的起點站與終點站之間，或每兩個斷點之間的最高許可哩程數，由 IATA 所制定，亦即允許繞路的行程哩數上限。

MPM 皆以每一個票價段（Fare Component）為計算基礎。

例如：上例行程台北→巴黎的 MPM 為 8,560M。

(二) 試算步驟：

1. 將行程中各城市間，點對點的 TPM 相加，成為 TPM 總和。
2. 檢查有無額外哩程數減免（EMA）情形發生，若有，則先由 TPM 總和中扣除。
3. 試算超出最高行程哩數之加收票價（Excess Mileage Surcharge, EMS）：

   比較 TPM 總和與 MPM 總和。

   (1) 當 TPM 總和＜ MPM 總和時可直接取用該行程起終點之直線票價。

   (2) 當 TPM 總和＝ MPM 總和時可直接取用該行程起終點之直線票價。

   (3) 當 TPM 總和＞ MPM 總和時表示行程繞路，此時應依哩數超出之百分比，加收同百分比之附加票價（EMS）。

TPM ÷ MPM	EMS 附加票價
= 1.0001～1.0500 = 5M	（須加 5%票價）
= 1.0501～1.1000 = 10M	（須加 10%票價）
= 1.1001～1.1500 = 15M	（須加 15%票價）
= 1.1501～1.2000 = 20M	（須加 20%票價）
= 1.2001～1.2500 = 25M	（須加 25%票價）

註：當超出 1.25 者，表示行程繞行偏離度太大，只能再尋斷點，分成兩段。

第四節 額外哩程數減免（Extra Mileage Allowance, EMA）

每一個票價段中只能扣除一次 EMA。

凡符合下列哩數減免表中的路線規定者，必須由行程之 TPM 總和中先扣除，再與 MPM 作比較。

兩地區間		可扣除哩數	經由城市
第二大區域～歐洲			
ABERDEEN	STOCKHOLM	2	ANY ROUTING*
AJACCIO	GENEVA	116	BSL/MLH (NO STOPOVER)
AMSTERDAM	BERGEN	150	ANY ROUTING
BARCELONA	GENEVA	15	BSL (NO STOPOVER)
BARCELONA	LUGANO	10	BSL (NO STOPOVER)
BASLE	BILBAO	79	BCN (NO STOPOVER)
BASLE	CORK	35	ZURICH
BASLE	SANTIAGO DE COMP	2	BCN (NO STOPOVER)
BERGEN	BARCELONA	17	ANY ROUTING
BERGEN	BASLE	42	ANY ROUTING
BERGEN	BRUSSELS	195	ANY ROUTING
BERGEN	COPENHAGEN	2	ANY ROUTING
BERGEN	DUESSELDORF	96	ANY ROUTING
BERGEN	FARO	42	ANY ROUTING
BERGEN	GENEVA	43	ANY ROUTING
BERGEN	LISBON	156	ANY ROUTING
BERGEN	LYON	56	ANY ROUTING
BERGEN	MADRID	65	ANY ROUTING
BERGEN	MANCHESTER	83	OSL (NO STOPOVER)

（續下表）

兩地區間		可扣除哩數	經由城市
BERGEN	PARIS	167	OSL (NO STOPOVER)
BERGEN	PORTO	76	ANY ROUTING
BERGEN	ROTTERDAM	150	ANY ROUTING
BILBAO	GENEVA	102	BCN (NO STOPOVER)
BILBAO	LONDON	323	BSL (NO STOPOVER)
BILBAO	MILAN	14	BCN (NO STOPOVER)
BILBAO	ZURICH	66	BCN (NO STOPOVER)
BORDEAUX	GENEVA	142	BSL/MLH (NO STOPOVER)
BORDEAUX	LONDON	317	BSL/GVA (NO STOPOVER)
BRUSSELS	STAVANGER	151	ANY ROUTING
COPENHAGEN	MUNICH	199	BSL (NO STOPOVER)
COPENHAGEN	PRAGUE	485	BSL (NO STOPOVER)
COPENHAGEN	ROME	1	ANY ROUTING
COPENHAGEN	MINSK	99	VIE (NO STOPOVER)
COPENHAGEN	VILNIUS	379	VIE (NO STOPOVER)
CORK	GUERNSEY	115	ANY ROUTING
CORK	JERSEY	86	ANY ROUTING
CORK	LONDON	4	ANY ROUTING
DUSSELDORF	STAVANGER	52	ANY ROUTING
FARO	STAVANGER	64	ANY ROUTING
GENEVA	MARSEILLE	193	BSL/MLH (NO STOPOVER)
GENEVA	MILAN	47	BSL/MLH (NO STOPOVER)
GENEVA	NICE	165	BSL/MLH (NO STOPOVER)
GENEVA	NICE	84	BRN (NO STOPOVER)
GENEVA	SANTIAGO DE COMP.	25	BCN (NO STOPOVER)
GENEVA	SANTIAGO DE COMP.	11	MAD (NO STOPOVER)
GENEVA	ST. TROPEZ	177	ZRH (NO STOPOVER)
GENEVA	TOULOUSE	169	BSL/MLH (NO STOPOVER)
GOTHENBURG	MINSK	29	VIE (NO STOPOVER)
GOTHENBURG	VILNIUS	307	VIE (NO STOPOVER)
GRAZ	MINSK	165	ZRH (NO STOPOVER)
KLAGENFURT	MINSK	40	ZRH (NO STOPOVER)
LINZ	MINSK	64	ZRH (NO STOPOVER)
LISBON	MANCHESTER	348	BSL (NO STOPOVER)
LONDON	MAASTRICHT	10	AMS (NO STOPOVER)
LONDON	MADRID	236	BSL (NO STOPOVER)
LONDON	TOULOUSE	181	BSL (NO STOPOVER)
LUGANO	VIENNA	40	BSL (NO STOPOVER)
LYON	STAVANGER	12	ANY ROUTING
MADRID	STAVANGER	21	ANY ROUTING
MARSEILLE	VENICE	5	BSL/MLH (NO STOPOVER)
MINSK	VIENNA	356	ZRH (NO STOPOVER)
MINSK	STOCKHOLM	183	VIE (NO STOPOVER)

（續下表）

兩地區間		可扣除哩數	經由城市
OSLO	REYKAJVIK	324	ANY ROUTING
OSLO	VILNIUS	221	VIE (NO STOPOVER)
STAVANGER	BRUSSELS	151	ANY ROUTING
STAVANGER	DUESSELDORF	52	ANY ROUTING
STAVANGER	LISBON	35	ANY ROUTING
STAVANGER	LYON	12	ANY ROUTING
STAVANGER	MADRID	21	ANY ROUTING
STAVANGER	PARIS	123	ANY ROUTING
STOCKHOLM	VILNIUS	225	VIE (NO STOPOVER)
VIENNA	VILNIUS	372	ZRH (NO STOPOVER)
ZURICH	NICE	6	ANY ROUTING
歐洲～中東			
EUROPE	IRAN (EXCEPT THR)	100	THR
BUDAPEST	MIDDLE EAST	100	VIA A POINT IN EUROPE
第三大區域			
AERA 3 (EXCEPT WHEN TRAVEL IS WHOLEY WITHIN THE SOUTH ASIAN SUB CONTINENT)	A POINT IN AERA 3	700	BOM AND DEL OR TO/FROM BOM VIA DEL OR TO/FROM DEL VIA BOM OR VIA BOTH ISB AND KHI OR TO/FROM KHI VIA ISB OR TO/FROM ISB VIA KHI
第二大區域和第三大區域間			
MIDDLE EAST	AREA 3 EXCEPT SOUTH WEST PACIFIC	700	BOM AND DEL OR TO/FROM BOM VIA DEL, OR TO/FROM DEL VIA BOM BOTH ISB AND KHI, OR TO/FROM KHI VIA ISB OR TO/FROM ISB VIA KHI
EUROPE	AUSTRALIA	518	HRE/JNB
第二大區域和第三大區域間			
MIDDLE EAST	AUSTRALIA	588	HRE/JNB
EURPE	JAPAN/KOREA	700	BOM AND DEL OR TO/FROM BOM VIA DEL, OR TO/FROM DEL VIA BOM BOTH ISB AND KHI, OR TO/FROM KHI VIA ISB OR TO/FROM ISB VIA KHI
GREECE	SOUTH EAST ASIA	700	VIA BOM AND DEL
EUROPE	SOUTH ASIAN SUB-CONTINENT	700	VIA BOM AND DEL, OR TO/FROM BOM VIA DEL, OR TO/FROM DEL VIA BOM

（續下表）

兩地區間		可扣除哩數	經由城市
第一大區域和第二大區域間			
ALBERTA,BRITISH COLOMBIA,YUKON	EUROPE	400	YHZ,YQM,YOW,YTO
BERGEN	NEW YORK	50	OSL,CPH
EUROPE	NEW BRUNSWICK/ NEW FOUNDLAND/ NOVA SCOTIA/ PRINCE EDWARD ISLAND	1,500	BOS-YMQ OR YQM,YOW,YTO
EUROPE	NEWFOUNDLAND	700	YHZ
ISRAEL	NEW BRUNSWICK/ NOVA SCOTIA/ PRINCE EDWARD ISL.	500	YHZ-YQM-YTO
ISRAEL	NEWFOUNDLAND	1,600	YYT-YHZ-YQM-YTO
SOUTH AFRICA	CANADA/MEXICO/USA	660	TLV
MID ATLANTIC POINTS THAN	FUERTEVENTURA,GRAN CANARIA,LANZAROTE, SANTA CRUZ DE LA PALMA, TENERIFE,VALVERDE	1,300	VIA EUROPE OTHER THE POINTS LISTED IN "BETWEEN".
NEW FOUNDLAND	EUROPE	700	HALIFAX
第一大區域			
BUENOS AIRES, MONTEVIDEO	CANADA,MEXICO,USA	510	RIO/SAO (NO STOPOVER)
CARACAS	BUENOS AIRES, MONTEVIDEO	400	ROUTINGS WHOLLY WITHIN SOUTH AMERICA
第一大區域和第三大區域間			
CANADA/USA (EXCEPT HAWAII)	AREA 3	800	A POINT (S)IN HAWAII FOR NORTH OR CENTRAL PACIFIC FARES ONLY

註：* ANY ROUTING 為任何航程；NO STOPOVER 為無停點。

第五節 不計入哩程的中斷行程（Surface Transportation GAPS）

下列城市，因距離太近無直飛班機或查不到 TPM 時，可不計入哩程計算。

兩地區間	
ALICANTE（ALC）	MURCIA（MJV）
ALICANTE（ALC）	VALENCIA（VLC）
ALMERIA（LEI）	MALAGA（AGP）
AMMAN（AMM）	JERUSALEM（JRS）
AMRITSAR（ATQ）	LAHORE（LHE）
AMSTERDAM（AMS）	ROTTERDAM（RTM）
ANTWERP（ANR）	BRUSSELS（BRU）
ARICA（ARI）	TACNA（TCQ）
BARCELONA（BCN）	GERONA（GRO）
BARCELONA（BCN）	REUS（REU）
BASLE（BSL）	MULHOUSE（MLH）
BERNE（BRN）	GENEVA（GVA）
BERNE（BRN）	ZURICH（ZRH）
BERLIN（BER）	DRESDEN（DRS）
BERLIN（BER）	LEIPZIG（LEJ）
BILBAO（BIO）	SAN SEBASTIAN（EAS）
BILBAO（BIO）	SANTANDER（SDR）
BILBAO（BIO）	VITORIA（VIT）
BOLOGNA（BLQ）	FLORENCE（FLR）
BRAZZAVILLE（BZV）	KINSHASA（FIH）
BREMEN（BRE）	HAMBURG（HAM）
BREMEN（BRE）	MUENSTER（FMO）
BROWNSVILLE（BRO）	MATAMOROS（MAM）
CATANIA（CTA）	PALERMO（PMO）
CIUDAD JUAREZ（CJS）	EL PASO（ELP）
COLOGNE（CGN）	DUESSELDORF（DUS）
COLOGNE（CGN）	MUNSTER（FMO）
CURITIBA（CWB）	JOINSVILLE（JOI）
CUZCO（CUZ）	LA PAZ（LPB）

（續下表）

兩地區間	
DETROIT（DTT）	WINDSOR（YQG）
DRESDEN（DRS）	LEIPZIG（LEJ）
DUBAI（DXB）	SHARJAH（SHJ）
DUESSELDORF（DUS）	MUENSTER（FMO）
FORENCE（FLR）	PISA（PSA）
GRANADA（GRX）	MALAGA（AGP）
GUATEMALA（GUA）	TAPACHULA（TAP）
GUAYARAMERIN（GYA）	PORTO VELHO（PVH）
HAMBURG（HAM）	HANOVER（HAJ）
HAMBURG（HAM）	MUENSTER（FMO）
HANOVER（HAJ）	MUENSTER（FMO）
HILO（ITO）	KONA（KOA）
HONG KONG（HKG）	MACAU（MFM）
IGUAZU FALLS（IGU）	IGUASU（IGR）
IGUAZU（IGR）	PARANA BR VIA KL/NW
JEREZ DE LA FRONTERA（XRY）	SEVILLA（SVQ）
KABUL（KBL）	PESHAWAR（PEW）
LA CORUNA（LCG）	SANTIAGO DE COMPOSTELA（SCQ）
LAREDO（LOI）	NUEVO LAREDO（NLD）
LARNACA（LCA）	PAPHOS（PFO）
LETICIA（LET）	TABATINGA（TBT）
LIVINGSTONE（LVI）	VICTORIA FALLS（VFA）
LIVRAMENTRO（LVB）	RIVERA（RVY）
LJUBLJANA（LJU）	ZAGREB（ZAG）
MC ALLEN（MFE）	REYNOSA（REX）
MILAN（MIL）	TURIN（TRN）
MUNICH（MUC）	NUREMBERG（NUE）
NAGOYA（NGO）	OSAKA（OSA）
PASO DE LOS LIBRES（AOL）	URUGUAIANA（URG）
PUERTO MONTT（PMC）	SAN CARLOS DE BARILOCHE（BRC）
SAN DIEGO（SAN）	TIJUANA（TIJ）
SANTIAGO DE COMPOSTELA（SCQ）	VIGO（VGO）
SPLIT（SPU）	ZADAR（ZAD）
STOCKHOLM（STO）	VASTERAAS（VST）
SWAKOPMUND（SWP）	WALVIS BAY（WVB）

第六節　飛航路徑代號（Global Indicator Codes）

航空飛行方向（Global Indicator, GI）同，將會產生不同的里程計算而影響票價。常用航行路線代號如下：

1. EH（Within the Eastern Hemisphere）：在東半球的境內，例如從亞洲到歐洲。
2. WH（Within the Western Hemisphere）：在西半球第一區內，意即北、中、南美洲境內。
3. AT（Via Atlantic Ocean）：航線橫渡大西洋，例如美國到英國。
4. PA（Via Pacific Ocean）：航線橫渡太平洋，例如台灣到美國。
5. AP（Via Atlantic Ocean and Pacific Ocean）：經過大西洋與大平洋，例如從法國到美國再到日本。
6. PO（Via North Polar）：以飛越北極上空節省飛行時間的方式，例如往來歐洲和亞洲或者北美洲和亞洲之間。
7. TS（Trans Siberian Route）：經過西伯利亞，例如從韓國到北歐。

（資料來源：劉文義，領隊實務訓練班講義，2014 年 8 月 8～23 日）

第七節　航程種類

一、單程主行程（One Way Subjourney, OW）

從一個國家啟程旅遊，不再折返該國稱之為單程主行程。

1. 須使用 One Way Fare 來計價。
2. 非來回行程（RT）、環遊行程（CT）或有缺口之雙程行程（NOJ）之行程皆為 OW 行程（例如：TPE→BKK→FRA、TPE→AMS→HKG、KHH→HKG→BKK//SIN→KHH）。

二、來回主行程（Return Subjourney）

凡行程回到原出發點或原出發國之行程，包含：

(一) 來回行程（Round Trip, RT）

1. 為一個密閉（閉口）行程（行程最後返回原出發點）。
2. 全程限兩個票價段。
3. 去程與回程之行程相同（Outbound Routing ＝ Inbound Routing）或行程不同但去程與回程之票價相同（Outbound Fare ＝ Inbound Fare）。
4. 須使用 1/2 Round Trip Fare 來計價（例如：TPE→SFO→TPE、TPE→FRA→PAR→TPE）。

(二) 環遊行程（Circle Trip, CT）

1. 為一個密閉（閉口）行程（行程最後返回原出發點）。
2. 去程與回程之票價不相同（Outbound Fare≠Inbound Fare）。
3. 須使用 1/2 Round Trip Fare 來計價（例如：TPE→TYO→ZRH→TPE）。

(三) 有缺口之雙程行程（Normal Fare Open Jaw, NOJ）

從一個國家出國旅遊，無論缺口在折返國，或缺口在國內另一機場或者在起站國與折返國都產生缺口。

1. 非密閉行程，但其缺口須在同一國家。可分為三種：
(1) 缺口在起站國（Origin Normal Open Jaw, ONOJ）
例如：TPE→TYO→KHH

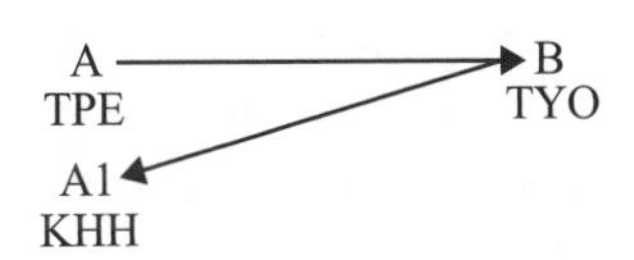

(2) 缺口在折返國（Turnaround Normal Open Jaw, TNOJ）
例如：TPE→TYO//OSA→TPE

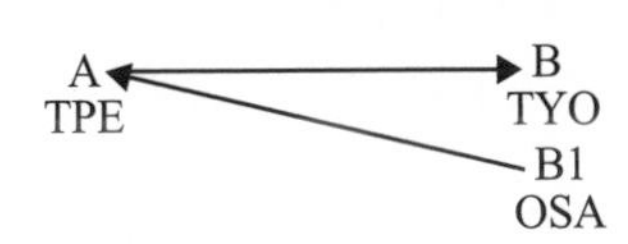

(3) 雙缺口在起站國與折返國（Double Normal Open Jaw, DNOJ）
例如：TPE→TYO//OSA→KHH

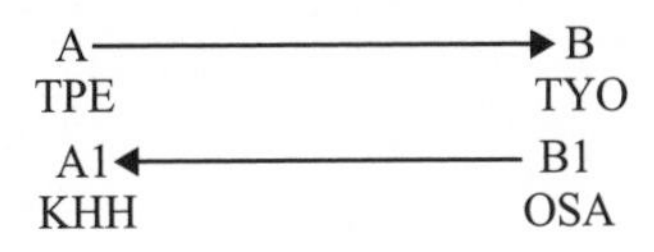

- 美國／加拿大視為同一國（如：TPE→SFO//YVR→TPE）。
- 丹麥／挪威／瑞典亦視為同一國（如：HKG→CPH//STO→HKG）。
- 由美／加地區經 AT（大西洋國家）路線往返於歐洲之間的行程，缺口可發生在歐洲不同國家，視為 NOJ 行程（如：NYC→PAR//LON→NYC）。

2. 須使用 1/2 RT Fare 來計價。

（資料來源：劉文義，領隊實務訓練班講義，2014 年 8 月 8～23 日）

第八節 機票銷售指標

機票銷售指標（International Sale Indicator, ISI）是 IATA 為防止各國票價間之惡性競爭而訂定，係用來表示機票付款及開票的情形。是以機票上的起站國（Country of Commencement of Travel）為基準，相對看賣票國及開票國，相同者為 Inside，不同者為 Outside。

（Selling）國別之不同而產生價格之差異，共可分為以下四種指標：

SITI（Selling Inside Ticked Inside）	開票與付款地均在機票中的第一站，此為目前國人出國購買機票最普遍的計價方式。
SITO（Selling Inside Ticked Outside）	票款在機票中第一站付，卻在他站開票，例如：TPE/SFO，付款地在台北，開票地在舊金山。
SOTI（Selling Outside Ticked Inside）	票款於他站繳付，卻在國內開票，例如：TPE/SFO，若接受 PTA（Prepaid Ticket Advice）方式，付款地於舊金山，開票地在台北。或國人在台北開立一張 SFO/NYC 之 sector 機票。
SOTO（Selling Outside Ticketing Outside）	開票地與付款地均不在首站。例如：TPE/SFO，開票地在舊金山，付款地除台北外之任何城市。

（資料來源：劉文義，領隊實務訓練班講義，2014 年 8 月 8～23 日）

第九節　中間較高票價試算（Higher Intermediate Point Fare, HIP）

HIP（Higher Intermediate Point）check在里程系統計價公式中是不可或缺的一部分，HIP 的目的是要確定如果行程中任兩個中途分程點（stopover points）的 Direct Fare 高於起點至迄點的直線票價時，就必須使用較高的直線票價。其目的是為了確保從起點至迄點的票價不會低於行程中同一方向任意兩個中途分程點的同艙等之直線票價。

HIP 的檢查步驟：

- 從票價計算組中的起點到行程任意中途分程點的直線票價；
- 從一個中途分程點到另一個中途分程點的直線票價；
- 從中途分程點到票價計算組的迄點的直線票價。

如果上述有任何一個航段的直線票價高於該行程起點和迄點間的直線票價時，必須以該較高的直線票價代替原起迄點間的票價，而為該行程的直線票價。必須注意的是，航段間的比較必須是同一方向的，且如果是用 OW（單程主行程）Fares，各航段的直線票價就必須選用 OW Fares，如果是用 1/2 RT Fares，各航段的直線票價比較就必須選用 1/2 RT Fares。（資料來源：劉文義，領隊實務訓練班講義，2014 年 8 月 8～23 日）

第十節　常用貨幣進位規則

國家	貨幣	Rounding Rules
台灣	TWD	Up to 1.00
香港	HKD	Nearest 10.00
中國	CNY	Up to 10.00
日本	JPY	Up to 100.00
韓國	KRW	Up to 100.00
泰國	THB	Up to 5.00
新加坡	SGD	Up to 1.00
印度	USD	Nearest 1.00
菲律賓	USD	Nearest 1.00

（續下表）

國家	貨幣	Rounding Rules
美國	USD	Nearest 1.00
加拿大	CAD	Nearest 1.00
歐盟國家	EUR	Up to 1.00
英國	GBP	Nearest 1.00
瑞士	CHF	Up to 1.00
俄國	USD	Nearest 1.00
澳洲	AUD	Up to 1.00
紐西蘭	NZD	Up to 1.00

亞太衛星集團 APT（Asia Pacific Travel Limited）樣張

country	currency	ISO codes	from NUC	Rounding unit		notes
				fares	other charge	
Haiti	Gourde	HTG		1	0.5	4
Honduras	Lempira	HNI		1	0.2	1、4
Hong Kong	Hong Kong Dollar	HKD	7.72690	10	1	8
Hungary	Forint	HUF	102.51090	10	10	

航空公司的票價是以中立結構單位（Neutral Unit of Construction, NUC）為計算標準，它不屬於任何國家的幣值，僅為計算票價的單位。因此計算票價基本公式為：

匯率（Rate of Exchange, ROE）×中立結構單位（NUC）＝當地票價（Local Selling Fare, LSF）。

即：ROE×NUC ＝ LSF

1. NUC 計算過程中保留到小數點後兩位，其餘全部捨去。

   例如：

   NUC 1,234.789 ＝ NUC 1,234.78

2. 如果貨幣進整數的，應留到小數點後一位，其餘全部捨去。

   例如：

   CNY 運費進整單位為「10」

   CNY 5,678.98 ＝ CNY 5,678.90

   CNY 3,456.09 ＝ CNY 3,456.00

3. 如果貨幣進整單位是小數位的，應留到進整單位的後一位，其餘全部捨去。

例如：

(1) GBP 其他收費的進整單位為「0.1」

GBP 123.456 = GBP 123.45

(2) KWD 其他收費的進整單位為「0.05」

KWD 123.9876 = KWD 123.987

貨幣的進整規則

凡是在貨幣表中有規定進位規則的，應按規定進位，否則一律按照見位就進的原則。

例如：

CNY 運價單位為「10」，貨幣表中無進位規定。

CNY 5,672.96 = CNY 5,672.9 = CNY 5,680.00

CNY 3,246.09 = CNY 3,246.0 = CNY 3,250.00

第十一節　標準試算步驟（Standard Calculation）

1. **決定銷售指標**（Sales Transaction）：以機票的起站國為基準，來判斷 Sold（S）/ Ticketed（T）/Inside（I）/Outside（O），可分為四種，即 SITI、SOTI、SITO、SOTO。

SITI：銷售與開票在出發啟程地。

SOTI：銷售在境外但開票在出發啟程地。

SITO：銷售在出發啟程地而在境外開票。

SOTO：以飛機出發啟程的國家為標準，註明機票的售票與開票的條件背景。

2. **決定行程種類**（Type of Journey）：單程主行程使用OW NUC，來回主行程（RT/CT/NOJ）使用 1/2 Round Trip NUC。

3. **決定航程方向**（Global Indicator）：以每個票價段單獨來看為何種飛航路徑——AT、AP、EH、PA 或 TS 等。

4. **尋找票價斷點**（Fare Break Point）：原則上，找行程中最遠點、 MPM 最大點，或 NUC 最高點來作為斷點。

5. **計算哩程**（Mileage）：以每個票價段單獨來觀察，比較 TPM（客票點實際哩程，Ticketed Point Mileage）之和與 MPM（最大允許哩程，Maximum Permitted Mile-

age）值，是否有 EMS（超哩程附加，Excess Mileage Surcharge）或 EMA（超哩程優惠，Excess Mileage Allowance）產生。

6. **檢查有無中間較高票價**（HIP Fare）**產生**：以每個票價段單獨來觀察，當檢查 HIP 時，SITI/SOTI 只看停點，不看轉機點（between any 2 Stopover Points），SITO/SOTO 要看所有點（between any 2 Ticketed Points）；當行程有 Mileage Surcharge（5M、10M、15M……）時，HIP Fare 亦須提高至相同百分比的高價。NUC 的取向，皆是由上往下看；唯一例外：在行程回到起站國的該票價段中，NUC 是由下往上倒著看。
7. **各式 Minimum Fare Check** ：例如 OW 行程倒走最低票價（BHC）；CT 環遊行程之應收最低票價（CTM）（詳見第十二、十三節）：以及 RT 來回機票等三大類。
8. **試算出全部行程的票價**：將全部行程中各個票價段的NUC，加上可能產生的應收最低票價後之 NUC 總和，乘上 ROE，即求得票價。

對於全程運價進行 DFUC（Direct Fare Undercut Check）檢查最低組合的全程運價，不得低於原始出發地到目的地的公布直達運價。國際航空運輸協會（IATA）暨國際航空電信技術協會（Société International de Télécommunications Aeronautiques, SITA）共同出版的國際旅客運輸資訊（Passenger Air Tariff）及運價計價基本過程樣本，將客運運價計算全程劃分為兩個或兩個以上運算區間，分別試算出各區間運價，再將各區間運價相加，得到全程運價，以各個全程運價中選出最低結果。

釋例

TPM	FM/TO	
	TPE	
6,087	FRA	
286	PAR	M
220	LON	1,709.69
6,593		

SITI/OW/EH

OW/Y/NUC		MPM
TPE→FRA	1,627.27	8,364
→PAR	1,627.27	8,560
→LON	1,709.69	8,791
FRA→PAR	350.68	
→LON	359.58	
PAR→LON	305.28	

＊ TWD/ROE 31.948

＊ Rounding up to 1.00

解析：

1. 此為 SITI/OW/EH 之行程，故須使用 OW NUC 來試算票價。
2. TPE→LON 為 MPM 最大點及 NUC 最高點，故取 LON 為此行程之斷點。
3. 計算哩程，TPM 總和 6,593 ＜ MPM 8,791 ＝（0）M。
4. 檢查有無高於起終點（＝斷點）TPE→LON（NUC 1709.69）之 HIP？
   ＊ SITI 情況下時，檢查 HIP 只須針對停點。
5. 將 NUC 總和 1,709.69×ROE 31.948 ＝ TWD 54,621 ⟵ 即為此行程之票價。

第十二節　單程主行程之應收最低票價（Backhaul Minimum Fare）

一、形成條件

凡單程主行程（OW）中，由起點看，行程先到票價高的城市後，再到票價較低的城市時，即產生所謂的倒走現象（Backhaul），此時須做 Backhaul Minimum Fare check（BHC）。

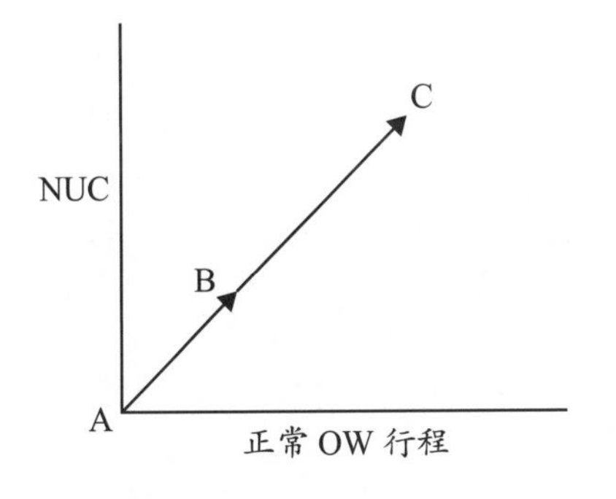

正常 OW 行程

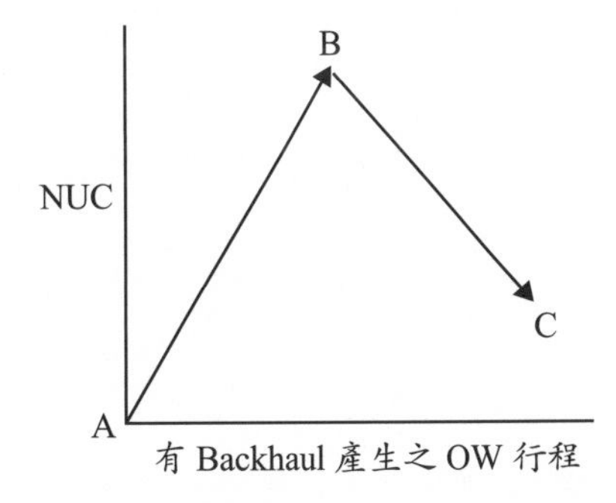

有 Backhaul 產生之 OW 行程

二、重要規則

1. 以每一個票價段為單位，單獨計算。
2. BHC 只檢查該票價段之起點往下到各停點（Stopover Points）間之直線票價是否有高於起點到終點之直線票價，而不看轉機點。當有不只一個 HIP 停點產生時，則取其中最高價來做 BHC 試算。
3. 試算公式：

BHC ＝ 2 AB － AC（A ＝起點，B ＝最高之 HIP，C ＝終點）

依標準試算步驟計算出之行程票價不可低於單程主行程之應收最低票價，否則須將差額補回來。

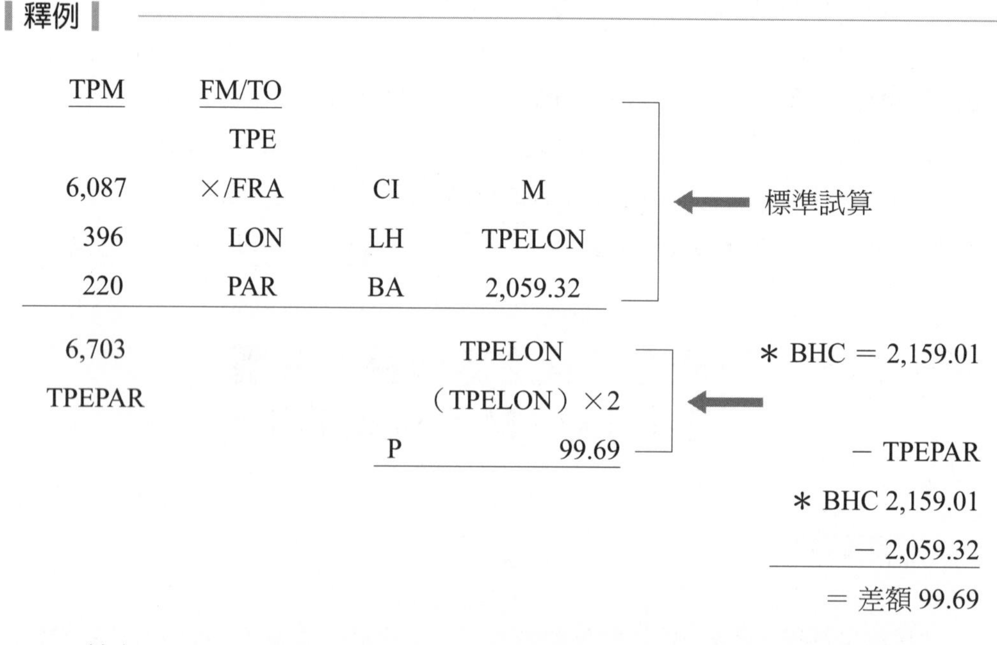

NUC 總和 2,159.01 × ROE 31.948 ＝ TWD 68,976 ← 即為此行程之票價

SITI/OW/EH

OW/C/NUC		MPM
TPE→FRA	1,959.63	8,346
→LON	2,059.32	8,791
→PAR	1,959.63	8,560
FRA→LON	359.58	
→PAR	350.68	
LON→PAR	420.71	

＊ TWD/ROE 31.948

第十三節　環遊行程之應收最低票價（Circle Trip Minimum Fare, CTM）

一、形成條件

凡是 CT 行程，皆須檢查經標準試算步驟後求得之總票價有沒有低於「起點至各停點間最高票價」的 2 倍。

二、重要規則

1. 只限 CT 之行程須檢查 CTM。
2. RT 與 NOJ 行程皆不須做 CTM 檢查。
3. CTM 檢查的對象只針對停點，不管轉機點。故不論是在 SITI、SOTI、SITO、SOTO 哪種情形下，其求得之 CTM 值都相同。

三、計算公式

CTM ＝（起點至各停點 HIP 中之最高值）× 2

依標準試算步驟計算出之行程票價不可低於 CTM Fare，否則須將差額補回來。

第十四節 應收帳款系統

應收帳款系統（Account Receivable, AR）係指往來帳中相對債務之債權，通常限於銷貨或提供勞務之未收款項。

第十五節 Debit Memo 系統（DM）

Debit Memorandum（Debit Note）稱之為借項通知單（索討欠款），為 Invoice 以外表明收費理由之文件。而Credit Memorandum（Credit Note）稱之為貸項通知單（承諾付費），賣方知會買方欠款減少或之前開給買方 Invoice 金額之減少。

第十六節 貨運電子帳單系統（Electronic Air Waybill, E-AWB）

一、航空貨運作業流程

1. **辦理託運**：進出口企業在備齊貨物，收到開來的信用狀（L/C）經審核（或經修改）無誤後，就可辦理託運，即按信用狀和合同內有關裝運條款，以及貨物名稱、件數、裝運日期、目的地等填寫「託運單」，提供有關單據，作為訂航班的依據。
2. **安排貨艙**：航空貨運承攬公司收到託運單及有關單據，根據配載原則、貨物性質、貨運數量、目的地等情況，結合航班，安排艙位，然後報關放行後簽發航空運單。
3. **裝貨、裝機**：航空公司根據航班，出倉打盤送進機場停機坪，憑裝貨單據將貨物送到指定艙位待運。
4. **簽發運單**：貨物裝機完畢，由航空貨運承攬業簽發航空分提單，航空分提單有正本 3 份、副本 12 份。正本 3 份，第一份交給發貨人，第二份由航空貨運承攬業留存，第三份隨貨同行交給收貨人；副本 12 份作為報關、財務結算、國外代理、中轉分撥等用途。
5. **發出裝運通知**：貨物裝機後，即可向買方發出裝運通知，以便對方準備付款、贖單、辦理收貨。

二、空運單據

依據信用狀的統一慣例，如果信用狀要求提供空運單據，除非信用狀另有相反規定，否則，銀行將接受下列單據，不論其稱謂如何：

(1) 表面註明承運人名稱並由下列人員簽字或以其他方式證實：

—承運人，或

—作為承運人的具名代理或代表。

承運人的任何簽字或證實，亦須表明他承運人的身分。代理人代表承運人簽字或證實亦須表明所代表的委託人的名稱和身分，即表明代理人是代表承運人簽字或證實者。

(2) 註明貨物已收妥待運。

(3) 如信用狀要求註明實際發運日期，則應對此日期做出專項批註，在空運單據上如此表示的發運日期，即視為裝運日期。

就本項目而言，在空運單據的方格（標明「僅供承運人使用」或類似說明）內所表示的有關航班號和起飛日的資訊不能視為發運日期的專項批註。

在所有其他情況下，空運單據的簽發日期即視為裝運日期。

(4) 空運單上註明信用狀規定的發運機場及目的地機場。

(5) 空運單上開給委託人／發貨人的正本空運單據，即使用信用狀規定全套正本，或有類似意義的詞語。

(6) 空運單上含有全部承運條件，或其中某些承運條件須參閱空運單以外的某一出處或文件，銀行對此類承運條件的內容將不予審核。

(7) 所有其他方面均符合信用狀規定。就本項目而言，轉運指在信用狀規定的起飛機場到目的地機場的運輸過程中，將貨物從一架飛機上卸下再裝到另一架飛機上的運輸，即使信用狀禁止轉運，銀行也將接受上面註明將發生或可能發生轉運的空運單據，只要是同一空運單據包括運輸全程即可。

空運提單記載內容包括：

—啟運機場（Origin）

—終點機場（Destination）

—寄貨人地址（Shipper address）

—收貨人地址（Consignee address）

—運輸路線（Route map）

—件數（Pieces）

—重量（Weight）

—包裝箱尺寸（Dimensions）

—貨物名稱與協調編號（Commodity description & possibly harmonized tariff code）

—收貨簽署時間（Collection time stamp）

—到達簽署時間（Warehouse arrival time stamp）

—收貨、寄貨人編號（SCD number linked to UPIDs, linked to a collection reference）

國際航空運輸協會依據會議紀錄制定規則，並發行定期刊物《航空貨運費率》（*The Air Cargo Tariff, TACT*），由各會員航空公司及授權貨運代理使用。國際航空運輸協會所授權貨運代理（Authorized Cargo Agent）除領有證書、編號列，並有授權識別如下：凡錯誤使用國際航空運輸協會之商標，除代表其服務品質之低劣外，更會引起託運人對委託貨運承攬商之能力疑問，故身為託貨人如何選擇正確、可信、服務品質標準化之貨運承攬商，必須先提升自我對空運運籌（Logistics）之基本認識，由大處著眼，小處著手，正確地評審，選擇物超所值之運籌供應商。

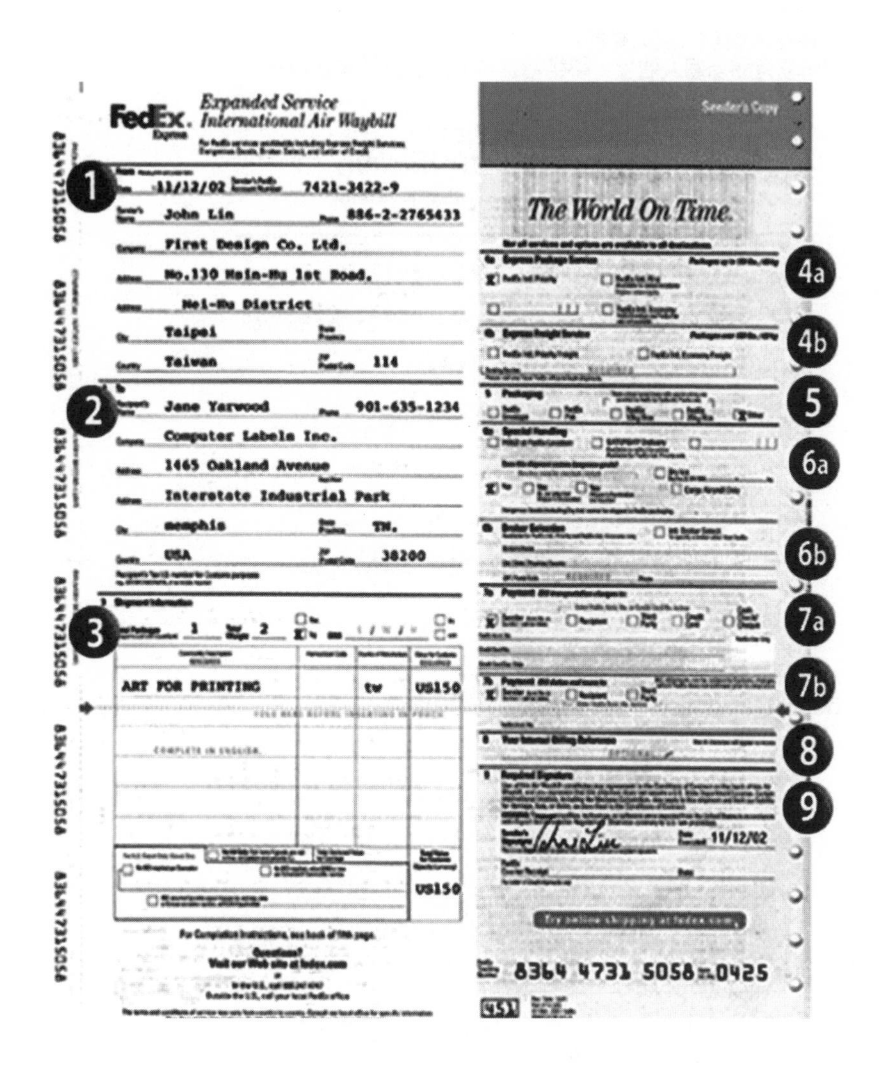

FedEx. Expanded Service International Air Waybill

1 11/12/02 7421-3422-9
John Lin 886-2-2765433
First Design Co. Ltd.
No.130 Hsin-Hu 1st Road.
Nei-Hu District
Taipei
Taiwan 114

2 Jane Yarwood 901-635-1234
Computer Labels Inc.
1465 Oakland Avenue
Interstate Industrial Park
memphis TN.
USA 38200

3 1 2
ART FOR PRINTING tw US150
COMPLETE IN ENGLISH.
US150

Questions?
Visit our Web site at fedex.com

Sender's Copy

The World On Time.

4a 4b 5 6a 6b 7a 7b 8 9

11/12/02

Try online shipping at fedex.com

8364 4731 5058 0425

▲ FedEx 國際航空貨運單

1. 寄件人資料 (回到頁首)
請填寫有關您個人地址、聯絡電話及 FedEx 帳號等資料。

FedEx Express
Expanded Service International Air Waybill
For FedEx services worldwide including Express Freight Services, Dangerous Goods, Broker Select, and Letter of Credit

1 From

Date 11/12/02 Sender's FedEx Account Number 7421-3422-9
Sender's Name John Lin Phone 886-2-2765433
Company First Design Co. Ltd.
Address No.130 Hsin-Hu 1st Road.
Address Nei-Hu District
City Taipei State Province
Country Taiwan ZIP Postal Code 114

2. 收件人資料 (回到頁首)
請務必詳細填寫收件人資料，以避免遞送延誤。

2 To

Recipient's Name Jane Yarwood Phone 901-635-1234
Company Computer Labels Inc.
Address 1465 Oakland Avenue
Address Interstate Industrial Park
City memphis State Province TN.
Country USA ZIP Postal Code 38200
Recipient's Tax I.D. number for Customs purposes

▲ FedEx 國際航空貨運單（續）

3. 托運物品資料 (回到頁首)
貨件內容：要清楚列明。分開列出每種貨品。如空運提單未能盡錄，可在填寫商業發票時詳細列明貨品內容。
海關總申報值：請填寫貨品的售價或一般市場價值（不論貨品是否需要售出或轉售）。所申報之價值需與商業發票上之價值相同。
託運總申報值：不得超過"海關總申報值"。

3 Shipment Information

Total Packages 1　Total Weight 2　lbs. / X kg　DIM　L / W / H　in. / cm

Commodity Description REQUIRED	Harmonized Code	Country of Manufacture	Value for Customs REQUIRED
ART FOR PRINTING		tw	US150

FOLD HERE BEFORE INSERTING IN POUCH.

COMPLETE IN ENGLISH.

Total Value for Customs (Specify Currency) US150

4a. 服務項目 (回到頁首)
請指明您所需之服務項目。如沒有填寫，您的貨件將會用FedEx International Priority寄出。

4a Express Package Service　Packages up to 150 lbs./68 kg
X FedEx Intl. Priority　☐ FedEx Intl. First
☐ FedEx Intl. Economy

4b. FedEx重貨快遞服務 (回到頁首)
如您的貨件重量超過150磅或68公斤，請指明您所需之服務項目。重貨貨件必須預約；請將預約編號寫在空白位置。

4b Express Freight Service　Packages over 150 lbs./68 kg
☐ FedEx Intl. Priority Freight　☐ FedEx Intl. Economy Freight
Booking Number REQUIRED
Please call your local FedEx office to book shipments.

5. 包裝方式 (回到頁首)
請指明您選擇的包裝方式。

5 Packaging
☐ FedEx Envelope　☐ FedEx Pak　☐ FedEx 10kg Box　☐ FedEx 25kg Box　X Other

▲ FedEx 國際航空貨運單（續）

6a. 特別處理指示 (回到頁首)
請核選適當的空格顯示您所需的特別遞送或處理要求。請核選適當的空格顯示貨物內是否藏有危險品或乾冰。

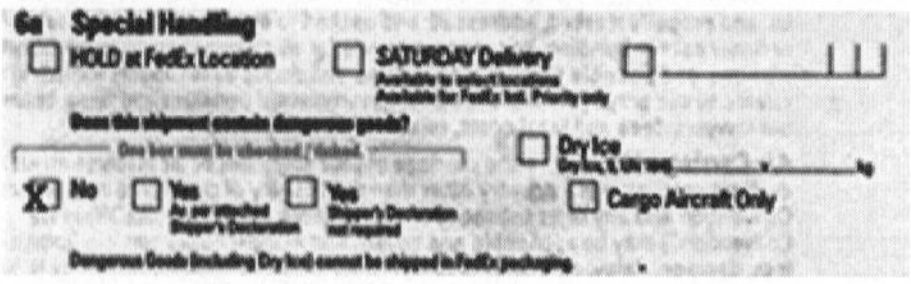
6a Special Handling
HOLD at FedEx Location
SATURDAY Delivery
Does this shipment contain dangerous goods?
Dry Ice
X No
Yes
Yes
Cargo Aircraft Only

6b. 指定清關代理人 (回到頁首)
若您選用FedEx以外的清關代理人，請填上其詳細資料。

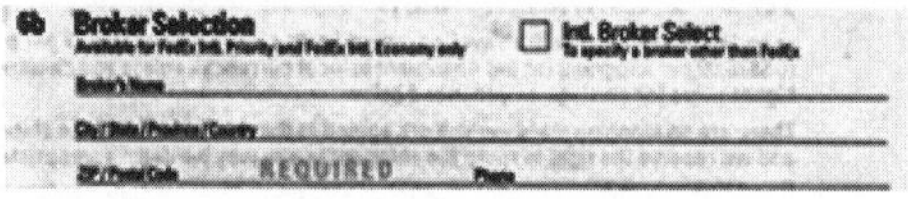
6b Broker Selection
Intl. Broker Select
REQUIRED

7a. 運費付款方式 (回到頁首)
請選擇付款方式，並填上有效的FedEx帳號或信用卡號碼。如果收件人或第三者拒絕付費，寄件人為最終付費者，須繳清運費。

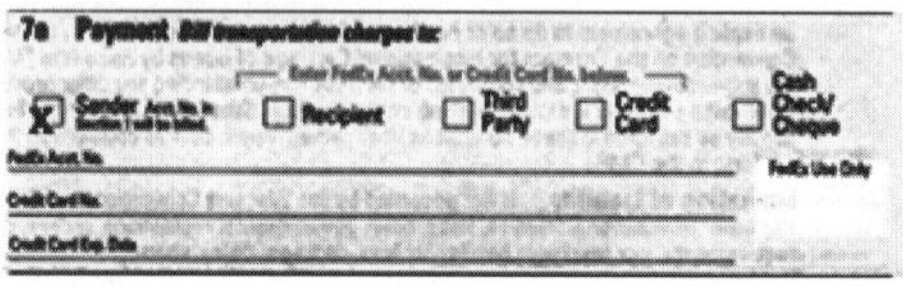
7a Payment *Bill transportation charges to:*
X Sender
Recipient
Third Party
Credit Card
Cash Check/ Cheque
FedEx Use Only

7b. 關稅及其他稅項付款方式 (回到頁首)
所有國際貨件都可能就目的地要求繳納貨物稅和關稅。若寄件人未在空運提單上表明貨物稅和關稅的付款人，該費用將自動由收件人支付。若寄件人在空運提單上表明「收件人」或「第三者」支付貨物稅和關稅，而對方未能支付時，寄件人將需負責支付該筆費用。

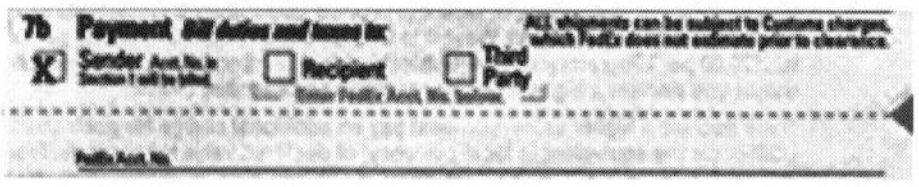
7b Payment *Bill duties and taxes to:*
X Sender
Recipient
Third Party

8. 參考資料 (回到頁首)
可以於本選擇欄記載您內部的寄件號碼或識別碼，以助您整理查閱。我們會將有關號碼的首二十四個號碼印在您的發票上。

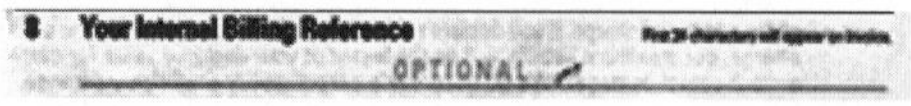
8 Your Internal Billing Reference
OPTIONAL

9. 寄件人簽名 (回到頁首)
最後請在空運提單上簽名，取出寄件人存根，再將其餘副本附在貨件之上。

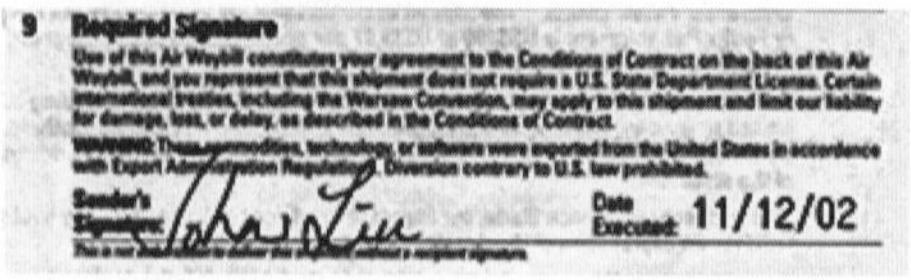
9 Required Signature
Sender's Signature:
Date Executed: 11/12/02

除了普通文件以外，所有的國際貨件都需要附上四張商業發票。

▲ FedEx 國際航空貨運單（續）

資料來源：http://www.fedex.com/tw/services/tools/expndairwaybill.html

第十七節　IASB 和 FASB 針對航空公司未來收入認列的會計處理

2008 年 12 月，國際會計準則委員會（IASB）與美國財務會計準則委員會（FASB）發布與收入認列有關的議題，其中陳述一些與航空公司未來收入認列的會計處理，與修改認列會計期間產生的影響。

一、在途貨運未來收入認列

實務上橫跨兩個會計期間的在途貨運收入認列，建議貨運服務提供完成，其貨運相關成本也業已發生後始認列收入。理由為貨運服務收入係於貨物送達後，始符合提供服務完成，履行義務認列收入較為合宜。

二、允許乘客於特定期間內取消或更改航班之收入認列

依照 IASB 和 FASB 的觀點，應於提供客運服務完成、乘客搭機、運送義務履行後始認列收入。

三、出售予第三人之酬賓方案哩程積點

航空公司有時會將哩程積點出售予第三人，由第三人將該哩程積點依附本身的銷售／勞務提供交易給予航空公司辦理酬賓方案下的會員乘客，乘客於未來兌換此哩程積點時，可選擇由航空公司提供客運服務來履行。航空公司必須了解將被服務的搭機乘客對象哪個時點要履行義務，類似聯營性質合約，通常包含授權第三人使用航空公司的會員名單以進行推廣銷售業務，以多元複合銷售交易（multiple-element arrangements）方式處理。航空公司設法自第三人銷售／勞務提供交易中，自行拆解出客運哩程積點酬賓的價值，比如使用航空公司資料庫或客戶通訊名單的權利內容行銷項目。若無法自售價區分出行銷項目的部分，則航空公司將需要以相對單獨售價的分攤方式估計多元複合銷售交易中屬於行銷項目的價格。

收入認列——累積哩程／酬賓兌獎

IFRIC 13〔IASB 之國際財務報導準則解釋委員會（International Financial Reporting Interpretations Committee, IFRIC）發布之解釋函〕「客戶忠誠計畫」（customer loyalty programmers）規定，當附隨班機收入發生的乘客忠誠獎勵累積點數（point），於客戶未來持有這些累積點數兌換免費或打折的商品或服務，航空公司應將班機收入對價中屬於酬賓兌獎的部分收入予以遞延，認列為遞延收入，俟完成酬賓兌獎義務時始轉列為收入項下。

例如：華夏哩程酬賓會員搭乘越南航空公司或其他合作航空公司並使用適用機票，每一定期班機均可累積哩程；使用合作夥伴之服務或產品時，如信用卡消費、飯店住宿、租車等亦可累積哩程。

華夏會員每次以合約價格住宿越南 Golden Rain Hotel，可獲贈 500 哩合作哩程。會員透過新茂租車公司租車，不但享有特價優惠，且每租一次還可獲贈 500 哩或 250 哩（亞洲地區租車可獲 250 哩合作哩程）。

華夏會員所累積哩程數，可選擇兌換免費機票、座艙升等、使用機場貴賓室，亦可用哩程折抵超重行李費、空中精品部分消費金額及部分機票款。例如，搭乘越南航空公司國際線定期班機於高雄市至胡志明市時，可使用 250 哩將經濟艙升等上一級艙。於越南航空公司網站預訂免稅品，每班次總金額達 500 美元以上者得以哩程折抵部分消費金額。

由於累積哩程可兌換的獎勵，顧客可從許多優惠規定中自由選擇，航空公司須先預估多項優惠獎項中每一項獎項被選擇的機率，並以加權的方式計算哩程數的公平價值。這些獎酬歷史經驗參考數據、獎勵累積公平價值的估計涉及航空公司 MIS 資訊系統的建立與修改，在導入 IFRSs 中應及早對應。

乘客使用哩程兌換獎酬時，由航空公司自行提供獎酬義務完成時，應依照「已兌換數量」占「預估兌換哩程數量」之比率，將遞延收入轉列收入。若由第三人提供商品或勞務以進行哩程酬賓兌換的遞延收入，如空中免稅精品可以抵減部分消費金額，航空公司要評估乘客兌酬義務「主要提供者」（principle）是公司本身時，則將遞延收入轉列為收入項下；若航空公司為提供兌酬義務的「居間者」（agent），係屬第三人承擔代為提供兌酬義務，且公司本身已取得價金權利時，認列佣金收入。

航空公司在酬賓兌獎交易中，符合下列其中一項或多項指標時屬於「主要提供者」的角色，收入應以總額入帳：

1. 擔任提供獎酬商品或勞務的主要義務人。
2. 對於顧客決定兌換獎酬商品，承擔一般的存貨風險。

3. 獎酬商品或勞務價格的決定者。
4. 更換獎酬商品或勞務標的之決定者。
5. 選擇獎酬商品或勞務標的供應商之決定者。
6. 參與獎酬商品或勞務標的規格的決定者。
7. 顧客決定兌換商品或於交付商品途中，須承擔存貨實體損失的風險。
8. 承擔信用風險。
9. 負責銷售商品或提供勞務的保固或品質風險。

航空公司在酬賓兌獎交易中，符合下列其中一項或多項指標時屬於「居間者」的角色，收入應以淨額入帳：

1. 擔任提供獎酬商品或勞務的供應商是擔任提供獎酬商品或勞務的主要義務人。
2. 航空公司只賺取固定成本決定的金額。
3. 獎酬商品或勞務的供應商是信用風險的承擔者。

航空公司客貨運收入及旅遊收入認列會計分錄：

Dr. 銀行存款
　Cr. 預收收入

乘客、貨物運送義務完成，或套裝旅遊行程已使用時會計分錄：

Dr. 預收收入
　Cr. 客運收入
　　貨運收入
　　旅遊收入

第十八節　航空公司巢氏機位配置客運收入管理

一、航空公司巢氏機位配置客運收入管理實例

實例 1

新加坡航空公司（Singapore Airline）購置的 A380 客機每架 3.753 億美元，規劃三級客艙，最高密度（經濟艙）載客數 644 名乘客，營收管理採用巢式機位配置方式，將各艙等費率等級機位依照其費率高低的不同，設置不同的最低預留位，其最高載客量＝$L_1+L_2+L_3+\cdots\cdots+L_k=B_1=C$，其中$L_1\cdots\cdots L_k$代表第 1 個艙位至第 644 個艙位（巢氏機

位配置三級客艙為 471 個艙位），$K=K_1\cdots\cdots K_{644(471)}$，$B_1\cdots\cdots B_k$ 代表最高費率可使用容量至最低費率可使用容量，C 代表最大載客數。

搭乘新航 A380 客機從洛杉磯飛往新加坡免費停留一夜，新航在三個等級的艙位中安裝了 471 個座位，其中 12 個新航 Suites（頭等艙）座位，包廂裡設計了浪漫的淺黃色床單，上面撒著紅色花瓣，放在床單上的盤子裡擺著香檳酒和一碗草莓，票價 NTD 353,700。60 個商務艙（商務艙全部在上層座位），每個商務艙座位都有一個 151.4 吋的液晶螢幕，附 USB 插槽、座椅電源、名牌寢具，紀梵希餐具和展開的餐桌，票價 NTD 181,960。399 個經濟艙（經濟艙以層艙分隔）座位，票價 NTD 54,910。

新航原以經濟艙（Economy Class）最高密度載客數 644 名乘客做了三個等級的艙位配置，試以巢氏機位配置營收管理角度計算 L.A.航程滿載情況下增加多少營收？

解析：1. 新航客機原未採取巢氏機位配置，最高密度（經濟艙）載客數 644 名。
2. 新航客機採取巢氏機位配置：
(1) Suites（頭等艙）12 個。
(2) Business Class（商務艙）60 個。
(3) Economy Class（經濟艙）399 個。
3. 644 名－ 399 名＝ 245 名（改造成頭等艙 12 個，商務艙 60 個）。
4. \$353,700×12 ＝\$4,244,400。
\$181,960×60 ＝\$10,917,600。
\$54,910×245 ＝\$13,452,950。
5. \$15,162,000（即\$4,244,400 ＋ \$10,917,600）－ \$13,452,950 ＝\$1,709,050（採取巢氏機位配置增加之營收金額）。

實例 2

Lotus Elise Airline 購置一架波音 747-400 型客機飛航台北 ⟷ 溫哥華航線。客艙除了一般航空公司都會有的頭等艙、商務艙跟經濟艙外，還特別精心設計增加另一個艙等「Lotus 客艙」。Lotus Elise Airline 每週提供五班的班次飛航台北 ⟷ 溫哥華，每趟的利潤＝收益－成本。

一般頭等艙的位置空間大小約為經濟艙的 4 倍大，商務艙則為經濟艙的 2 倍大，Lotus 客艙則為經濟艙的 1.375 倍大。各個艙等與經濟艙空間大小的關係，在估計經濟艙需求時，可算出經濟艙最大座位數（473 個座位）。另外，台北⟷溫哥華航線的總哩程數約為 9,929 公里，去程順風約 11 小時，回程頂風約 12 小時，中途在溫哥華停留約 4 小時。來回皆為直達無需轉機，4 至 5 月為淡季，7 至 8 月為旺季。

$$\Pi=\{[R(x_1)-C(x_1)]+[R(x_2)-C(x_2)]+[R(x_3)-C(x_3)]+[R(x_4)-C(x_4)]\}-FC$$

其中

Π＝利潤

R ＝收入 revalue（或票價 fare）

C ＝變動成本（variable cost）

FC ＝固定成本（fixed cost）

x_1＝頭等艙＝ 8 個座位

x_2＝商務艙＝ 16 個座位

x_3＝ Lotus 客艙＝ 142 個座位

x_4＝經濟艙＝ 214 個座位

$x_1+x_2+x_3+x_4$＝ 380 個座位

假設全部為經濟艙座位＝（8×4）＋（16×2）＋（142×1.375）＋ 214 ＝ 473

增加座位＝ 473 － 380 ＝ 93

1. 473 位經濟艙之營業收入：

(1) 淡季來回營收＝最適票價$27,155×473 ＝$12,844,315。

(2) 旺季來回營收＝最適票價$33,366×473 ＝$15,782,118。

2. 來回成本：

(1) 固定成本（飛機租金＋折舊＋利息＋保險＋薪資＋場站服務＋……）
＝$4,513,928

(2) 變動成本（油料＋機務維修＋飛行加給及差旅＋場站使用費＋顧客服務＋……）
＝ $6,683,897

(3) 增加的載重成本＝ 93×〔（成年男性 65 公斤＋成年女性 55 公斤）／ 2 ＋平均行李重 36 公斤〕×$233.333（平均每增加 1 公斤每趟來回邊際燃油成本）＝ $2,083,197

(4) 餐飲成本＝ 93×（$32 ／每人）×6 餐＝$17,856

請試算 Lotus Elise Airline 以波音 747-400 型客機 473 位經濟艙全年飛航（round trip）台北⟷溫哥華航線的稅前利潤（Π＝ profit）有多少？

解析：1. 全年營業收入：

(1) 淡季：$12,844,315×5（天）×4（週）×2（個月）＝ $513,772,600。

(2) 旺季：$15,782,118×5（天）×4（週）×2（個月）＝ $631,284,720。

(3) 平常日：〔（$12,844,315 ＋ $15,782,118）÷2〕（即平均數）×5（天）×4（週）×8（個月）＝ $2,290,114,640。

(4) 全年營業收入＝$513,772,600 ＋ $631,284,720 ＋ $2,290,114,640 ＝ $3,435,171,960。

2. 全年營運成本：

（$4,513,928 ＋ $6,683,897 ＋ $2,083,197 ＋ $17,856）×5（天）×4（週）×12（個月）＝$3,191,730,720。

3. 473位經濟艙全年飛航（round trip）台北⟷溫哥華航線的稅前利潤（Π）＝$3,435,171,960 － $3,191,730,720 ＝ $243,441,240。

part 3

交通部民航局各航線票價及十四項成本之制定

CHAPTER 1

交通部民航局航線票價訂定

第一節 國內航線 WACC 定價

交通部民航局國內航線全額票價制定方式係以成本導向定價法（成本基礎定價法，Cost-based Pricing）之成本附加定價法，1998 年 3 月委請台北市航空運輸商業同業公會、長榮航空時任理事長，暨戴錦銓總幹事（現任 2015 年董事）召集飛航國內航線之航空業者，包括現任長榮航空財務副總蔡大煒等，委任國立台灣大學會計系杜榮瑞、葉疏教授與台北大學王秀枝教授依交通部民航局制定之航空業者十四項成本，分別研究擬訂國內航線票價。杜榮瑞與葉疏教授建議以「成本＋合理報酬＝合理收入」作為國內航線票價之架構。

一、四項費率基礎攸關之資產及其分攤至航線的方式

1. 固定資產：依折舊費用分攤至各航線之基礎。
2. 遞延資產：依相對應之攤銷或相關費用分攤至各航線之基礎。
3. 修護材料等存貨或預付料款：依修護材料費用分攤至各航線之基礎。
4. 除 3.以外之流動資產減除流動負債之差額：依所對應之營業成本或營業費用分攤至各航線之基礎。

二、合理報酬率

使用加權平均資金成本（Weighted Average Capital Cost, WACC）來制定合理資金報酬率。加權平均資金成本計算如下：

$$WACC = W_1K_1 + W_2K_2 + \cdots\cdots + W_N K_N = \sum_{i=1}^{N} W_i K_i$$

K_i＝第 i 種資金來源的資金成本

W_i＝第 i 種資金來源占總資產的比重

N＝資金來源種類總數

1. **負債**：負債的金額及資金成本以負債的帳面金額及利率作為替代。同時考慮公司營利事業所得稅的效果，舉債所支付的利息支出當成費用自應課稅的所得中扣除，因此實質的負債資金成本應以稅後基礎表示，以適切地反映負債的資金成本。
2. **股權**：利用資本資產定價模式（Capital Asset Pricing Model, CAPM）估算普通股資金成本。以 1 年期國庫券的利率估計無風險利率，用 10 年期間的股票市場年平均報酬率作為市場投資組合預期報酬率，並以市場模型估計系統風險值。利用當年的日股價資料，以簡單迴歸（Ordinary Least Square, OLS）估計 β_i。根據 1996 年的日股價資料，上市航空公司以中華航空公司的系統風險係數作為我國航空公司的系統風險係數代表。

三、座位數

使用提供座位數經調整載客率及優待折扣率之「約當座位數」。公式為：

約當座位數＝提供座位數×平均載客率×（1－優待折扣率）

平均載客率＝實際載客人數／提供座位數

優待折扣率＝優待金額／（實際載客人數×全額票價）

優待金額＝優待票張數×全額票價－優待票收入

若預知相關的重要成本（例如油價或匯率）或資金成本率有重大變動，而欲進行未來票價變動之研擬時，則提供座位數須改成預估提供之座位數，並將歷史成本加以調整為預估的成本。載客率與優待折扣率亦以預估數為準（可用參考歷史數據再做調整）。

每一座位票價＝合理收入／約當座位數

＝成本＋合理報酬／約當座位數

＝成本＋（費率基礎×合理報酬率）／提供座位數×載客率×（1 －優待折扣率）

第二節　國內航線別客運總成本

台北市航空運輸商業同業公會所屬會員國內航空公司全體航線別（台北→馬公、高雄→馬公、台北→金門、……）十四項客運總成本，以台北→馬公為例：

台北→馬公航線各航空公司客運成本＝

Σ〔Σ北馬旅客（直接）服務費用＋Σ北馬飛行組員費用＋Σ北馬油料費用＋Σ北馬直接修護費用＋Σ北馬直接場站費用及運務費用＋Σ北馬空服（安）員費用＋Σ北馬飛機保險費用＋Σ北馬折舊及租金費用＋Σ北馬間接修護費用＋Σ北馬間接場站及運務費用＋Σ北馬間接旅客服務費用＋Σ北馬營業費用＋Σ北馬管理費用＋Σ北馬利息費用〕（Σ＝ Sum 加總）

1. Σ北馬旅客（直接）服務費用＝

   Σ（ΣA 航空公司北馬旅客（直接）服務費用＋ΣB 航空公司北馬旅客（直接）服務費用＋……）

2. Σ北馬飛行組員費用＝

   Σ（ΣA 航空公司北馬飛行組員費用＋ΣB 航空公司北馬飛行組員費用＋……）

3. Σ北馬油料費用＝

   Σ（ΣA 航空公司北馬油料費用＋ΣB 航空公司北馬油料費用＋……）

4. Σ北馬直接修護費用＝

   Σ（ΣA 航空公司北馬直接修護費用＋ΣB 航空公司北馬直接修護費用＋……）

5. Σ北馬直接場站費用及運務費用＝

   Σ（ΣA 航空公司北馬直接場站費用及運務費用＋ΣB 航空公司北馬直接場站費用及運務費用＋……）

6. Σ北馬空服（安）員費用＝

   Σ（ΣA 航空公司北馬空服（安）員費用＋ΣB 航空公司北馬空服（安）員費用＋……）

7. Σ北馬飛機保險費用＝
   Σ（ΣA 航空公司全年北馬飛機保險費用＋ΣB 航空公司全年北馬飛機保險費用＋……）
8. Σ北馬折舊及租金費用＝
   Σ（ΣA 航空公司全年北馬折舊及租金費用＋ΣB 航空公司全年北馬折舊及租金費用＋……）
9. Σ北馬間接修護費用＝
   Σ（ΣA 航空公司全年北馬間接修護費用＋ΣB 航空公司全年北馬間接修護費用＋……）
10. Σ北馬間接場站及運務費用＝
   Σ（ΣA 航空公司全年北馬間接場站及運務費用＋ΣB 航空公司全年北馬間接場站及運務費用＋……）
11. Σ北馬間接旅客服務費用＝
   Σ（ΣA 航空公司全年北馬間接旅客服務費用＋ΣB 航空公司全年北馬間接旅客服務費用＋……）
12. Σ北馬營業費用＝
   Σ（ΣA 航空公司全年北馬營業費用＋ΣB 航空公司全年北馬營業費用＋……）
13. Σ北馬管理費用＝
   Σ（ΣA 航空公司全年北馬管理費用＋ΣB 航空公司北馬全年管理費用＋……）
14. Σ北馬利息費用＝
   Σ（ΣA 航空公司全年北馬利息費用＋ΣB 航空公司全年北馬利息費用＋……）

第三節 國內航線別彈性中位數客運票價

各航線別中位數客運票價＝（各航線別每客成本＋合理利潤）×（1 ＋ 15%）

台北市航空運輸商業同業公會自行制定呈報交通部民航局審核之各航線別客運單程票價金額，由於航空公司每客成本內尚需負擔優待票之老、殘、盲人、伴盲、嬰童人員之成本，因此試算每客成本加合理利潤乘 1.15 之含意為取票價下限 30%之中位數，即加計 15%。

1. 每客成本＋合理利潤＝每客成本×（1 ＋ 10%）
2. Σ北馬航線提供座位數＝Σ（ΣA 航空公司全年北馬提供座位數＋ΣB 航空公司全年北馬提供座位數＋……）

3. Σ北馬航線載客人數＝Σ（ΣA 航空公司全年北馬載客人數＋ΣB航空公司全年北馬載客人數＋……）
4. 北馬航線載客率＝（Σ北馬航線載客人數／Σ北馬航線提供座位數）%
5. 北馬航線每客成本＝Σ北馬航線客運成本／Σ北馬航線載客人數

第四節　國內航線不同規模業者客運差別定價

交通部民航局考量國內航線航空公司不同機型、機隊規模，產生不同的固定及變動成本，依營運規模別試算不同航線之客運成本及損益，藉以制定差別定價。

客運損益＝客運營收－客運成本

(一) 客運營收＝ΣΣ航線i機型j載客量×航線i平均票價

航線i機型j載客量＝航線i機型j班次×機型j最大載客量×航線i機型j載客率

(二) 客運成本＝變動成本＋固定成本

1. 變動成本

變動成本＝飛加成本＋差旅成本＋油料成本＋場站修材成本＋侍應品成本＋系統使用成本＋旅客保險費成本＋佣金成本

1-1 飛加成本＝飛行員飛加成本＋空服員飛加成本

1-1-1 飛行員飛加成本＝ΣΣ航線i機型j班次×航線i每班次飛加計酬時間×機型j每班飛行員人數×飛行員飛加平均單位成本

1-1-2 空服員飛加成本＝ΣΣ航線i機型j班次×航線i每班次飛加計酬時間×機型j每班空服員人數×空服員飛加平均單位成本

1-2 差旅成本＝飛行員差旅成本＋空服員差旅成本

1-2-1 飛行員差旅成本＝Σ航線i飛行員交通費＋Σ航線i飛行員誤餐費＋Σ航線i飛行員住宿費＋Σ航線i飛行員零用金

1-2-2 空服員差旅成本＝Σ航線i空服員交通費＋Σ航線i空服員誤餐費＋Σ航線i空服員住宿費＋Σ航線i空服員零用金

1-3 油料成本＝Σ航線i機型j班次×航線i機型j飛行時數×航線i機型j平均單位耗油量×油價

1-4 場站修材成本＝降落費＋安全服務費＋候機設備費＋空橋使用費＋夜航費＋停留費＋噪音防治費＋修護材料費＋其他場站修材費

1-4-1 降落費＝ΣΣ航線 i 機型 j 班次×航線 i 機型 j 降落費費率

1-4-2 安全服務費＝ΣΣ航線 i 機型 j 班次×航線 i 機型 j 安全服務費費率

1-4-3 候機設備費＝ΣΣ航線 i 機型 j 班次×航線 i 機型 j 候機設備費費率

1-4-4 空橋使用費＝ΣΣ航線 i 徵收空橋使用費班次×空橋使用費費率

1-4-5 夜航費＝ΣΣ航線 i 徵收夜航費班次×機型 j 夜航費費率

1-4-6 停留費＝ΣΣ航線 i 機型 j 班次×繳交停留費比率×機型 j 停留費費率

1-4-7 噪音防治費＝ΣΣ航線 i 機型 j 班次×機型 j 噪音防治費費率

1-4-8 修護材料費＝ A check 修護材料費＋ B check 修護材料費＋ C check 修護材料費＋ D check 修護材料費（A、B、C、D check 詳見第 129 頁之說明）

1-4-8-1 A check 修護材料費＝ΣΣ航線 i 機型 j 班次×航線 i 飛行時數×機型 j A check 修護材料費平均單位成本

1-4-8-2 B check 修護材料費＝ΣΣ航線 i 機型 j 班次×航線 i 飛行時數×機型 j B check 修護材料費平均單位成本

1-4-8-3 C check 修護材料費＝ΣΣ航線 i 機型 j 班次×航線 i 飛行時數×機型 j C check 修護材料費平均單位成本

1-4-8-4 D check 修護材料費＝ΣΣ航線 i 機型 j 班次×航線 i 飛行時數×機型 j D check 修護材料費平均單位成本

1-4-9 其他場站修材費＝擴音設備費＋電訊傳遞費

1-4-9-1 擴音設備費＝ΣΣ航線 i 班次×擴音設備費費率

1-5 侍應品成本＝ΣΣ航線 i 機型 j 載客量×侍應品平均單位成本

1-6 系統使用成本＝ΣΣ航線 i 機型 j 載客量（未含嬰兒人數）×系統使用費費率

1-7 旅客保險費成本＝ΣΣ航線 i 機型 j 載客量×航線 i 飛行海里×保險費費率

1-8 佣金成本＝信用卡手續費＋旅行社佣金＋外籍機師獎金

1-8-1 信用卡手續費＝ΣΣ航線 i 機型 j 載客刷卡量×信用卡手續費

1-8-2 旅行社佣金＝旅行社售票收入×平均佣金率

2. 固定成本

固定成本＝折舊＋飛機保險＋飛機租金＋用人費用＋場站租金＋稅捐＋其他

2-1 折舊＝飛機折舊＋房屋折舊＋飛機修護主件折舊＋其他設備折舊

2-1-1 飛機折舊＝Σ機型 j 折舊成本

2-2 飛機保險＝Σ機型 j（投保額×保險費費率）＋自負額

2-3 飛機租金＝Σ機型 j 飛機租金

2-4 用人費用＝Σ部門 k 用人費用

2-5 場站租金＝Σ場站 m 租金

2-6 稅捐及其他＝稅捐＋查帳費用＋股務代理費＋精算師費用＋其他

第五節 交通部民航局核定國內各航線全額基礎票價

航線	航空公司	經濟艙	航線	航空公司	經濟艙
台北～高雄	遠東	1,990	高雄～金門	遠東	1,820 (1,733)
	復興	1,900		復興	1,800 (1,714)
	立榮	1,990		立榮	1,820 (1,733)
	華信	1,920	高雄～馬公	遠東	1,420 (1,352)
台北～台南	遠東	1,780		復興	1,350 (1,286)
	復興	1,730		立榮	1,420 (1,352)
	立榮	1,755	台南～馬公	立榮	1,465 (1,395)
台北～花蓮	遠東	1,430	嘉義～馬公	立榮	1,495 (1,424)
	復興	1,350	嘉義～金門	立榮	1,850 (1,762)
台北～台東	遠東	1,780	台南～金門	立榮	1,855 (1,767)
	立榮	1,780	台中～花蓮	華信	1,975
台北～金門	遠東	1,920 (1,829)	台中～馬公	立榮	1,500 (1,420)
	復興	1,910 (1,819)		華信	1,450 (1,381)
	立榮	1,920 (1,829)	台中～台東	華信	2,161
台北～馬公	遠東	1,700 (1,619)	台中～金門	立榮	1,850 (1,762)
	復興	1,650 (1,571)	台北～馬祖	立榮	1,702 (1,621)
	立榮	1,700 (1,619)	高雄～望安	華信	1,358 (1,293)
台北～嘉義	復興	1,650	高雄～七美	華信	1,358 (1,293)
	立榮	1,720	馬公～七美	華信	701 (668)
台北～屏東	復興	1,850	台東～蘭嶼	立榮	1,154
	立榮	1,850	台東～綠島	立榮	602
台北～台中	立榮	1,290			
	華信	1,246			
高雄～花蓮	遠東	1,600			
	復興	1,550			
	華信	1,600			

1. 交通部民航局核定國內各航線全額票價係市場價格之上限。
2. 飛行國內航線之航空公司依機型、成本高低不同之市場區隔，如離尖峰時段、旅客身分、航線或透過網路訂票方式等，最低全額票價52折範圍內之自行差別定價。
3. 括弧內之票價係依《離島建設條例》僅適用於澎湖縣、金門縣及連江縣已免除營業稅之機票售價，以上述地區飛往國內其他地區之航線為限。

CHAPTER 2

十四項成本之內涵與比重

第一節　十四項成本之內涵

交通部民航局制定航空事業十四項成本結構中以飛機、修護設備、廠房等折舊費用占航空公司飛航成本最大宗外，其成本內涵依序為：

一、飛機租金

	A	B	C	D	E
1		2010年度飛機租金			
2					
3	租賃公司	計　算　程　式		租金(千元)	租賃到期日
4	及機號				
5	ILFC Ltd.				2013
6	B27001	**a.年租、稅金**			June
7		US$1,150,000/@季/@28.5*4季*(1+0.03896)=	NT$136,207,656		
8		(註：US$1,150,000/@季租稅金，二、五、八、十一月			
9		**b.年修護保留金（maintenance reserve）**			
10		(US$85/@Flight hour+US$90/engine hour*2 set)*			
11		@28.5*2,208Hr/F.flight hour=	NT$16,675,920		
12		(註：1.Airframe Reserve US$85/flight hour)			
13		(註：2.Engine Reserve US$90/engine hour for flight eac			
14		**c.年超運轉租金（Excess cycle）**			
15		US$250/@cycle*@28.5*2,678cycle/F.excess cycle=	NT$19,080,750		
16		(註：Additional payment for excess cycle(us$250/cycle			
17		減：NT$18,411,250(excess cycle)*65%=	NT$11,967,313		
18			NT$7,113,437	NT$159,997	

	A	B	C	D	E
1		2010年度飛機租金			
2					
3	租賃公司	計 算 程 式		租金(千元)	租賃到期日
4	及機號				
19	Delta Air Lines				2010
20	B757	a.年租金			Feb.
21		US$1,500/@天*@28.5*365天=	NT$15,603,750		
22	PW2037	b.年起降(cycle)租金			
23	Engine	US$175/@cycle*@28.5*330cycle/@M*12月=	NT$19,750,500		
24	(1 Set)	(註：330cycle/F.@月，US$200/@cycle)		NT$35,354	
25	Mach 1 Ltd				2012
26	B28017	a.年租、稅金			
27	&	US$250,000/@月each*28.5*12月(1+0.03896)*2架=	NT$177,662,160		May
28	B28021	(註：每月租金US$250,000/each)		NT$177,662	

	A	B	C	D	E
1		2010年度飛機租金			
2					
3	租賃公司	計 算 程 式		租金(千元)	租賃到期日
4	及機號				
5	GE	a.年租、稅金			
6	CAS	US$221,000/@月/@28.5*12月*(1+0.03896)=	NT$78,526,675		2010(99)3
7	MD-83				|
8	(145人座)	b.年修護保留金（maintenance reserve）			2015(104)3
9		US$68,580/@月*28.5*12月=	NT$23,454,360		(60個月)
10				NT$101,981	
11	合計	NT$46,913/月租金		NT$562,954	/年租金
12		Honeywell Flight			
13		management system（FMS防撞系統）			
14		US$39,662*28.5=NT1,130,367		NT$1,130	
15					
16					
17	合計			NT$1,130	

	A	B	C	D	E
1		2010年度飛機租金			
2					
3	租賃公司	計 算 程 式		租金(千元)	租賃到期日
4	及機號				
29	ALPS 94-1 Ltd.				2012
30	B28023	a.年租、稅金			Dec.
31		US$214,000/@月*28.5*12月(1+0.03896)=	NT$76,039,404		
32		b.年修護保留金(Maintenance Reserve)			
33		Airframe=us$101/flight hour*@28.5*2,160Hr/F.flight ho	NT$6,217,560		
34		Engine=us$25/cycle/each*2 set*@28.5*4,002 cycle/F.cy	NT$5,702,850	NT$87,960	
35		(註：Airframe US$82/each Flight Hour			
36		Landing Gear US$19/each Flight Hour)			
37	合計			NT$460,973	

(一) 濕租（Wet Lease）

協議由一領有民用航空局許可證之使用人（出租人）出租航空器及至少一名飛行員與維修責任，予另一領有民用航空局許可證之使用人或外籍普通航空業或外籍人士（承租人）。

(二) 乾租（Dry Lease）

協議由出租人（可能為普通航空業或銀行、出租公司）出租航空器（不含飛行組員）予另一普通航空業（承租人）使用，且承租人負有該航空器的航務管制責任（圖3-2-1）。

▲ 圖 3-2-1　長榮航空乾租予其子公司立榮航空之 MD-90 客機（王穎駿攝）

(三) 案例

以 X 航空於 2011 年 1 月 1 日出售一架波音 747SP 舊客機予中租迪和公司為例，該飛機之成本為NTD 5,000,000千元，累積折舊為NTD 2,250,000千元，售價NTD 3,500,000千元。X 航空於同日同時租回該飛機，租賃期間 15 年，自 2011 年 1 月 1 日起算，不可取消，每年租金給付額為 NTD 350,000 千元，於年底支付。所有履約成本均由 X 航空負擔，租期屆滿時 X 航空得以優惠承購價格 NTD 241,365 千元買回該飛機。2011 年 1 月 1 日該飛機之公平價值為NTD 3,500,000 千元，剩餘耐用年限為 20 年，無殘值。中租迪和公司承辦該租約所索取之隱含利率為 6%，財政部公布之非金融業最高借款利率為 15%。X 航空對於其飛航設備採直線法提列折舊。

1. 承租人（X 航空）與出租人（中租迪和公司）於租賃開始日之分錄：

(1) X 航空公司（出售人—承租人）

日期	科目	借方	貸方
2011/1/1	Dr. 現金	3,500,000,000	
	累積折舊—運輸設備	2,250,000,000	
	Cr. 運輸設備		5,000,000,000
	未實現售後租回利益		750,000,000
	租賃資產	3,500,000,000	
	Cr. 應付租賃款		3,500,000,000

(2) 中租迪和公司（買受人—出租人）

日期	科目	借方	貸方
2011/1/1	Dr. 出租資產	3,500,000,000	
	Cr. 現金		3,500,000,000
	Dr. 應收租賃款	5,491,365,000	
	Cr. 出租資產		3,500,000,000
	未實現利息收入		1,991,365,000

2. 承租人（X航空）與出租人（中租迪和公司）2011 年與該售後租回交易有關之所有分錄。

(1) X 航空公司

日期	科目	借方	貸方
2011/12/31	Dr. 折舊費用	175,000,000	
	Cr. 累積折舊—租賃資產		175,000,000

3,500,000,000 ÷ 20 年＝ 175,000,000

科目	借方	貸方
Dr. 未實現售後租回利益	37,500,000	
Cr. 折舊費用		37,500,000

750,000,000 ÷ 20 年＝ 37,500,000

科目	借方	貸方
Dr. 利息費用	210,000,000	
應付租賃款	140,000,000	
Cr. 現金		350,000,000

(2) 中租迪和公司

2011/12/31 Dr. 現金	350,000,000	
Cr. 應收租賃款		350,000,000
Dr. 未實現利息收入	210,000,000	
Cr. 利息收入		210,000,000

3,500,000,000×6%＝210,000,000

二、油料費用

波音 747 每一個機翼內有兩個主燃油箱和一個備用油箱（圖 3-2-2），每一個機翼內的油箱可以儲存 6.4 萬公升的燃油，在飛機座椅下方的中央油箱可以再儲存 6.4 萬公升燃油。

在石油輸出國組織（OPEC）控制的國際油價下，航空用油成本居高不下，國籍航空業者用油成本約占其十四項總成本的 17%至 22%。因為國內航空用油成本包含進口關稅、貨物稅、貿易推廣費、商港建設費、營業稅等，國籍航空業者在開源節流下，只能利用國際航線在油價較低之機場加滿油箱回程，或在油價較高之機場少加油以降低用油成本，或是飛航駕駛員運用省油之巡航高度，配合熟練的飛行技術及飛機離場的時間管理，進行節油計畫。

▲ 圖 3-2-2　B747-400 之加油作業（王穎駿攝）

三、直接修護費用

波音公司（The Boeing Company）提供客戶之飛機維修手冊稱為 Maintenance Planning Data（MPD），將美國聯邦航空署（Federal Aviation Administration, FAA）發布的 Maintenance Review Board（MRB）維修需求及相關資料手冊作為航空業者擬訂維修計畫的準則，並將維修零組件最低維護需求規定其中。

波音公司是世界上最大的航太公司。1996 年，波音收購了洛克威爾（Rockwell Collins）國防及太空系統分部；1997 年，波音與麥道公司（McDonnell Douglas）合併；2000 年，波音收購了休斯（Hughes）航太和通訊業務分部。波音公司的歷史映射出一部世界航空航太發展史。波音不僅是全球最大的民用飛機和軍用飛機製造商，而且是美國太空總署（NASA）最大的承包商。

MD 客機的原製造商麥道公司飛機維修手冊稱為 On Aircraft Maintenance Planning（OAMP）。法國空中巴士（Airbus）的飛機維修手冊為 Aircraft Maintenance Manual，空中巴士將電腦應用在大多數的飛機設計中，飛行搖桿（joystick）就是一個明顯的例子（圖 3-2-3）。波音飛機使用駕駛盤（control york）（圖 3-2-4）控制飛機的飛操面（flight control surfaces），底下帶動鋼繩，但是空中巴士客機的飛行搖桿卻是由電子電路帶動，就駕駛艙的飛航電腦來說，空中巴士的電腦會比波音精密。

▲ 圖 3-2-3　A330-300 客機之飛行搖桿（王穎駿攝）

▲ 圖 3-2-4　波音飛機（MD-90）之駕駛盤（王穎駿攝）

航空公司為了確保飛航安全，經常排定航機定期檢查，如飛航前後檢查、過境檢查（Transit Check）、每日檢查（Daily Check）及飛航前後維護勤務等飛行線維護工作。一般商用民航機之定期檢查按飛行小時、飛行哩程數或起落架次數分 A、B、C、D 檢查（或稱一、二、三、四級檢查），各檢查飛行間隔時間則因機型而定。D Check 就是最徹底的檢修。有關航機的直接修護費用發生在下列幾個階段，分別說明如下：

(一) A Check（一級檢查）

無須按飛行日進行之停場維修，一般利用每日飛行任務完成之航行後檢查來進行此項工作。對同一機型，A Check 之飛行間隔時間亦非固定，航空公司維修部門會根據飛機實際運行情況、維修經驗的累積等進行相對應調整，適當延長以減少不必要之維修費用。

(二) B Check（二級檢查）

在實際運作中並不常見，航空公司維修部門往往會取消 B Check，把 B Check 專案調整至 A Check 或 C Check 工作中，以減少飛機不必要之停場維修時間（圖 3-2-5）。

(三) C Check（三級檢查）

飛機基礎結構檢修，包含A Check、B Check和主要零件之更換。有些航空公司進行大修 C Check 而非 D Check。一般而言，每完成四次 A Check 就要進行一次 B Check；每經過四次B Check就要進行一次C Check；每完成八次C Check，就要進行一次D Check。一般表示的方式是：4A ＝ B，4B ＝ C，8C ＝ D。

(四) D Check（四級檢查）

又稱大修或翻修，為最高級別之檢修，一般 D Check 間隔超過 1 萬飛行小時。多數飛機在D Check中進行改裝、更換結構和大部件（圖 3-2-6），理論上經過D Check之飛機將恢復到原有的可靠性，飛機飛行將從零開始重新統計。

不同的機型檢查的規定不同，以下是美國民航局對 B737 定期檢查的規定：

1. A Check 每次間隔不超過 125 飛行小時。
2. B Check 每次間隔不超過 300 飛行小時。
3. C Check 每次間隔不超過 2,250 飛行小時。
4. D Check 每次間隔不超過 22,500 飛行小時。

▲ 圖 3-2-5　正在進行 B Check 的一架 MD-11 客機（王穎駿攝）

▲ 圖 3-2-6　進行 D Check 時機艙內的座位要全部拆除（B757-200）（王穎駿攝）

(五) 機體結構維修

1. 波音公司生產機型

(1) 波音 727

(2) 波音 737

(3) 波音 747

3-1　B747-100、200

3-2　B747-SR（短程型）

3-3　B747-SP

3-4　B747-300

3-5　B747-400

(4) 波音 757/767（圖 3-2-7）

(5) 波音 777（圖 3-2-8）

(6) 波音 787（圖 3-2-9）

(7) 波音 797

▲圖 3-2-7　波音 767 客機（王穎駿攝）

▲圖 3-2-8　波音 777 客機（王穎駿攝）

▲ 圖 3-2-9　波音 787 客機（王穎駿攝）

2. 空中巴士生產機型

(1) A320 系列

(2) A330/340 系列

2-1　A330-300

2-2　A330-200

2-3　A340-300

2-4　A340-200

2-5　A340-500

2-6　A340-600

(3) A350 系列

(4) A380 系列（圖 3-2-10）

結構維修人員負責飛機蒙皮或結構損傷時的修護工作；蒙皮維修時，需以精密儀器量測零件的磨損程度，使用 X 光或渦輪電流等非破壞檢測設備檢查肉眼無法辨識的結構損傷或裂痕。

機頭頂端是雷達罩（圖 3-2-11），特製的雷達罩是用來保護飛機機首的氣象雷達，雷達罩必須能夠承受時速超過 800 公里的風暴，地面最猛烈的颶風風速也沒有如此之快。二手機頭雷達罩如果保養得好的話很有價值，罩內的氣象雷達價值約為 5,000 美元。雷達罩拆解比較困難，一個雷達罩重達 90 公斤，直徑 2 公尺。雷達罩的價值約 1.5 萬美元。

▲ 圖 3-2-10　空中巴士 A380-800 客機（王穎駿攝）

▲ 圖 3-2-11　波音 747-400 雷達罩（王穎駿攝）

波音 747 的機翼（圖 3-2-12）是個巨大的部件，每一片機翼重達 20 噸，可以停放 22 輛中型汽車。機翼中操控襟翼的是電子制動器，兩部主制動器分別裝在飛機兩片機翼內，另外有四個負責操控尾翼襟翼，還有兩個負責操控方向舵。每一部制動器重達 90 公斤，是人工拆解中最大的部件之一。拆解時有時會遭遇飛機管線中流動的液壓油——磷酸酯液壓油，這些油對人體有輕微的腐蝕性，需要謹慎處理。每一個制動器的價值約為 5 千至 1 萬美元，10 個制動器價值約 8 萬美元。

▲ 圖 3-2-12　波音 747-400 機翼（王穎駿攝）

此外，還要拆解飛機底部的起落架，波音 747 飛機的機腹和機翼下共有 5 個起落架（圖 3-2-13），拆解這些部件較為困難，首先要保持飛機平衡，避免在拆解過程中飛機坍塌。先要除去尾翼以保持平衡，然後在機腹關鍵點處安放支撐千斤頂，在某些支撐點要放置支撐枕木。每一具二手起落架的價值約為 5 萬美元，5 具起落架價值約為 25 萬美元。

民航客機有兩個重要的航電裝置：飛航資料記錄器（Flight Data Recorder, FDR）和座艙（駕駛艙）通話記錄器（Cockpit Voice Recorder, CVR），俗稱「黑盒子」（Black Box）。這兩個記錄器負責記錄飛航資料以及駕駛艙的語音通話資料，一旦發生空難時，這些黑盒子將幫助查明事發原因。這兩個黑盒子位於飛機後部客艙上方，因為工程師認為發生空難時，這個區域比較不容易被損毀。黑盒子並不是黑色的而是橙色，這是因為橙色的盒子在空難時比較容易被發現，由於其他航電儀器裝置都是黑顏色的盒子，所以這兩具橙色的盒子也就被稱之為「黑盒子」（圖 3-2-14）。

B747 機艙內有各種金屬和塑膠件、座椅，還有一種用來配重的危險物品稱為貧鈾材料，這種貧鈾材料用作飛機飛行時的配重以穩定機身。貧鈾材料本身不具有放射性，但如果不謹慎處理，這些材料就會產生一定的放射性，對環境和人體造成危害。

▲ 圖 3-2-13　波音 747-400 起落架（王穎駿攝）

▲ 圖 3-2-14　俗稱黑盒子之 FDR（王穎駿攝）

(六) 渦輪發動機維修

目前全球民航客機普遍所使用的渦輪噴射發動機，大多採用三大公司的產品：奇異電氣公司（General Electric, GE，總部位於美國俄亥俄州的辛辛那提）及奇異子公司CFM的產品（圖 3-2-15）；普惠公司（Pratt & Whitney, PW，總部位於美國康乃狄克州哈特佛）的產品（圖 3-2-16）；英國勞斯萊斯（Rolls-Royce）的產品，以及普惠和勞斯萊斯合資的子公司 IAE（International Aero Engines）的產品。

國際會計準則 IAS 16「不動產、廠房及設備」規定，當一項固定資產的某一組成部分的成本相對於總成本而言係屬重大，則應將該組成部分予以個別提列折舊。以航空公司而言，購置之飛機，其渦輪噴射發動機及機身本身的成本相對於總成本均屬於重大成本，應該分別予以提列折舊。航空公司於首次採用 IFRSs 編製財務報表時，若非以前述重評價金額作為各項固定資產項目的推定成本，應追溯調整先前未個別提列折舊的固定資產，視為購入時即已區分個別重要項目，並已個別提列折舊至首次適用日之應有期初帳面價值。

重大檢驗及翻修成本在航空器的耐用年限內，航空公司為維持航空器的正常運作及飛航安全，必須要定期做重大的檢驗或翻修。根據修護技術準則規定，航空公司其飛機機身及渦輪噴射發動機飛航達一定時數或年數後，須執行重大翻修，並經檢驗合格後，方可繼續飛航營運，通常規定：

▲ 圖 3-2-15　空中巴士 A340-200 客機使用之 CFM 發動機（王穎駿攝）

▲ 圖 3-2-16　波音 747-400 使用之普惠公司渦輪發動機 PW4056（王穎駿攝）

1. 機身約 5 到 8 年。
2. 渦輪噴射發動機約 25,000 飛航小時（不同機型標準不同）。每次重大檢驗或翻修時所支付的成本應列為被檢驗或翻修項目的帳面價值，並同時將前一次檢驗或翻修成本的剩餘帳面價值予以消除。若尚未提列折舊至帳面價值為 0 時，惟當該固定資產項目相對於總成本屬於重大成本時，其通常於下一次重大檢驗或翻修時已提列折舊至帳面價值為 0，如此方可確實表達該項資產的價值。
3. 自有資產自行購置航空器的成本取得時，分別歸屬至其服務項目，藉以反映其引擎及機身的維修情況，此項維修成本於下次重大維修事項或該資產剩餘耐用年限縮短期間內提列折舊。
4. 航空公司負有固定資產之拆除、遷移及義務責任，對於一開始就取得或於後續日子使用固定資產一段期間後，應將固定資產所估計之拆除、遷移及回復原狀的義務認列固定資產成本及負債。若是清償此義務而流出之具經濟效益資源（現金）的估計金額或折現率變動而改變前述負債之估計金額時，須將固定資產成本及負債加以調整。若調整金額是將減少固定資產成本，則需注意固定資產成本的減少數不應超過其帳面價值，負債金額的減少數若超過固定資產的帳面價值，則超過部分應立即認列為利益。若固定資產已使用至其耐用年限末了，所有負債金額之變動數應於發生時認列為當期損益。
5. 自有資產之不動產、廠房及設備項目係以成本或推定成本減除累積折舊及減損損失的金額列帳，不動產、廠房及設備項目初始以成本入帳，它是所提供對價的公平價值加計直接歸因於取得資產所發生的附屬成本。取得資產的成本包括於安裝及使用中所估計因拆除、遷移該項目及使安裝地點回復的相關成本。以及因結清該義務時點或所需資源流出的改變或折現率的改變，進而改變所認列現有負債的衡量金額。（資料來源：Southern California Logistics Airport & ARC Aerospace Industries, LLC）

飛機發動機葉片（圖 3-2-17）在飛機飛行中或地面時，經常容易遭受鳥擊（Bird-Strike）、內物損傷（Inner Object Damage, IOD）或外物損傷（Foreign Object Damage, FOD）導致受損，因此是發動機主要的財務支出。一般人從外部可以看到的客機發動機葉片，只有第一級葉片而已，通常這葉片的數目，會因為其設計尺寸的不同而有所差異。在發動機內部總共有十幾級葉片，以 Rolls-Royce 發動機的軸心葉片為例，可以略分為 IP/ HP/LP System 三區，設計目的不同，葉片數目就不同。

▲ 圖 3-2-17　飛機發動機葉片（王穎駿攝）

波音 747 飛機每具發動機重達 5.4 噸，要拆解這 4 具發動機需要大費周章。全新的波音 747 發動機售價是一具 500 萬美元，二手發動機的價格是新發動機的四分之一，大約在 150 萬美元左右，大部分舊飛機的發動機在拆解前已被售出，因為二手市場中發動機最為搶手。機務工程師們首先要拆解發動機的渦輪風扇系統，然後剪斷 16 個電氣連接器，拆掉 3 條液壓導管，阻斷主燃料供應，並鬆開 375 個緊固件，所有這一切必須按照適航指令和依購買者要求下謹慎操作。平均 3 個機務工程師要花 4 小時才能做好拆解發動機的準備工作，每個發動機的出口直徑約 3 公尺，需要用特殊的吊索才能支撐這個重達 6 噸的機械，並確保機務工程師和發動機在拆解過程中不受到傷害和損害，機務工程師們大約要花一個星期才能將這個發動機安全拆下。當然這個工作是高價值的，因為 4 具發動機價值約 600 萬美元。

(七) 儀器電子維修

主要由儀電人員負責，為了讓飛機安全航行，必須確保高精密的機體零故障，且零件的性能都能確實地發揮作用，主要負責駕駛艙航空器通訊、電子、導航、儀表板等相關系統維護及其零組件之維修、改裝或裝置、保養與測試等工作（圖 3-2-18）。

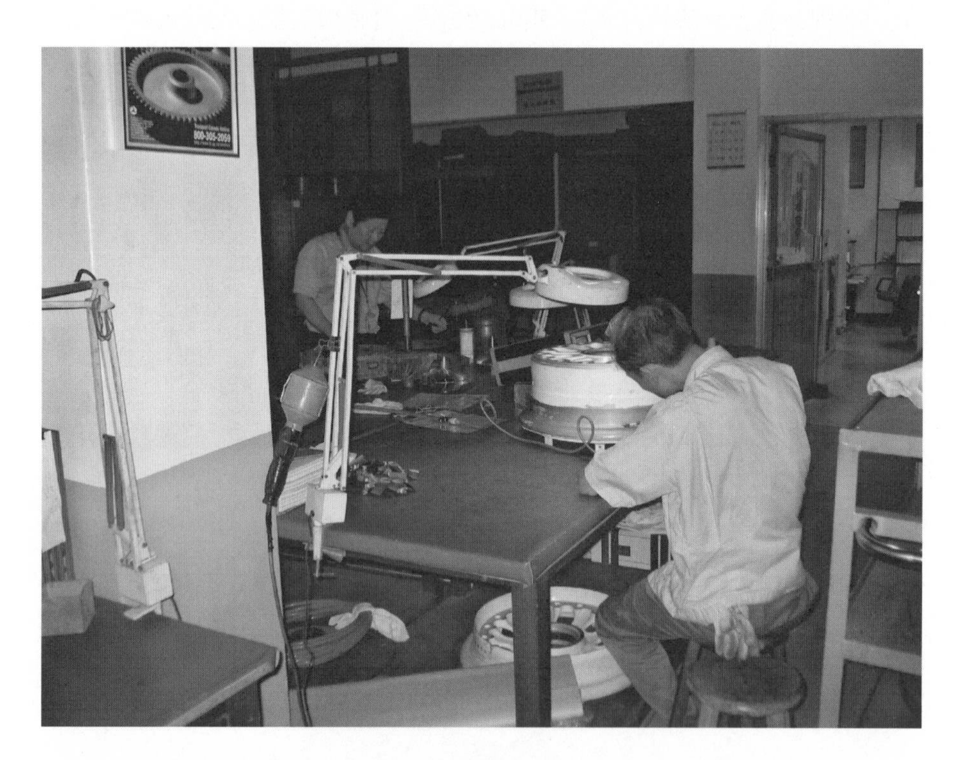

▲圖 3-2-18　正在進行儀電維修的機務人員（王穎駿攝）

四、直接場站及運務費用

交通部民航局制定「民用航空器使用航空站、飛行場及助航設備收費標準」，並引用《民航法》第34條、「民用航空器使用噪音管制辦法」，按照「架次、最大起飛重量及噪音值」徵收直接場站及運務費用。距離700公尺，噴射客機起飛時噪音值約65分貝，依噪音值大小收取噪音費，降落費係依照最大起飛重量徵收（圖3-2-19）。

各機型相關資訊

機型	載客人數	最大起飛重量（Kg）	可飛行距離
B737-800	189	78,240	5,370
Airbus320	162	73,500	5,318
Airbus321	194	82,200	4,260
MD82	165	60,350	4,395
MD83	172	60,350	4,395
B757-200	207	113,395	6,319~7,394
MD90	166	70,760	4,445

▲圖3-2-19　航機降落費依照最大起飛重量徵收（王穎駿攝）

五、飛行組員費用

有關駕駛員的培育對航空財務管理來說是一個龐大的負擔，國內外從航空學校畢業到成為正駕駛員，至少要經 10 年的養成教育。國籍航空公司曾與台大嚴慶齡工業研究中心合作，建立 9 個月的新進駕駛員地面學科訓練，並包括模擬機訓練（Simulator Training）（圖 3-2-20）、實機空機訓練（Airplane Training）、航路訓練（Route Training）等階段。模擬機訓練分簡易飛行訓練器（Flight Training Device, FTD）、固定式模擬機（Fixed Base Simulator, FBS）、全動式模擬機（Full Flight Simulator, FFS）（圖 3-2-20）。FTD 訓練用於飛機單一系統學習及不正常應變訓練，FFS 用於飛行不正常或排除緊急狀況。術科方面則與國外飛行學校簽約，分別前往澳洲 Australian Air Academy 飛行學校及美國佛羅里達的 Flight Safety International 飛行學校接受 10 個月的術科飛行訓練。術科飛行訓練完成後，依據「國際民航組織」（ICAO）及中華民國「民用航空運輸業管理規則」之規定，航空公司訂定考驗程序，12 個月內考驗 2 次，考試間隔在 4 個月以上 8 個月以下。每位機師養成之訓練費用至少約在新台幣 1,000 多萬元以上，平均每月薪資約 25 萬元。具完整資歷機師月薪約 35 萬元，亦有中東航空公司來台挖角台籍機師，提供月薪 1 萬美元，以及薪資免稅、豪華住宿等多項優惠。

▲ 圖 3-2-20　波音 747-400 全動式模擬機（王穎駿攝）

六、間接場站及運務費用

係指飛航簽派員（Operation Dispatch, O. D.）、機場客運及貨運運務人員薪資與該單位所發生之一切費用，以及向民航局租用之場站租金等費用。

航機簽派作業是為提供航機簽派作業標準化、制度化之依據，以提供完備之飛航資訊，確保飛安。此部門為24小時輪班運作，簽派業務人員資格、值班席位及其權責詳述如下。

1. **經理**：負責督導、協調簽派部門及各外站航機簽派作業。
2. **值勤經理**：負責簽派部門簽派作業之督導及人力之運用，並於不正常情況下增派人力，以確保業務之順利執行，並協助督導協調各外站之各項簽派作業。不定期對簽派員執行任務的評估，使其符合航空公司簽派的要求。
3. **簽派員**（Air Craft Dispatcher）：年齡至少21歲，持有民航局核發之簽派員執照，且具備英語聽說寫能力。此外亦具備簽署簽派飛航文件之資格，完全認知航機簽派與飛航安全之責任，與機長共同簽署簽派飛航文件，並對簽派之飛航安全共同負責。在發生緊急事件時，簽派員提供必要措施及協助，即時與相關航管單位協調，尤其是在遭遇緊急狀況、機長踰越法規或飛航規則，甚至違反ATC飛航管制（Air Traffic Control, ATC）程序時。此外，基於飛航安全，簽派員需要適時提供修正（amended）之電腦飛航計畫（Computer Flight Plan, CFP）給飛航組員，以符合當時之緊急狀況。

   各輪值席位之主要權責如下，並隨時授命機動支援各席位及完成上級臨時指派之任務：

   (1) 「O」席：負責全部簽派業務含評估調度適用能力、稽查調度員、航空飛行服務之操作與飛行計畫等之執行、督導與決策，及對不正常班機協助處理。
   (2) 「D」席：Duty Officer，負責組員登機後乃至航機後推、起飛、巡航、降落，透過陸空通訊，提供機長必要之諮詢、溝通與協調，以解決航機簽派之問題及對不正常班機進行處理。
   (3) 「C」席：Computer Flight Planning，負責飛行計畫製作系列作業，以提供機長正確、必要之飛航文件。並參酌當時最新之飛機、氣象、飛航公告，予以修訂、整理，備妥相關飛航文件。組員需於飛航計畫、飛行簽放條（flight release message）簽署負責。
   (4) 「H」席：Handling，負責顧客公司簽派業務，就其代理項目提供簽派專業服務，以及製作翌日班表。
   (5) 「A」席：執行航情守望作業，該作業得由航務員擔任，負責公司及顧客公司航機動態之監守及資料登錄、儲存，電報分發、分送呈閱，及向Duty Officer（當班主管）及OIC（辦公室負責主管）提報不正常狀況，並協助處理之。

(6)「F」席：負責 OPS Control 系統之 FOI 航務資訊系統、MEL（最低裝備需求手冊）資訊之更新，研讀及過濾 AHMS 資訊以及閱讀 eTTY 電報，以提供各席位完備之航機簽放依據。

(7)「P」席：從網站列印、整理計劃航班所製作完成的飛行計畫，加以影印及備妥其他相關飛航文件等，供飛航組員使用。

(8)「NTM」席：研讀、整理各相關場站飛航公告，以提供各席位完備之航機簽放依據。

(9)「NAV」席：依循環週期天數在使用前先向供應商要求其產品要滿足最新技術規格，並負責飛航資料庫之建立、維護、更新以及隨時監控系統內的資料，以期符合飛航安全和相關法規之需求。另提供其他單位（如財務處、貨營處、企發處……）所需之飛航資料庫資料，以利其業務推展。

(10) 航務員：協助簽派員執行簽派業務。

上述之「O」席、「D」席、「F」席及「H」席必須書寫LOG本（飛航及維修記錄簿）以作為交接事項之依據；「C」席則於下班前將其所負責之班機中，如有需要其他席位協助者告知「O」席，再由「O」席指派人員協助。

4. 簽派作業內容

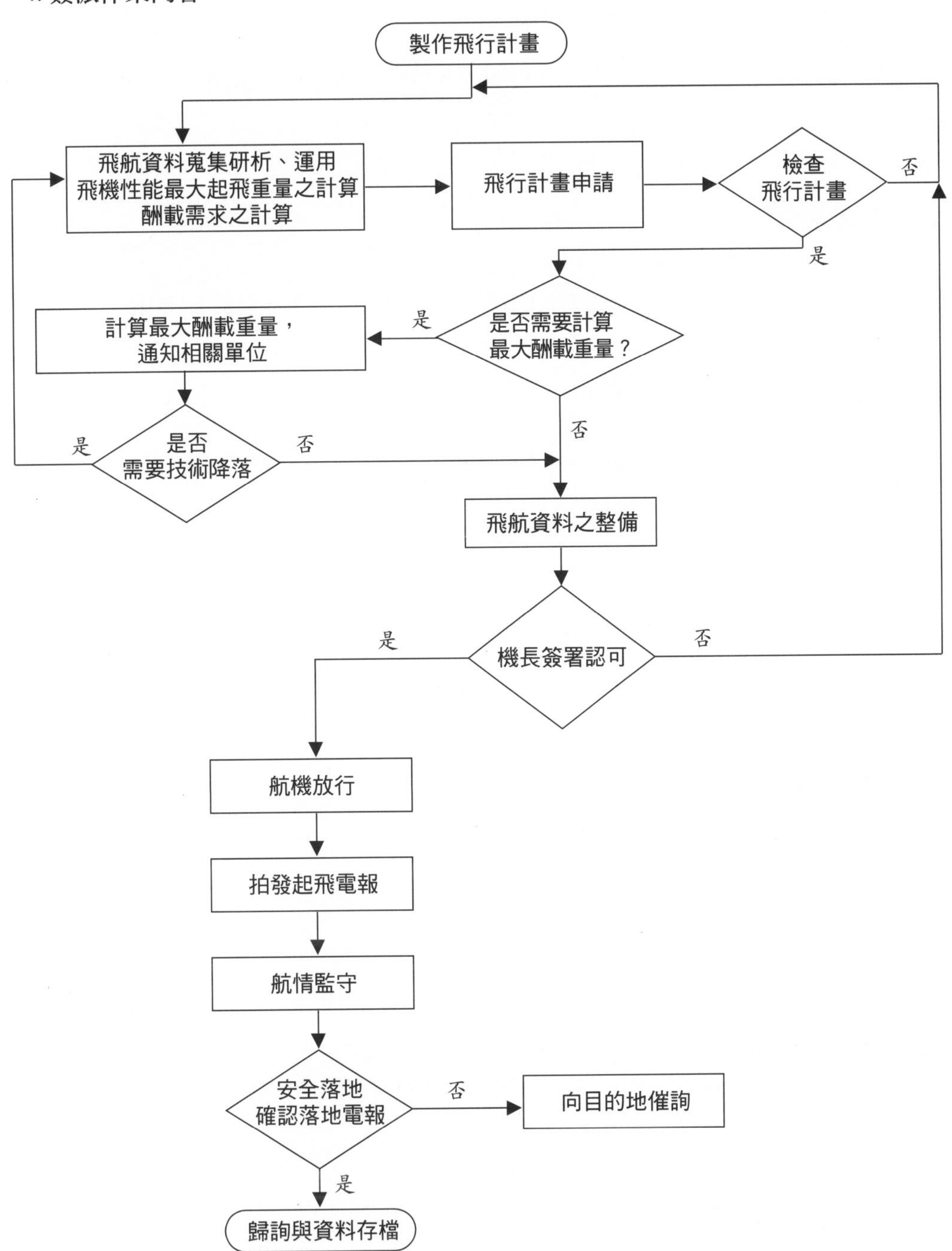

圖 3-2-21　航機簽派作業流程圖

七、營業費用

係指分公司管理人員與營業人員薪資等用人費用、該單位所發生之一切費用，及銷售佣金等費用。

八、管理費用

係指總公司管理人員之用人費用，與總公司管理單位所發生之一切費用。

九、旅客（直接）服務費用

旅客服務費用包含旅客餐點、旅客保險、旅客侍應用品等發生之費用，在國內航線旅客侍應食品只有蛋糕、飲料餐點。國際航線空中餐點以衛生為首要目的，空廚必須急速冷卻殺菌冷藏，旅客食用前再加溫。為確保機上飲食安全，避免有骨頭、有刺的、油膩的、產生蒸氣的食物，動物內臟之餐點禁止供應。基於對旅客旅途健康的嚴謹，要求空中餐點在 6 小時內未食用者即倒掉處理，每日準備的有台菜、西餐、素食、低脂、低膽固醇、低卡路里、低鹽之食品，以及顧及旅客齋戒月需求之猶太餐等。

(一) 旅客餐點

1. 宗教餐
   (1) 回教餐（MOML）：Moslem Meal，無任何豬肉製品。
   (2) 印度餐（HNML）：Hindu Meal，無任何牛肉製品。
   (3) 猶太餐（KSML）：Kosher Meal，食品依照猶太教義之規定方式準備並密封。
2. 素食餐
   (1) 西式素食（VLML）：Western Vegetarian Meal，西式蛋奶素食，無任何肉類、魚類、貝類製品，但含蛋類及乳製品。
   (2) 西式全素（VGML）：Strict Vegetarian Meal，無任何肉類、魚類、貝類及蛋類製品。
   (3) 東方素食（VOML）：Vegetarian Oriental Meal，中國式烹調素食（圖 3-2-22）。
   (4) 印度式素食餐（INVG）：Indian Vegetarian，無肉類、魚類、家畜、豬油、蛋。
   (5) 生鮮素食餐（RVML）：Vegetarian Raw Meal，無加工及成癮性食物。

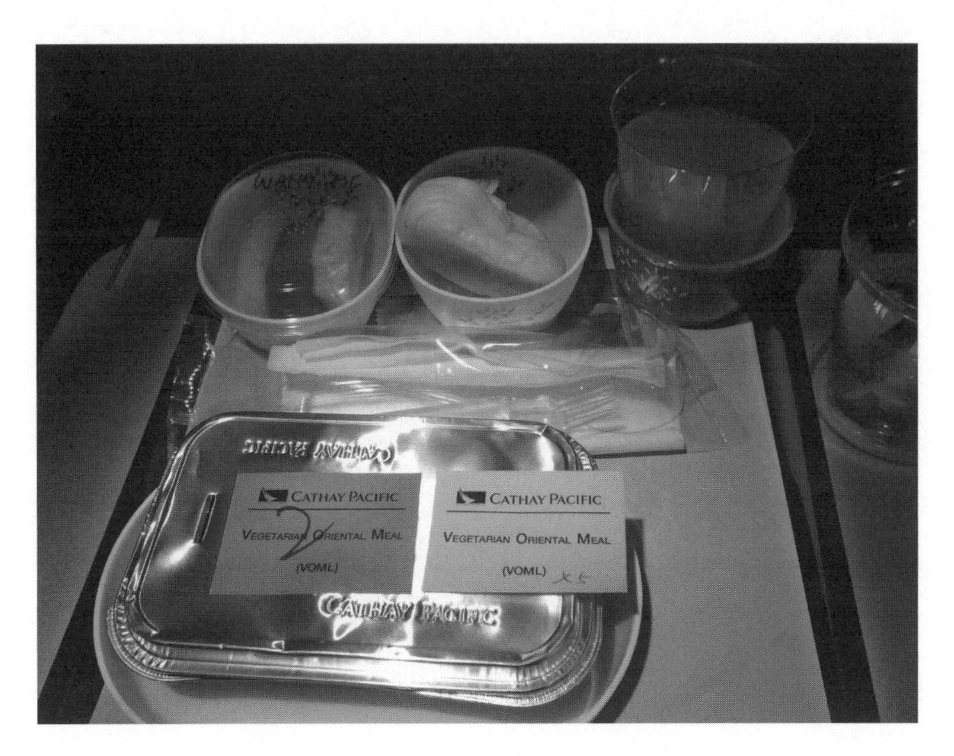

▲ 圖 3-2-22　VOML 餐（王穎駿攝）

3. **一般特別餐**

(1) 不吃豬肉（SPML/No Pork）：無豬肉之標準餐。

(2) 不吃牛肉（SPML/No Beef）：無牛肉之標準餐。

(3) 不吃海鮮（SPML/No Seafood）：無海鮮之標準餐。

4. **小孩餐**

(1) 兒童餐（CHML）：適合 2 至 12 歲小孩。孩童單獨旅行時，一律提供兒童餐（圖 3-2-23）；孩童與大人同行，如無預定，將供應正常成人餐點。

(2) 大嬰兒餐（BBML）：適合 10 至 24 個月大之嬰兒，提供大嬰兒食品。

(3) 嬰兒餐（SPML/BBML Infant Food）：適合 0 至 10 個月大之嬰兒，提供嬰兒食品。

5. **醫療餐**

(1) 糖尿病餐（DBML）：低糖、低碳水化合物及高纖食品，無甜點及高糖分水果。

(2) 水果餐（FPML）：水果盤。

(3) 低脂肪餐（LFML）：無動物及植物性油脂。

(4) 高纖維餐（HFML）：高纖維餐點，如全麥及豆類製品。

(5) 低卡路里餐（LCML）：無高糖分製品、牛油、全脂乳製品、肥肉及乾果類食物。

(6) 無乳糖飲食餐（NLML）：非乳糖餐點，不含乳糖、奶類及相關製品（適合易腹

▲ 圖 3-2-23　長榮航空 Hello Kitty 彩繪機提供之兒童餐（CHML）（王穎駿攝）

瀉患者）。

(7) 低普林飲食餐（PRML）：適合痛風患者。

(8) 低蛋白質餐（LPML）：含有極少量的蛋白質，避免鹽及高鹽食物（適合腎臟功能不良者）。

(9) 低鹽餐（LSML）：適合高血壓患者。

(10) 無鹽餐（NSML）：適合高血壓患者。

(二) 旅客侍應用品

侍應用品方面，為了考量旅客長程飛行中可以打發時間，隨著科技發展，機上座椅扶手加裝視訊音響設備，在旅客前方備有電子螢幕提供旅客觀賞影片，讓旅客在飛行旅途中不致無聊，並提升座艙的服務品質。

(三) 旅客保險

指投保人根據合約規定，向保險人支付保險費，因航空事故原因，主要有氣候不佳、飛機設計或製造瑕疵、維修不良的機械故障、航空器惡意破壞、駕駛員疏忽、機場缺陷或塔台指揮錯誤及其他因素，造成被保險人死亡、傷殘的旅客財物保險、旅客乘客傷害險。

十、空服（空安）員費用

係指空服（空安）人員薪津、飛行加給、差旅費、訓練費等用人費用，及駐防等費用。

十一、間接修護費用

修護部門行政人員及地面設備修護記錄分析人員薪津等用人費用，及車輛修護費等。

十二、飛機保險費用

指經由保險公司及英國再保險公司承保的飛機機體險、兵險、第三責任險、公共責任險。

十三、間接旅客服務費用

係指空服單位行政人員之用人費用，與該單位之其他費用。

十四、利息費用

係指銀行融資及資本市場融資之利息費用。

第二節　十四項成本之比重

項次		1	2	3	4	5	6	7	8	9	10	11	12	13	14	合計
成本分類		旅客(直)成本	飛行組員成本	油料	直接修護	直接場站	空服費用	飛機保險	折舊租金	間接修護	間接場站	旅客服務	營業費用	管理費用	利息費用	總成本
F航空	比率%	2.77	8.37	21.50	11.30	10.52	3.19	2.28	15.24	1.82	6.60	0.05	6.26	6.40	3.70	100
	序列	11	5	1	3	4	10	12	2	13	6	14	8	7	9	成本比重
T航空	比率%	4.52	8.85	13.43	9.87	8.34	2.91	2.82	25.24	1.61	6.47	0.52	6.50	2.21	6.98	100
	序列	9	4	2	3	5	10	11	1	13	8	14	7	12	6	成本比重
E航空	比率%	3.49	5.09	16	8.19	8.7	2.16	2.46	28.34	3.27	8.07	0.06	1.19	10.36	1.82	100
	序列	8	7	2	5	4	11	10	1	9	6	14	13	3	12	成本比重
其他航空	比率%	4.58	30.48	35.88	21.93	21.81	5.50	12.48	54.29	18.35	16.98	4.21	18.43	26.68	28.40	100×3
	序列															成本比重
航業成本	比率%	3.22	8.43	16.73	9.85	9.32	2.91	2.66	20.68	2.85	6.71	0.77	5.85	4.21	5.81	100
	序列	10	5	2	3	4	11	13	1	12	6	14	7	9	8	成本比重

第三節 十四項成本之會計明細

一、旅客（直接）服務費用

旅客侍應食品餐點、飲料及侍應用品，包括音樂娛樂、耳機、毛毯、枕頭與旅客保險等費用。

二、飛行組員費用

1. 正、副機師等飛行組員薪津：基本薪資、各項津貼、補助金、加發薪準備。
2. 飛行組員加給：基本、超時飛行津貼。
3. 飛行組員出差旅費。
4. 飛行組員餐點。
5. 飛行組員教育訓練費用：教官及受訓機師薪資、飛行津貼、公差旅費、教育訓練費用。
6. 其他：制服費、租賃房屋租金及宿舍用品費、法定提列退休金、勞工保險、組員保險、招考及會議費。

三、油料費用

包括飛機用燃油及機油，圖 3-2-24 為正在加油中的 A330 客機。

四、直接修護費用

1. 飛航機械員及機房、發動機、其他飛行設備直接修護人員之基本薪資、各項津貼、補助金、獎金、法定提列退休金、勞工保險費、加班費及臨時工資。
2. 修護材料：機身、發動機、其他飛行設備修理材料及翻修成本。
3. 外修費用：機身、發動機、其他飛行設備外修費用。

▲ 圖 3-2-24　正在加油中的港龍航空 A330 客機（王穎駿攝）

五、直接場站及運務費用

1. 機場勤務費：運務費、機務委託費、旅客交通費。
2. 場站使用費：降落費（落地費）、停機坪使用費、夜間燈火費、安全服務費、擴音設備費、電訊傳遞費、場站使用費、航行計畫費、過境航站服務費、附屬費、停留費、候機室使用費、空橋使用費（圖 3-2-25）。

六、空服（空安）員費用

1. 空服（空安）員薪津、各項津貼、補助金、加發薪準備。
2. 空服（空安）員飛行加給：基本、超時飛行津貼。
3. 空服（空安）員差勤旅費。
4. 空服（空安）員餐點費。
5. 空服（空安）員教育訓練費用：教官、受訓空服（安）員薪資、飛行津貼、公差旅費、教育訓練費。
6. 其他：制服費、租賃房屋租金及宿舍用品費、法定提列退休金、勞工保險、組員保險、招考及會議費。

▲ 圖 3-2-25　航機停靠需支付場站使用費（王穎駿攝）

七、飛機保險費用

指經由保險公司及英國再保險公司承保的飛機機體險、兵險、第三責任險、公共責任險。

八、折舊（租金）費用

1. 飛機折舊：機身折舊、發動機折舊。
2. 其他設備折舊：建築物折舊（房屋）、生財器具折舊、地面運輸設備折舊（汽車）、修護設備折舊、服務設備折舊、棚廠折舊／攤銷、改良物折舊。

九、間接修護費用

1. 薪津：修理部門行政人員薪津及地面人員設備修護記錄分析人員薪資、加班費及臨時工資、退休金、獎助金、津貼、加給、特別餐費、伙食費。
2. 其他：旅費、勞工保險、交際費、文具用品、印刷費用、書報雜誌費、電話（報）

費、水電費、郵匯費、什項費用、運費、燃料費、車輛維修費、設備、房屋租金、行政規費、財務保險、銀行費用、研究發展費、間接修護材料、物料費、間接外修費用。

十、間接場站及運務費用

1. 薪津：飛航及運務人員薪資、行政管理人員薪資、加班費、臨時工資、退休金、獎金。
2. 其他：旅費、文具用品、印刷費用、電話（報）費、郵匯費、水電費、什項辦公用品費、運費、燃料費、車輛維修費、其他修護費、場站租金、其他租金、一般稅金。

十一、間接旅客服務費用

1. 薪津：空服（空安）行政人員薪資、加班費、臨時工資、退休金、獎助金、津貼、加給、特別餐費、伙食費。
2. 其他：旅費、教育訓練費、勞工保險、交際費、文具用品、印刷費用、書報雜誌費、電話（報）費、水電費、郵匯費、什項費用、運費、燃料費、車輛維修費、設備租金、房屋租金、行政規費、財務保險、銀行費用、研究發展費、招考費用。

十二、營業費用

1. 薪津費用：分公司一般管理人員及營業人員薪資、退休金、獎助金、津貼、加給、特別餐費、伙食費。
2. 佣金費用：佣金支出、郵運佣金、客運佣金、貨運佣金。
3. 其他：旅費、交際費、文具用品、印刷費用、書報雜誌費、電話（報）費、水電費、郵匯費、什項費用、運費、燃料費、車輛維修費、設備租金、房屋租金、一般稅捐、銀行費用、銷貨折扣、其他修護、報紙廣告、雜誌廣告、呆帳損失、廣告傳單費、什項銷售費用。

十三、管理費用

1. 薪津費用：總公司管理人員、訓練人員、人事人員、企劃人員費用，加班費、臨時工資、退休金、獎助金、津貼、加給、特別餐費、伙食費。

2. 其他：旅費、勞工保險、交際費、員工福利費、文具用品、印刷費用、書報雜誌費、電話（報）費、郵匯費、水電費、什項費用、運費、燃料費、車輛維修費、設備租金、房屋租金、其他修護、行政規費、財務保險、銀行費用、研究發展費。

十四、利息費用

長短期借款利息支出。一年以內還款付息之銀行、短期融資利息以及一年以上還款付息之銀行長期融資利息，銀行團聯合貸款之長期融資利息，以及由資本市場發行公司債、可轉換公司債之長期融資利息。

台北市航空運輸商業同業公會根據各航空公司提供之國內航線客運十四項成本彙總至民航局之客運成本分析表，本表係其中一家會員航空公司之國內航線客運成本分析表

台北市航空運輸商業同業公會

XXXX年國內航線客運成本分析表

航空股份有限公司　　　　單位：新台幣仟元

成本項目 航線別		1	2	3	4	5	6	7	8	9	10	11	12	13	14	1～14	16	17
		旅客(直接)服務費用	飛行組員費用	油料費用	直接修護費用	直接場站費用及運務費用	空服(安)員費用	保險(飛機)費用	折舊及租金費用	間接修護費用	間接場站及運務費用	間接旅客服務費用	營業費用	管理費用	利息費用	航線客運成本	載客人數	每客成本
1	台北－高雄	66,351	197,410	512,516	269,988	251,814	78,138	49,135	412,715	43,127	156,737	1,138	148,598	152,854	95,930	2,436,451	2,280,611	1,068
2	台北－台南	25,467	74,298	187,509	99,314	93,579	28,327	19,713	140,807	16,108	58,543	425	55,503	57,093	35,572	892,258	875,341	1,019
3	台北－花蓮	13,764	35,693	72,283	50,244	47,516	13,195	10,564	66,704	8,242	29,954	217	28,399	29,212	18,091	424,078	473,103	896
4	台北－馬公	6,322	19,134	50,567	25,719	23,821	6,830	6,458	23,084	4,065	14,773	107	14,006	14,407	4,775	214,068	217,306	985
5	台北－台東	17,173	49,916	137,989	65,334	61,297	18,582	13,937	83,226	10,605	38,543	280	36,541	37,588	21,372	592,383	590,267	1,004
6	台北－金門	9,868	28,188	80,455	35,909	31,722	10,486	7,105	44,060	5,884	21,386	155	20,275	20,856	12,747	329,096	339,195	970
7	台北－嘉義	5,439	18,630	48,585	24,973	23,349	6,715	6,050	25,118	3,983	14,474	105	13,722	14,115	5,674	210,932	186,947	1,128
8	台北－台中																	
9	台北－馬祖																	
10	台北－屏東																	
11	高雄－馬公	4,343	16,807	35,167	24,292	22,213	5,894	6,646	15,960	3,759	13,660	99	12,950	13,321	2,155	177,266	149,237	1,188
12	高雄－花蓮	4,329	17,779	51,603	22,753	21,227	6,573	4,896	28,225	3,709	13,480	98	12,780	13,146	7,513	208,111	148,601	1,400
13	高雄－金門	2,151	10,037	23,995	13,555	11,960	3,628	3,056	13,252	2,171	7,891	57	7,481	7,695	3,356	110,285	73,925	1,492
14	高雄－中正																	
15	高雄－台東																	
16	高雄－七美																	
17	高雄－望安																	
18	高雄－蘭嶼																	
19	高雄－綠島																	
20	花蓮－中正																	
21	台中－花蓮																	
22	台中－馬公																	
23	台中－台東																	
24	台中－高雄																	
25	台中－金門																	
26	馬公－金門																	
27	馬公－台南																	
28	馬公－嘉義																	
29	馬公－七美																	
30	台東－蘭嶼																	
31	台東－綠島																	
32	嘉義－金門	43	202	504	276	253	70	80	145	42	153	1	145	149	8	2,071	1,472	1,407
33	嘉義－台東																	
34	台南－花蓮																	
35	台南－金門	73	602	1,418	795	723	206	233	375	121	440	3	417	429	9	5,844	2,513	2,326
36	台北－綠島																	
37	蘭嶼－綠島																	
38	屏東－馬公																	
合計		155,323	468,696	1,202,591	633,152	589,474	178,644	127,873	853,671	101,816	370,034	2,685	350,817	360,865	207,202	5,602,843	5,338,518	1,050

台北市航空運輸商業同業公會依照民航局提供之國內各航線客運票價分析空白表格彙總全部航空公司會員依航線別試算之客運票價分析表

台 北 市 航 空 運 輸 商 業 同 業 公 會

××年度國內各航線客運票價分析表

按各航提供成本及載客率(不含立榮、瑞聯)　　單位：新台幣元

成本項目 / 航線別		A	B	C	C/B =D	A/C=E	E*1.1=F	F*1.15=G	H	I	J
		航線客運成本（元）	提供座位數（位）	載客人數（人）	載客率(%)	每客成本（元）	每客成本加合理利潤（元）	票價彈性中位數衡量（元）	現行票價（未含稅）（元）	差價（元）	調幅%（%）
1	台北－高雄	7,217,269,000	8,211,676	5,490,454	67%	1,315	1,446	1,663	1,342	321	23.92%
2	台北－台南	2,425,785,000	3,088,086	2,079,725	67%	1,166	1,283	1,475	1,262	214	16.93%
3	台北－花蓮	957,920,000	1,371,751	974,377	71%	983	1,081	1,244	1,058	186	17.54%
4	台北－馬公	685,557,000	855,428	585,174	68%	1,172	1,289	1,482	1,192	290	24.29%
5	台北－台東	920,957,000	1,123,664	753,625	67%	1,222	1,344	1,546	1,340	206	15.36%
6	台北－金門	521,731,000	646,657	446,161	69%	1,169	1,286	1,479	1,551	(72)	-4.65%
7	台北－嘉義	1,064,078,000	1,385,136	901,600	65%	1,180	1,298	1,493	1,211	282	23.24%
8	台北－台中	722,620,000	1,250,441	919,312	74%	786	865	994	974	20	2.06%
9	台北－馬祖	169,453,000	114,494	90,308	79%	1,876	2,064	2,374	1,621	483	46.43%
10	台北－屏東	410,435,000	434,419	237,941	55%	1,725	1,897	2,182	1,472	710	48.20%
11	高雄－馬公	675,325,000	1,321,563	707,606	54%	954	1,050	1,207	866	342	39.46%
12	高雄－花蓮	509,316,000	626,807	328,216	52%	1,552	1,707	1,963	1,439	524	36.41%
13	高雄－金門	264,686,000	331,299	152,402	46%	1,737	1,910	2,197	1,391	806	57.90%
14	高雄－中正	211,304,000	171,135								
15	高雄－台東	125,193,000	149,243	72,676	49%	1,723	1,895	2,179	1,156	1,023	88.47%
16	高雄－七美	44,937,000	41,692	27,742	67%	1,620	1,782	2,049	1,293	756	58.43%
17	高雄－望安	4,669,000	4,373	2,676	61%	1,745	1,919	2,207	1,319	888	67.33%
18	高雄－蘭嶼	15,133,000	15,757	7,690	49%	1,968	2,165	2,489	1,530	959	62.65%
19	高雄－綠島	6,378,000	5,291	2,592	49%	2,461	2,707	3,113	1,608	1,050	93.62%
20	花蓮－中正										
21	台中－花蓮	152,988,000	162,368	115,282	71%	1,327	1,460	1,679	1,881	(202)	-10.75%
22	台中－馬公	242,217,000	388,861	247,745	64%	978	1,075	1,237	1,039	198	19.03%
23	台中－台東	80,664,000	64,584	48,014	74%	1,680	1,848	2,125	1,939	186	9.60%
24	台中－高雄	166,764,000	249,116	144,144	58%	1,157	1,273	1,464	1,128	336	29.79%
25	台中－金門	160,313,000	192,300	121,833	63%	1,316	1,447	1,665	1,352	312	23.08%
26	馬公－金門										
27	馬公－台南	149,398,000	291,428	176,646	61%	846	930	1,070	826	244	29.57%
28	馬公－嘉義	61,657,000	123,693	67,560	55%	913	1,004	1,154	854	300	35.14%
29	馬公－七美	14,863,000	23,322	15,251	65%	975	1,072	1,233	668	565	84.66%
30	台東－蘭嶼	64,677,000	76,634	54,375	71%	1,189	1,308	1,505	1,099	406	36.91%
31	台東－綠島	82,720,000	162,675	126,289	78%	655	721	829	573	255	44.52%
32	嘉義－金門	34,598,000	49,474	22,048	45%	1,569	1,726	1,985	1,365	620	45.45%
33	嘉義－台東	19,853,000	16,920	4,956	29%	4,006	4,406	5,067	1,546	3,522	227.84%
34	台南－花蓮	18,890,000	17,834	9,749	55%	1,938	2,131	2,451	1,662	789	47.49%
35	台南－金門	104,021,000	101,436	49,473	49%	2,103	2,313	2,660	1,360	1,300	95.57%
36	台北－綠島	1,645,000	1,159	522	45%	3,151	3,466	3,986	2,544	1,443	56.71%
37	蘭嶼－綠島	116,000	256	127	50%	913	1,005	1,155	1,295	(140)	10.76%
38	屏東－馬公	4,281,000	8,499	2,760	32%	1,551	1,706	1,962	942	1,020	108.31%
合　計		18,312,411,000	23,079,471	14,987,051	65%	1,222	1,344	1,546	1,248	297	23.81%

註：1. 85年度國內線各航空公司提供老人、殘障、盲人、伴盲者優待共計245,172人次，優待金額高達141,061,936元。

2. 本表所列載客人數包含優待票(老、殘、盲人、伴盲、嬰童)人次在內，故實際營收尚需扣除上列金額。

3. 由上可知，本表所計算出每客成本應再加計優待人次所負擔之成本，以符合實際成本。本項考慮併同上表(G)欄票價下限30%中位數15%內衡量。

part 4

航空業會計制度

CHAPTER 1

資產科目

科目編號	科目名稱	科目說明
1000	資產	凡公司透過交易或其他事項所獲得之經濟資源，能以貨幣衡量，並預期未來能提供經濟效益者。

第一節 流動資產

科目編號	科目名稱	科目說明
1100～1200	流動資產	凡公司資產能在一會計期間或營業週期，經由出售或變現而產生之現金、其他資產、商品、服務或償還流動負債等皆屬流動資產，如應收帳款、應收票據等。
1101～1129	現金及約當現金	凡公司內供經營管理單位支出之零用金或存放於金融機構、郵局內之活期、支票、外幣存款及隨時可轉換成定額現金且即將到期而其利率變動對其價值影響甚少之短期投資等皆屬之。
1101	現金	當日售票款未及存入之即期支票與現金。未及送存之數，記入借方；送存減少之數記入貸方，借方餘額表示待存銀行款項之總額。
1102	銀行存款	經營上使用而存於銀行之款項皆屬之。存放之數，記入借方；支取之數，記入貸方。其借方餘額，表示現有存放銀行款項之總額。
1105	零用金	凡提撥供零星支出之現金皆屬之。

科目編號	科目名稱	科目說明
1107	未實現兌換利益 －銀行存款	凡依財務會計準則公報第 14 號規定對外幣存款評價所發生之未實現兌換利益皆屬之。評價結果高於帳面成本時記入借方，其借方餘額表示評價高於帳面成本之總額。
1108	兌換損失準備 －銀行存款	凡依財務會計準則公報第 14 號規定對外幣存款評價所發生之未實現兌換損失皆屬之。評價結果低於帳面成本時記入貸方，其貸方餘額表示評價低於帳面成本之總數。
1130	短期投資	凡因財務目的所購入且擬短期持有可隨時變現之定存、商業本票、政府債券及其他公開上市公司股票等皆屬之。
1131	備抵短期投資跌價損失	凡短期投資成本大於總市價時，其差額應借記「短期投資跌價損失」，貸記「短期投資跌價損失準備」。借方「短期投資跌價損失」應列為當年度損益之損失項目。
1135	其他短期投資	凡不歸屬上列投資者歸屬之。
1140～1179	應收款項	凡應收及期收之票據、帳款及其他款項皆屬之。
1141	應收票據	凡已收到客戶承諾於未來一定期限內支付某一定額款項之票據皆屬之。
1143	備抵呆帳－應收票據	凡應收票據為預計可能發生呆帳而預先提列之數皆屬之。
1144	應收帳款	凡應向客戶收取有關營業收入之帳款皆屬之。
114415	應收帳款－聯運	
114416	應收帳款－修護	
114417	應收帳款－貨運	
114418	應收帳款－租售器材	
114449	應收帳款－其他	
1145	備抵呆帳－應收帳款	凡應收帳款為預計可能發生呆帳而預先提列之數皆屬之。
1146	兌換損失準備 －應收帳款	凡依財務會計準則公報第 14 號規定，對屬外幣之應收帳款評價所發生之未實現兌換損失皆屬之。評價結果低於帳面成本之數記入貸方。其貸方餘額表示評價低於帳面成本之總數。

科目編號	科目名稱	科目說明
1147	未實現兌換利益 －應收帳款	凡依財務會計準則公報第14號規定，對屬外幣之應收帳款評價所發生之未實現兌換利益皆屬之。評價結果高於帳面成本之數記入借方。其借方餘額表示評價低於帳面成本之總數。
1148	應退稅額	凡已繳納而應退回之各項稅款等皆屬之，如公司進項稅額大於銷項稅額，發生退稅或虧損時各項扣繳稅額之退回。
1149	留抵稅額	凡銷項稅額小於進項稅額，其溢付稅額中適用營業稅法規定留抵者。
1150	應收收益	應收屬於本期收益之款項皆屬之。
115001	應收收益－應收利息	凡到期末應收之利息列入本科目。
1150049	應收收益－其他	凡不屬上列之應收收益皆屬之。
1178	其他應收款	凡不屬上列應收款項等皆屬之。
1179	備抵呆帳 －其他應收款	凡其他應收款為預計可能發生呆帳而預先提列之數皆屬之。
1180	備抵兌換損失 －其他應收款	凡依財務會計準則公報第14號規定，對屬外幣之其他應收款評價所發生之未實現兌換損失皆屬之。評價結果低於帳面成本之數記入貸方。其貸方餘額表示評價低於帳面成本之總數。
1181	未實現兌換利益 －其他應收款	凡依財務會計準則公報第14號規定，對屬外幣之其他應收款評價所發生之未實現兌換利益皆屬之。評價結果高於帳面成本之數記入借方。其借方餘額表示評價高於帳面成本之總數。
1226	材料及配件	凡現存供修護、組合或出售之零配件等皆屬之。購入、盤盈之成本記入借方；銷售、耗用盤損之成本記入貸方。其借方餘額，表示現存材料及配件總額。
122601	材料及配件－貨價	凡供修護、組合或出售之零、配件，其取得之原始成本。
122602	材料及配件 －附加費用	凡取得零、配件所附加發生之費用。

科目編號	科目名稱	科目說明
1227	備抵器材損失 －材料及配件	凡器材因陳舊或過時而使淨現值低於帳面價值時，依成本與市價孰低法提列器材跌價損失準備，以公正表達器材價值的合理性。
1230	材料及配件分攤數	係材料及配件每月估列數每季再調整為實際耗用數，待年底時與材料及配件對沖。
1240	在途存貨	凡購入已起運而尚未到達之原料、物料且其所有權已歸屬公司者皆屬之。購入之數記入借方，入庫之數記入貸方，其借方餘額表示在途存貨之總額。
1251	預付購料款	凡訂購商品、原料、物料、製成品而預付之款項皆屬之。
1253	預付費用	凡尚未到期或未來期間使用而預付之款項皆屬之，如預付租金費用、預付房租等。
125302	預付費用－租金費用	
125310	預付費用－保險費	
125349	預付費用－其他	
125350	預付費用－油料	
125371	預付費用－利息	
1257	預付稅款	凡預付或暫繳之各種稅捐皆屬之。預付或暫繳之數記入借方，已實現沖銷之數記入貸方，其借方餘額表示預付或暫繳之稅捐總額。
1281	進項稅額	凡購買貨品或勞務依規定支付之營業稅額皆屬之。
1400	基金及長期投資	凡提列各項基金、投資附屬事業及購買股票等皆屬之。
1410	基金	凡由盈餘項下提存擴充償還或資產擴充、改良等用途之基金皆屬之。
1441	長期投資	凡投資於附屬事業或其他企業以達營業或控制目的之長期投資及購買長期債券等皆屬之。
1442	備抵長期投資損失	凡長期投資依成本市價孰低法提列之投資跌價損失皆屬之，按投資別設明細科目。

第二節　固定資產

科目編號	科目名稱	科目說明
1500～1599	固定資產	凡供給生產、製造、銷售、儲運、研究發展及管理上長期使用之土地、房屋及建築、機器設備、運輸設備、研發設備及什項設備等皆屬之。
1501	土地	凡擁有所有權之土地及非永久性之土地改良工程等皆屬之。
1520	房屋建築及設備	凡供營業上長期使用之房屋建築等皆屬之。
1522	累計折舊 －房屋建築及設備	凡提列房屋建築及設備之累計折舊皆屬之。提列之數，記入貸方；出售、毀損、廢棄時，其相關累計折舊之數，記入借方。其貸方餘額，表示現有房屋建築及設備已提列折舊累計之總額。
1531	飛機及設備	凡自有供營運用之飛機及設備等皆屬之。
1532	累計折舊 －飛機及設備	凡提列飛機及設備之累計折舊皆屬之。提列之數記入貸方；出售、毀損、廢棄時，其相關累計折舊之數記入借方。其貸方餘額，表示現有飛機及設備已提列折舊累計之總額。
1536	通訊設備	凡公司自有之有線及無線通訊設備皆屬之。
1537	累計折舊－通訊設備	凡提列通訊設備之累計折舊皆屬之。提列之數記入貸方；出售、毀損、廢棄時，其相關累計折舊之數記入借方。其貸方餘額，表示現有通訊設備已提列折舊累計之總額。
1541	車輛及設備	凡自有非供補給勤務之車輛均屬之。
1542	累計折舊 －車輛及設備	凡提列車輛及設備之累計折舊皆屬之。提列之數記入貸方；出售、毀損、廢棄時，其相關累計折舊之數記入借方。其貸方餘額，表示現有車輛及設備已提列折舊累計之總額。
1550	補給勤務設備	凡自有供機場內修護補給勤務使用之各項設備皆屬之。

科目編號	科目名稱	科目說明
1551	累計折舊 －補給勤務設備	凡提列補給勤務設備之累計折舊皆屬之。提列之數記入貸方；出售、毀損、廢棄時，其相關累計折舊之數記入借方。其貸方餘額，表示現有補給勤務設備已提列折舊累計之總額。
1553	辦公及什項設備	凡辦公設備及非屬於上列各項固定資產之其他固定資產皆屬之。
1554	累計折舊 －辦公及什項設備	凡提列辦公及什項設備之累計折舊皆屬之。提列之數記入貸方；出售、毀損、廢棄時，其相關累計折舊之數記入借方。其貸方餘額，表示現有辦公及什項設備已提列折舊累計之總額。
1561	修護設備	凡供飛機修護之設備皆屬之。
1562	累計折舊－修護設備	凡提列修護設備之累計折舊皆屬之。提列之數記入貸方；出售、毀損、廢棄時，其相關累計折舊之數記入借方。其貸方餘額，表示現有修護設備已提列折舊累計之總額。
1565	在途設備	凡購入已起運而尚未到達之設備且其所有權已歸屬公司者皆屬之。購入之數記入借方，入庫之數記入貸方，其借方餘額表示在途設備之總額。
1571	未完工程	凡正在建造或裝置而尚未完竣之工程皆屬之。
1578	預付設備款	凡為購置固定資產而預付之各項工程或設備款皆屬之。
1593	租賃改良	租用設備、器材在其上從事整理改良工程屬之。

第三節 其他資產

科目編號	科目名稱	科目說明
1800	其他資產	凡不屬於以上各項資產之其他資產皆屬之。
1801	閒置資產	凡退庫備用或有待處理，目前不供營業上使用之各項閒置資產皆屬之。
1802	累計折舊－閒置資產	凡提列閒置資產之累計折舊皆屬之。

科目編號	科目名稱	科目說明
1803	備抵跌價損失－閒置資產	凡閒置器材依「成本與市價孰低」原則評價而發生之備抵損失皆屬之。發生之數，記入貸方；沖銷之數記入借方，其貸方餘額表示已提列備抵跌價損失之總額。
1811	非消耗性材料及配件	可經由翻修維護之程序使其可再使用之飛機器材其價值較高者。
1812	備抵跌價損失－非消耗性材料及配件	凡非消耗性材料及配件依「成本與市價孰低」原則評價而發生之備抵損失皆屬之。發生之數，記入貸方；沖銷之數記入借方，其貸方餘額表示已提列備抵跌價損失之總額。
1821	存出保證金	凡存出供做保證用之現金皆屬之。
182102	存出保證金－房租押金	
182144	存出保證金－電訊保證金	
182147	存出保證金－貸款保證金	
182149	存出保證金－其他	
1822	催收款項	凡應收帳款經一定時間未收回，經評估回收可能性很低時轉列本科目。
1823	備抵呆帳－催收款項	凡催收款項為預計可能發生呆帳而預先提列之數皆屬之。
1824	代付款	凡代其他機構或員工支付各款項皆屬之。
182406	代付款－電話費	
182449	代付款－其他	
1825	備抵呆帳－代付款	凡代付款為預計可能發生呆帳而預先提列之數皆屬之。
1826	暫付款	凡為支付款項未能確定其科目別或實際應付之數額者皆屬之。
182604	暫付款－旅費	
182649	暫付款－其他	
182675	暫付款－員工借支	

科目編號	科目名稱	科目說明
1840	遞延費用	凡已發生之費用或損失應由以後各期負擔或攤銷之費用皆屬之。
1873	應收保證票	凡客戶或其他廠商留作或存作質押性質之票據皆屬之。
1874	存出保證票	凡為保證目的所簽發之遠期支票或本票等皆屬之。
1880	應收關係企業款	凡與關係企業往來所發生之應收款項皆屬之。
188001	應收關係企業款－○○公司	
188049	應收關係企業款－其他	

CHAPTER 2

負債科目

科目編號	科目名稱	科目說明
2000	負債	係指過去交易或其他事項所產生之經濟義務，能以貨幣衡量，並將以提供勞務或支付經濟資源之方式償付者皆屬之。

第一節 流動負債

科目編號	科目名稱	科目說明
2100～2299	流動負債	凡公司負債於一年或一營業週期內清償者皆屬之。
2101	短期借款	凡向金融機構、廠商及個人借入之款項，其償還期限在一年以內者皆屬之。
2102	銀行借款	凡向銀行借入款項償還期限在一年以內者皆屬之。
2109	長期借款一年內到期	凡長期負債於一年內到期部分皆屬之。
2141	應付票據	凡付款期限在一年以內之票據皆屬之。
2144	應付帳款	凡購進各項貨品、材料及機件等應付之價款、運什費、稅捐等，其未支付之款項皆屬之。
2145	兌換損失準備－應付帳款	凡依財務會計準則公報第14號規定，對屬外幣之帳款予以評價所發生之未實現兌換損失皆屬之。評價結果高於帳面成本之數記入貸方。其貸方餘額表示評價高於帳面成本之總數。

科目編號	科目名稱	科目說明
2146	兌換利益準備 －應付帳款	凡依財務會計準則公報第14號規定，對屬外幣之帳款予以評價所發生之未實現兌換利益皆屬之。評價結果低於帳面成本之數記入借方。其借方餘額表示評價低於帳面成本之總數。
2147	應付費用	凡按權責發生制估列應付未付之各項費用皆屬之。
214701	應付費用－薪金	
214704	應付費用－旅費	
214713	應付費用－稅捐	
214749	應付費用－其他	
214757	應付費用 －侍應食用品	
214771	應付費用－利息	
214779	應付費用－獎金	
2148	應付所得稅	凡應付未付之營利事業所得稅皆屬之。
2149	應納稅額	凡銷項稅額大於進項稅額，依營業稅法規定應繳納之稅額皆屬之。
2178	其他應付款	凡不屬上列各項之其他應付款皆屬之。
2250	預收款項	凡產品尚未交付而預先收取之各種款項皆屬之。
225010	預收款項－客運	
225049	預收款項－其他	
2281	銷項稅額－客運	銷售貨物或勞務時，依規定應收取之營業稅額皆屬之。
228149	銷項稅額－其他	
2824	代收款	凡代收代付各款項皆屬之。
282402	代收款－房租	
282406	代收款－電話費	
282413	代收款－稅捐	
282419	代收款－職工福利金	
282449	代收款－其他	

科目編號	科目名稱	科目說明
282466	代收款－勞保費	
282468	代收款－眷屬保險	
282476	代收款 －員工消費性貸款	
282477	代收款－互助金	
282480	代收款－工會會費	
282489	代收款－營業稅	
2825	暫收款	凡所收款項其性質與金額不能確定者或來源尚待查明者皆屬之。
282549	暫收款－其他	
2289	其他流動負債	凡不屬前項流動負債之負債科目皆屬之。

第二節　長期負債

科目編號	科目名稱	科目說明
2500～2519	長期負債	凡償還期限在一年或一個營業週期以上（以較長者為準）之債務皆屬之。
2504	長期借款	凡向銀行、其他企業或個人借入的款項其償還期限在一年以上者皆屬之。
2519	其他長期負債	不屬於前項之長期負債科目皆屬之。
2820	其他負債	凡不屬於前項負債之科目皆屬之。
2821	存入保證金	凡收到客戶存入供保證用之款項皆屬之。
2823	土地增值稅準備	係土地經重估價後，提列應納之土地增值稅部分皆屬之。
2829	其他負債	不屬於前項負債之科目皆屬之。
2838	遞延所得稅	凡遞延於以後各期作為所得稅費用或減少所得稅費用的租稅影響數皆屬之。
2873	存入保證票	凡收到客戶存入保證用之票據皆屬之。
2874	應付保證票	凡出具保證用之票據皆屬之。

CHAPTER 3

股東權益科目

科目編號	科目名稱	科目說明
3000	股東權益	凡公司在繼續經營中之資產超過負債之淨額，亦即業主對本公司享有之權益皆屬之。
3101	股本	凡公司因發行股票，按股票面值實收之股本皆屬之。
3200	資本公積	凡非經營結果所產生之盈餘具有資本性，如出售、受贈資產、股票溢價、資產重估增值等皆屬之。
320003	資本公積 －土地重估增值準備	
320005	資本公積 －資產增值準備	
320049	資本公積 －其他資本公積	
3300	保留盈餘	凡公司經營之盈虧，經股東及其他分配後，所餘留之各項公積及盈虧皆屬之。
3301	法定公積	凡依公司法之規定按稅後盈餘提列數皆屬之。
3311	累積盈虧	凡截至本期止，未經撥用之盈餘及未彌補之虧損皆屬之。
3317	前期損益	凡年度開始結算帳目時，由上年度「本期損益」轉來之數皆屬之。
3319	本期損益	凡計算當期經營之結果皆屬之。

CHAPTER 4

營業收入科目

科目編號	科目名稱	科目說明
4000	營業收入	凡本期直接因營業而發生之收入皆屬之。
4101	班機收入	凡因定期或不定期班機載運客、貨及郵件所得之價款收入皆屬之。
410101	班機收入－客運	
410102	班機收入－貨運	
410103	班機收入－郵運	
4201	修護收入	凡因承修客戶飛機、附件、零組件及設備等之價款收入皆屬之。
420101	修護收入－國內	
420102	修護收入－國外	
4501	包機收入	凡因不定期包機載運客、貨或訂定特約所得之價款收入等皆屬之。
450101	包機收入－國內	
450102	包機收入－國外	
4609	其他營業收入	凡不屬於上列各項之營業所取得之價款收入皆屬之。
460901	其他營收 －退票手續費	凡客戶退票時所收取之手續費皆屬之。
460902	票款補償	凡因誤開或優待票退票應補收之票款差額皆屬之。
460903	代理業務	凡依約定代理其他機構之業務收入皆屬之。

CHAPTER 5

營業成本科目

科目編號	科目名稱	科目說明
5500	營業成本	係本期直接因營業而發生之成本皆屬之。
5501	薪津	凡給付本公司人員（含臨時工）之薪津、伙食費、加班費、飛行加給、退休金、資遣費、撫卹金、獎金等皆屬之。
550100	薪津	
550101	伙食費	
550102	飛行加給	
550103	飛加加班費	
550104	加班費	
550105	臨時工資	
550106	退休金	
550107	資遣費	
550108	撫卹金	
550109	獎金	
5502	租金費用	凡租用動產或不動產所支付之租金，其效益及於本年度者列入本科目。
550200	房租	
550201	場站費用	
550202	包車租金	
550203	其他租金	

科目編號	科目名稱	科目說明
5503	文具用品	凡辦公用品及印刷品列入本科目。
5504	旅費	凡為本公司業務需要而出差之交通膳費、宿費及什費等列入本科目，出差中之交際費不得列入本科目，應列入交際費。
5505	運費	因營業上，運出文件及其他物品所支付之運費屬之。取得固定資產及進貨之運費不得列入本科目。
5506	郵電費	凡郵費、電報及電話費等皆屬之。
550600	郵費	
550601	電話費	
550602	電報費	
5507	修護費用	凡房屋、機器及設備等之各種維修費用皆屬之。
550700	車輛修護	
550701	其他修護	
5508	廣告費	凡為商譽所為之報紙廣告、雜誌廣告、電視廣告、招牌廣告及公司簡介目錄及照片等皆屬之。
5509	水電費	凡自來水、地下水取用、動力用電、照明用電等皆屬之。
550900	水費	
550901	電費	
5510	保險費	凡固定資產、存貨、壽險等發生之保險費用皆屬之。
551000	飛機保險	
551001	空勤人員保險	
551002	旅客保險	
551003	保險費	
5511	交際費	凡接待客戶之餐費、宿費、年節送禮、婚喪賀奠等皆屬之。
5513	稅捐	凡土地稅、房屋稅、貨物稅、營業稅、印花稅、牌照稅等稅捐皆屬之。

科目編號	科目名稱	科目說明
5515	各項折舊	各種固定資產之折舊皆屬之。
5518	伙食團補助費	凡補助各單位之伙食費均屬之。
5519	員工福利	凡員工醫療及依法提撥之職工福利金等皆屬之。
5520	研究費	凡為研究改良或發展技術或設備之支出等皆屬之。
5522	訓練費	凡指派員工參加企業內外訓練所發生費用皆屬之。
5523	勞務費	凡支付律師、會計師、代書之報酬皆屬之。
5524	燃料費	凡車輛用汽油、柴油、滑油等支出皆屬之。
5525	團體會費	凡參加同業公會及團體支付之會員會費等皆屬之。
5528	印刷費用	凡印刷費用皆屬之。
552800	印刷費	
552801	機票印刷	
5536	書報雜誌	凡訂閱報章雜誌之費用皆屬之。
5537	會議費	凡因業務檢討、協調、報告等召開會議支出之費用皆屬之。
5539	制服費	凡購置員工制服所支付之費用皆屬之。
5540	什項購置	凡購置辦公桌椅、書櫥、用具等及耐用年限在兩年以下或金額在稅法相關規定以內之器具等皆屬之。
5541	銀行費用	凡支付銀行手續費、郵電費、匯費等皆屬之。
5542	消耗用品	凡支出金額單價在 500 元以下之各類什項支出等皆屬之。
5543	行政規費	凡因簽證護照、執照、民航局出入證照相、特定人員體檢付與政府或民間機構各類規費支出等皆屬之。
5550	油料	凡飛行用油料，如汽油、滑油、機油及有關費用等皆屬之。

科目編號	科目名稱	科目說明
5551	降落費用	凡支付民航局、空軍有關航空器之降落費用等皆屬之。
5552	停留費	凡支付民航局、空軍有關航空器之停留費用等皆屬之。
5553	機場勤務	凡支付機場地面指揮、設備使用、氣象服務等之費用皆屬之。
5554	安全服務費	凡支付民航局機場安全檢查之費用等皆屬之。
5555	電訊傳遞費	凡支付民航局航空與塔台之通訊傳遞費等皆屬之。
5556	擴音設備費	凡因使用機場擴音設備而支出之費用等皆屬之。
5557	侍應食品	凡因機上招待旅客及班機延誤招待旅客之食品、飲料等費用皆屬之。
5558	侍應用品	凡因機上侍應旅客之耗用品等皆屬之。
5559	修護材料	凡因修護航空器耗用之器材或支出等皆屬之。
5560	外修費用	凡各類器材設備送外修護所支出之一切費用等皆屬之。
5561	候機室設備服務費	凡民航局於各航空站設置候機室便利旅客等候飛機所收取之服務費等皆屬之。
5562	空橋使用費	凡民航局於各航空站設置空橋供旅客上下飛機所收取之服務費等皆屬之。
5570	清潔費	凡為清潔辦公室、營業處等所發生之費用皆屬之。
5575	旅客賠償	凡因業務疏忽而造成客戶損失之賠償費用等皆屬之。
5579	其他費用	凡不歸屬上項之費用列入本科目。

CHAPTER 6

營業費用科目

科目編號	科目名稱	科目說明
6200	營業費用	凡為營業上所需支付之費用等皆屬之。
6201	薪津	凡給付本公司人員（含臨時工）之薪津、伙食費、加班費、飛行加給、退休金、資遣費、撫卹金、獎金等皆屬之。
620100	薪津	
620101	伙食費	
620104	加班費	
620105	臨時工資	
620106	退休金	
620107	資遣費	
620108	撫卹金	
620109	獎金	
6202	租金費用	凡租用動產或不動產所支付之租金，其效益及於本年度者列入本科目。
620201	房租	
620202	包車租金	
620203	其他租金	
620205	場站費用	
6203	文具用品	凡辦公用品及印刷品列入本科目。

科目編號	科目名稱	科目說明
6204	旅費	凡為本公司業務需要而出差之交通費、膳雜費、宿費等列入本科目。
6205	運費	因營業而運出文件及其他物品所支付之海、陸、空運輸費用皆屬之。
6206	郵電費	凡郵費、電報及電話費等皆屬之。
620600	郵費	
620601	電話費	
620602	電報費	
6207	修護費用	凡房屋、機器及設備等之各種維修費用皆屬之。
620700	車輛修護	
620701	其他修護	
6208	廣告費	各項廣告費皆屬之。
6209	水電費	凡自來水、地下水取用、動力用電、照明用電等皆屬之。
620900	水費	
620901	電費	
6210	保險費	凡固定資產、存貨、壽險等發生之保險費用皆屬之。
6211	交際費	凡接待客戶之餐費、宿費、年節送禮、婚喪賀奠等皆屬之。
6212	自由捐贈	對國防建設、慰勞軍隊、各級政府及經財政部專案核准之捐贈或對教育、文化、公益、慈善機構或團體之捐贈等列入本科目。
6213	稅捐	凡土地稅、房屋稅、貨物稅、營業稅、印花稅、牌照稅等稅捐皆屬之。
6214	壞帳損失	係應收帳款、應收票據等科目依稅法規定提列之損失列入本科目。
6215	各項折舊	各種固定資產之折舊皆屬之。
6218	伙食團補助費	凡補助各單位之伙食費均屬之。
6219	員工福利	凡員工醫療及依法提撥之職工福利金等皆屬之。

科目編號	科目名稱	科目說明
6220	研究費	凡為研究改進作業程序或其他特定目的所支付之費用屬之。
6221	佣金費用	凡為推銷業務而給付他人之佣金皆屬之。
6222	訓練費	凡指派員工參加企業內外訓練所發生費用皆屬之。
6223	勞務費	凡支付律師、會計師、代書之報酬皆屬之。
6224	燃料費	凡車輛用汽油、柴油、滑油等支出皆屬之。
6225	團體會費	凡參加同業公會及團體支付之會員會費皆屬之。
6226	書報雜誌	凡訂閱報章雜誌之費用皆屬之。
6228	印刷費用	凡印刷費用皆屬之。
6237	會議費	凡因業務檢討、協調、報告等召開會議支出之費用皆屬之。
6239	制服費	凡購置員工制服所支付之費用皆屬之。
6240	什項購置	凡購置辦公桌椅、書櫥、用具等及耐用年限在兩年以下或金額在稅法相關規定以內之器具等皆屬之。
6241	銀行費用	凡支付銀行手續費、郵電費、匯費等皆屬之。
6242	消耗用品	凡支出金額單價在 500 元以下之各類什項支出等皆屬之。
6243	行政規費	凡因簽證護照、執照、機場出入證照，購買統一發票等支出皆屬之。
6270	清潔費	凡為清潔辦公室、營業處等所發生之費用皆屬之。
6271	獎學金	凡各種獎學金及空難遺眷學雜補助費等皆屬之。
6272	殘障補助費	凡未達殘障福利法定額進用殘障者之規定標準所繳納之差額補助費皆屬之。
6275	旅客賠償	凡因業務疏忽而造成旅客損失之賠償費用皆屬之。
6279	其他費用	凡不歸屬上項之費用列入本科目。

CHAPTER 7

營業外收支科目

第一節 營業外收益

科目編號	科目名稱	科目說明
7100	營業外收益	凡非直接因營業而發生之本期收入者皆屬之。
7101	利息收益	凡各種利息之收入皆屬之。
710105	利息收益－短期票務	
710106	利息收益－定期存款	
710107	利息收益－公債	
710149	利息收益－其他	
7102	兌換收益	凡因外幣上之兌換所發生之盈餘皆屬之。
7103	租賃收益	凡因出租設備器材等之租金收益皆屬之。
7105	投資收益	凡公司因從事短期及長期投資所獲得之收益皆屬之。
7111	固定資產出售收益	凡因處分財產所獲之盈餘皆屬之。
7112	盤存盈餘	凡盤點存貨所發生的盈餘皆屬之。
7113	其他收益	凡不屬以上各項之營業外收益皆屬之。
711305	其他收益—理賠收益	
711306	其他收益－器材出售收益	
711349	其他收益－其他	

第二節 營業外費用

科目編號	科目名稱	科目說明
7300	營業外費用	凡非直接因營業而發生之本期支出者皆屬之。
7301	利息費用	凡辦理融資所支付之各項利息支出皆屬之。
730101	利息費用－長期	
730102	利息費用－短期	
730149	利息費用－其他	
7302	兌換損失	凡因外銷押匯或外幣兌換之損失皆屬之。
7305	投資損失	凡因從事投資已實現之損失皆屬之。
7311	固定資產出售損失	凡因處分資產所發生之損失皆屬之。
7312	盤存損失	凡因盤點存貨所發生之虧損皆屬之。
7313	其他費用	凡不屬上列科目之其他費用皆屬之。
731304	其他費用－器材跌價損失	
731306	其他費用－器材出售損失	
731307	其他費用－有價證券跌價損失	
731349	其他費用－其他損失	

CHAPTER 8

非常損益及會計原則變動累積影響數及所得稅科目

科目編號	科目名稱	科目說明
8000	非常損益及會計原則變動累積影響數及所得稅	
8101	當年所得稅	凡本期按所得稅率計算實際應納之營利事業所得稅均屬之。
8102	以前年度所得稅	
8103	所得稅貸項	
8104	預計所得稅	凡本期按所得稅率預計應納之所得稅均屬之。預計應納之數，記入借方，其借方餘額，表示本期預計所得稅之總額；決算時本科目餘額轉入「本期損益」科目中。
8201	非常損益	凡基於非常原因之偶發性收益及損毀、費用皆屬之。發生損失之數，記入借方；已實現收益之數，記入貸方。本科目如為借方餘額，表示非常損失減非常收益之淨額；如為貸方餘額，表示非常收益減非常損失之淨額；決算時本科目餘額轉入「本期損益」科目中。
8301	會計原則變動累積影響數	凡會計原則變動所產生之稅後累積影響數，使當年度純益減少之數，記入借方；反之記入貸方。其借方餘額表示當期會計原則變動累積影響數使純益減少之總額；其貸方餘額表示當期會計原則變動累積影響數使純益增加之總額，決算時本科目餘額轉入「本期損益」科目中。

part 5

航空業預算及財務預測

CHAPTER 1

預算管理制度之目的

二十一世紀的高科技產業為求不斷的發展，在錯綜複雜的經濟環境中為了保持高度競爭的實力，企業間經常採取策略聯盟。航空業如何在經營困境中取勝，必須制定長、中、短期經營目標和方針，應用適當的技術和方法，做好組織內部各事業體經濟資源及營業活動有效的協調分配與控制。此種技術和方法，就是預算管理制度之預算規劃、預算編制、預算執行與控制、預算績效評估。

預算係企業經營計畫之量化、值化的具體數據，亦是協助企業管理人員履行其管理功能之最佳工具。預算管理制度之實施係以有系統的程序及方法，有效預測未來欲達成之經營成果，追蹤考核，讓數字會說話，以達成整體經營目標。

健全企業的預算管理制度係企業整體企劃之一環，在開源節流之政策下，從研究發展、飛安控制、維修認證，到訂價行銷，這一系列的企業行為蘊涵了營業收入、成本控制與損益各要素，因此預算成本與實際成本、標準成本之間的成本比較管理在開源節流策略下就息息相關。因為在行銷市場價格競爭下，企業行銷通路、市場區隔、產品訂價底線就需依賴標準成本去運作，配合降低實際成本以迎敵制勝，使企業賴以市場長青，綜合規劃運用各種經濟資源，協調企業之各種活動，追蹤考核，以達成整體經營目標。

健全的預算管理制度為公司整體企劃之一環，企業可以達成以下重要目標：

1. 預測公司未來的經營成果，並對各項預測得以預警。
2. 有計畫性的協調企業內部各種營業活動，以預算督促達成成本或利潤目標。
3. 使原訂計畫得以確實執行，降低目標達成偏差。
4. 促進健全公司營運計畫與會計制度及成本制度。

CHAPTER 2

預算管理制度之範圍及內容

健全的企業要發展出一套完整的預算管理制度必須先制定妥善的計畫，期許「計畫之外無預算，預算之外無支出」之功能。無論是航太、航空、空軍聯隊，其預算範圍及內容包括業務計畫與預算編制、執行與控制、績效評估。

一、業務計畫

確立短、中、長期目標，並擬定業務計畫與經營策略。

1. 各單位應訂定短、中、長期目標與業務計畫。
2. 定期檢討績效與改善計畫方案。
3. 總經理室擬定集團企業決策目標與營運總收入及稅前利潤水準，供各事業體協調擬定年度營業計畫。
4. 各部門制定業務計畫與預算基本假設彙總。

二、預算編制作業（詳見第六章預算編制）

依年度業務計畫之細部預算編制作業，其主要內容包括：

1. 收入預算——營業部門。
2. 成本預算——機務、航務、運務、飛安、勤務等部門。
3. 維修零配件預算——機務部門。
4. 採購預算——採購部門。
5. 人工預算——人力資源部門。
6. 費用預算（製造費用、營業費用、管銷費用、研發費用等）——各部門。

7. 營運成本預算——財會部門。
8. 營業外收入預算——財會部門。
9. 營業外支出預算——財會部門。
10. 資本支出預算——各部門。
11. 現金收支預算——財會部門。
12. 損益預算——財會部門。
13. 資產負債預算——財會部門。
14. 績效評估預算（outlook 及 current working view）——各部門。

CHAPTER 3

預算審核

一、預算審核要領

預算審核要領包含：

1. 查核業務計畫所列項目有無漏列或與預算未配合情形，如有疑義，計畫單位應再議澄清。
2. 添置設備及生財器具，以評估核准之投資案暨汰舊換新為原則，查核是否已屆耐用年限，有無修復價值。
3. 策略規劃、營業計畫、新興重大業務或成本部門於預算編列前盡速釐訂政策，設立時程、編列預算。
4. 依人數、支付給與、合約、攤提、稅法及徵收規定編列之開支，考慮基準性與適法性。
5. 比較當年度固定費用預算以及上年度預算核定數與實際數，評估其合理性。
6. 當年度變動費用預算應以零基預算方式處理，單位成本支出其總數隨參數變動計算。
7. 營業收入成長與營業成本費用增減應合乎收入成本費用配合原則。
8. 預算科目歸屬是否適當。
9. 資本支出預算，飛航、機器設備與生財器具、發動機之支出，其預算年度之折舊是否提列。
10. 依人員薪給提列之退休金、資遣金及應收帳款提列呆帳損失是否允當。
11. 預算審核前，各單位應蒐集整理參考資料、長期供應合約、一次性採購合約，修護、租賃、借貸及有關權利義務之合約或約定，稅務、勞健保、員工福利、物價指數及幣值升貶資料等。
12. 營業部門最高主管初審該部門所屬營業人員之營收預算暨轉投資事業之營收預算。

13. 人力資源部門初審預算年度各單位之用人費用。
14. 資訊部門初審預算年度各單位之資訊項目預算。
15. 財務及管理部門初審預算年度各單位之費用預算。
16. 機務部門事業單位負責人初審預算年度之原物料零配件採購、領料及生產成本預算。

二、預算初審報告

1. 初審完竣後，財務處編制送審數暨初審數差異報告。
2. 財務處編制預算年度預計損益表初審結果與上一年度損益表實際數差異報告分析。
3. 預算經財務處等相關單位初審通過後，呈層峰轉董事會核定。

CHAPTER 4

預算執行與控制

各部門在執行與控制預算時，平常報支成本費用應事先查核是否已列入年度預算，經確認係預算額度內時，於報支憑證上簽章註明，再送財務處核帳。

各部門應依會計科目別設立預算控制表，藉以控制部門之預算使用額度：

1. 各部門預算動支規定應依費用核決權限表內容動支，預算非經核定變更用途，不同會計科目不得互相移用。各項預算之動支如有未編列年度預算或年度預算不足時，應專案辦理追加預算，經呈奉副總經理及財務處副總經理以上核可後辦理。
2. 財務處於每個月結帳後，將當月份各單位之預算差異分析表送達各單位，各單位以書面說明差異具體原因，於一週內經單位主管核簽後擲回財務處。
3. 財務處彙總各單位預算差異具體原因，編制當月份之預計損益表預算數與實際數差異分析。
4. 預算執行因環境因素影響，其實際營業收入及稅前盈餘與原核定預算（財務預測）差異均達 20% 以上者，得敘明理由提報董事會核定修正預算。
5. 各單位預算執行與控制由稽核室進一步追蹤考核。

CHAPTER 5

預算執行績效評估

預算實務作業 current working view 係以前季之實際數加計後季之預算數；而以前季之預算數加計後季之財務預測數，作為年度實際數的差異比較績效評估稱為 outlook。預算執行績效評估時，各單位不能以 current working view 與實際數相比較作為該單位之預算績效考核，因為 current working view 之編制係以預算年度經歷月份之實際數加計以後月份之預算數，所以不能以已實現月份之實際數與同月份實際數比較分析績效。因此在執行績效評估時，應以各季之 outlook 預算數與各季之實際數比較分析績效。

CHAPTER 6

預算編制

第一節 收入預算——航空客運收入預算

我們在本篇第二章「預算管理制度之範圍及內容」中談及預算編制作業。任何營利事業在預算年度開始前，著手編制預算或財務預測時，都會以擁有的產能去試算每一個月的營業收入，接著再陸續展開所有的預算或財務預測項目。鎖定了營業收入目標，在既定的生產效率下，現有的生產規模及產能如不足以支援營收達成率時，就必須啟動資本支出預算來拓展生產規模。

航空公司雖然是服務業，有其特殊的行業特性，但是在編制預算或財務預測時，業務處同樣是以其擁有的機隊、航線別、飛航班次、提供座位數、載客率、載客人數，依航線別之平均票價，去試算每一條航線每一個月的營業收入。

航空公司會按照前述編制營收（飛航資訊）月預算表（預算表 1-1）、年度各航線客運營收預算表（預算表 1-1-1）、年度各航線載運（載客數）預算表（預算表 1-1-1-1）、年度各航線平均票價預算明細表（預算表 1-1-1-1a）、年度各航線載運率預算明細表（預算表 1-1-1-1b）、年度各航線機位數預算明細表（預算表 1-1-1-1c）、年度國內線預劃機型及班次數預算明細表（預算表 1-1-1-1d）。

依據上述編制的預算表，就可以詳實填列出年度國內線預劃機型及班次數、年度各航線載客數、年度各航線機位數、年度各航線載運率、各航線平均票價，進而試算出年度國內各航線客運營業收入。

至於國際航線客運、包機營業收入預算與財務預測的編制方式，和國內各航線客運營業收入相同，編制表格有：年度國際航線收入預算表（預算表 1-1-1a 及預算表 1-1-1-b）、年度包機收入預算表（預算表 1-1-1b1）。

預算表 1-1　營收（飛航資訊）月預算表

○○航空股份有限公司
營收（飛航資訊）月預算表
民國　　　年度

單位：業務處　　　　　　　　　　　　　　　　　　　　　　　　金額單位：台幣仟元

項目		一月	二月	三月	四月	五月	六月	七月	八月	九月	十月	十一月	十二月	合計
飛航班次	國內													
	國際													
	包機													
	小計													
提供座位數	國內													
	國際													
	包機													
	小計													
載客人數	國內													
	國際													
	包機													
	小計													
載客率	國內													
	國際													
	包機													
	小計													
平均票價	國內													
	國際													
	包機													
	小計													
合計														

處長：　　　　　　　　主管：　　　　　　　　製表：

預算表 1-1-1　年度各航線客運營收預算表

○○航空股份有限公司
年度各航線客運營收預算表

單位：台幣仟元

月份／航線	一月	二月	三月	四月	五月	六月	七月	八月	九月	十月	十一月	十二月	合計
北高													
北南													
北東													
北花													
北馬													
北金													
北嘉													
高花													
高馬													
高金													
南金													
高東													
中高													
中花													
國內客運													
高帛													
中蘇													
高蘇													
高關													
國際客運													
客運收入													

預算表 1-1-1-1　年度各航線載運（載客數）預算表

○○航空股份有限公司

年度各航線載運（載客數）預算表

航線／月份	北高	北南	北東	北花	北馬	北金	北嘉	高花	高馬	高金	南金	高東	中正-高雄	中正-花蓮	TTL	Accm. TTL
一月																
二月																
三月																
四月																
五月																
六月																
七月																
八月																
九月																
十月																
十一月																
十二月																
合計																

預算表 1-1-1-1a　年度各航線平均票價預算明細表

○○航空股份有限公司
年度各航線平均票價預算明細表

金額單位：台幣仟元

航線／月份	北高	北南	北東	北花	北馬	北金	北嘉	高花	高馬	高金	南金	高東	桃園-高雄	桃園-花蓮	Avg.	Accm. Avg.
一月																
二月																
三月																
四月																
五月																
六月																
七月																
八月																
九月																
十月																
十一月																
十二月																
合計																

預算表 1-1-1-1b　年度各航線載運率預算明細表

○○航空股份有限公司
年度各航線載運率預算明細表

航線／月份	北高	北南	北東	北花	北馬	北金	北嘉	高花	高馬	高金	南金	高東	桃園-高雄	桃園-花蓮	Avg.	Accm. Avg.
一月																
二月																
三月																
四月																
五月																
六月																
七月																
八月																
九月																
十月																
十一月																
十二月																
合計																

預算表 1-1-1-1c　年度各航線機位數預算明細表

○○航空股份有限公司
年度各航線機位數預算明細表

航線＼月份	機型	一月	二月	三月	四月	五月	六月	七月	八月	九月	十月	十一月	十二月	合計
北高	757													
	MD													
	737													
北南	757													
	MD													
	737													
北東	757													
	MD													
	737													
北花	757													
	MD													
	737													
北馬	757													
	MD													
	737													
北金	757													
	MD													
	737													
北嘉	757													
	MD													
	737													
高花	757													
	MD													
	737													

預算表 1-1-1-1c　年度各航線機位數預算明細表（續）

○○航空股份有限公司
年度各航線機位數預算明細表

航線＼月份	機型	一月	二月	三月	四月	五月	六月	七月	八月	九月	十月	十一月	十二月	合計
高馬	757													
	MD													
	737													
高金	757													
	MD													
	737													
南金	757													
	MD													
	737													
高東	757													
	MD													
	737													
中高	757													
	MD													
	737													
中花	757													
	MD													
	737													
中東	757													
	MD													
	737													
竹高	757													
	MD													
	737													

預算表 1-1-1-1c　年度各航線機位數預算明細表（續）

○○航空股份有限公司
年度各航線機位數預算明細表

航線＼月份	機型	一月	二月	三月	四月	五月	六月	七月	八月	九月	十月	十一月	十二月	合計
竹東	757													
	MD													
	737													
中帛	757													
	MD													
高帛	757													
	MD													
中蘇	MD													
高蘇	MD													
高關	757													
總計														
總計	757													
	MD													
	737													
國內	757													
	MD													
	737													
	總計													
國際	757													
	MD													
	總計													

預算表 1-1-1-1d　年度國內線預劃機型及班次數預算明細表

○○航空股份有限公司
年度國內線預劃機型及班次數預算明細表

航線＼月份		一月	二月	三月	四月	五月	六月	七月	八月	九月	十月	十一月	十二月	合計（總班次）	合計（總時數）
北高	757														
	MD														
	737														
	小計														
北南	757														
	MD														
	737														
	小計														
北東	757														
	MD														
	737														
	小計														
北花	757														
	MD														
	737														
	小計														
北馬	757														
	MD														
	737														
	小計														
北金	757														
	MD														
	737														
	小計														

預算表 1-1-1-1d　年度國內線預劃機型及班次數預算明細表（續）

○○航空股份有限公司
年度國內線預劃機型及班次數預算明細表

航線＼月份		一月	二月	三月	四月	五月	六月	七月	八月	九月	十月	十一月	十二月	合計（總班次）	合計（總時數）
北嘉	757														
	MD														
	737														
	小計														
高花	757														
	MD														
	737														
	小計														
高馬	757														
	MD														
	737														
	小計														
高金	757														
	MD														
	737														
	小計														
南金	757														
	MD														
	737														
	小計														
高東	757														
	MD														
	737														
	小計														

預算表 1-1-1-1d　年度國內線預劃機型及班次數預算明細表（續）

○○航空股份有限公司
年度國內線預劃機型及班次數預算明細表

航線 \ 月份		一月	二月	三月	四月	五月	六月	七月	八月	九月	十月	十一月	十二月	合計（總班次）	合計（總時數）
中正-高雄	757														
	MD														
	737														
	小計														
中正-花蓮	757														
	MD														
	737														
	小計														
合　計	757														
	MD														
	737														
總　計															

預算表 1-1-1a　年度國際航線收入預算表

○○航空股份有限公司
年度國際航線收入預算表

業務處　　　　　　　　　　　　　　　　　　單位：台幣仟元

航線／月份	高雄／關島						桃園／印尼亞庇											
	飛行班次(@來回)	包機單價(@來回)	載運率	提供座位數	預估搭機人數	營收金額	飛行班次(@來回)	包機單價(@來回)	載運率	提供座位數	預估搭機人數	營收金額	飛行班次(@來回)	包機單價(@來回)	載運率	提供座位數	預估搭機人數	營收金額
1月																		
2月																		
3月																		
4月																		
5月																		
6月																		
7月																		
8月																		
9月																		
10月																		
11月																		
12月																		
合計																		

處長（經理）：　　　　　　　　主管：　　　　　　　　製表：

預算表 1-1-1-b 年度國際航線收入預算表

○○航空股份有限公司
年度國際航線收入預算表

業務處 單位：台幣仟元

航線／月份	蘇比克灣						帛琉											
	飛行班次	平均票價	載運率	提供座位數	預估搭機人數	營收金額	飛行班次	平均票價	載運率	提供座位數	預估搭機人數	營收金額	飛行班次	平均票價	載運率	提供座位數	預估搭機人數	營收金額
1月	28	259	41%	4620	1900	3626	16	1030	70%	3144	2213	8240						
2月	24	278	68%	3960	2683	3330	16	1200	76%	3312	2530	9600						
3月	26	278	51%	4290	2180	3608	18	829	56%	3390	1895	7461						
4月	26	278	47%	4290	2028	3608	18	1128	58%	3390	1962	10148						
5月	26	278	41%	4290	1742	3608	18	1128	66%	3390	2250	10148						
6月	26	278	45%	4290	1950	3608	16	1128	66%	3144	2064	9020						
7月	26	2250	60%	4290	2574	5792	18	4500	90%	3726	3353	15089						
8月	26	2250	65%	4290	2788	6273	18	4500	90%	3726	3353	15089						
9月	26	2250	55%	4290	2359	5308	18	4250	80%	3726	2980	12665						
10月	28	2250	55%	4620	2541	5717	16	4250	70%	3312	2318	9852						
11月	24	2250	50%	3960	1980	4455	18	4250	70%	3726	2608	11084						
12月	28	2250	55%	4620	2541	5717	18	4250	70%	3726	2608	11084						
合計	314		52.7%	51810	27266	54650	208		71.8%	41712	30134	129480						

處長（經理）： 主管： 製表 ：

預算表 1-1-1b1　年度包機收入預算表

○○航空股份有限公司
年度包機收入預算表

業務處　　　　單位：台幣仟元

航線／月份	蘇比克灣						帛琉											
	飛行班次(@來回)	包機單價(@來回)	載運率	提供座位數	預估搭機人數	營收金額	飛行班次(@來回)	包機單價(@來回)	載運率	提供座位數	預估搭機人數	營收金額	飛行班次(@來回)	包機單價(@來回)	載運率	提供座位數	預估搭機人數	營收金額
1月																		
2月																		
3月																		
4月																		
5月																		
6月																		
7月																		
8月																		
9月																		
10月																		
11月																		
12月																		
合計																		

處長（經理）：　　　　主管：　　　　製表　：

第二節　收入預算——航空貨運收入預算

航空貨運（圖 5-6-1）收入預算之編制是由運務單位依照郵件類及貨運類之重量及單價編制。郵件一般區分為普通郵件及快捷郵件，普通貨運則區分為文件、一般貨運、水產類、超重行李、稿件、報紙、密件，其中國際運輸水產類必須取得商品檢驗局 HACCP 產銷履歷等的國際認證。

航空貨運收入預算表分為年度貨郵運營收預算表（預算表 1-1-2）、各分公司各航線貨郵運金額及計費公斤數預算明細表（預算表 1-1-2a）、各分公司各航線貨運金額預算明細表（預算表 1-1-2b）。

▲圖 5-6-1　華航波音 747-400 貨機（王穎駿攝）

預算表 1-1-2　年度貨郵運營收預算表

○○航空股份有限公司
年度貨郵運營收預算表

業務處　　　　金額單位：台幣仟元

航程／月份	北高				北南				北東				北金				北嘉				高東				桃園－高雄				桃園－花蓮				合計	
	北分		高分		北分		南分		北分		東分		北分		金分		北分		嘉分		高分		東分		桃園		高雄		桃園		花蓮			
	公斤數	金額	公斤數	金額	公斤數	金額	公斤數	金額	公斤數	金額	公斤數	金額	公斤數	金額	公斤數	金額	公斤數	金額	公斤數	金額	公斤數	金額	公斤數	金額	公斤數	金額	公斤數	金額	公斤數	金額	公斤數	金額	公斤數	金額
1月																																		
2月																																		
3月																																		
4月																																		
5月																																		
6月																																		
7月																																		
8月																																		
9月																																		
10月																																		
11月																																		
12月																																		
總計																																		
%																																		

處長（經理）：　　　　主管：　　　　製表：

預算表 1-1-2a　各分公司各航線貨郵運金額及計費公斤數預算明細表

○○航空股份有限公司

各分公司各航線貨郵運金額及計費公斤數預算明細表

金額單位：台幣仟元

航線 地區	H普通郵件		H快捷郵件		郵件類合計		貨運類合計		**貨郵運總計**	
	公斤數	金額	公斤數	金額	公斤數	金額	公斤數	金額	**公斤數**	**金額**
台北分公司										
北－高										
北－南										
北－花										
北－馬										
北－東										
北－金										
北－嘉										
金門營業處										
金－北										
金－高										
高雄分公司										
高－北										
高－花										
馬公分公司										
馬－北										
馬－高										
馬－高－花／北										
台東分公司										
東－北										
嘉義營業處										
嘉－北										
合計										

處長（經理）：　　　　主管：　　　　製表：

預算表 1-1-2b　各分公司各航線貨運金額預算明細表

○○航空股份有限公司
各分公司各航線貨運金額預算明細表

金額單位：台幣仟元

種類 地區／航線	A.文件		B.一般貨運		D.水產類		E.超重行李		F.稿件		G.報紙		I.密件		合　計	
	公斤數	金額	公斤數	金額	公斤數	金額	公斤數	金額	公斤數	金額	公斤數	金額	公斤數	金額	**公斤數**	**金額**
台北分公司																
北－高																
北－南																
北－花																
北－馬																
北－東																
北－金																
北－嘉																
金門營業處																
金－北																
金－高																
高雄分公司																
高－北																
高－花																
高－馬																
高－金																
台南分公司																
南－北																
花蓮分公司																
花－北																
花－高																
花－北－南																
花－北－高																
花－北－嘉																
馬公分公司																
馬－北																
馬－高																
馬－高－花／北																
台東分公司																
東－北																
嘉義營業處																
嘉－北																
合　計																

處長（經理）：　　　　主管：　　　　製表：

快遞貨機（圖 5-6-2）特色為：

1. 服務範圍適用於直飛航點。
2. 以客機航班載運，貨物到達目的地時間準確。
3. 優先取得艙位。
4. 依指定航班運送。
5. 延長貨物收取截止時間及提供最早取貨安排。

▲ 圖 5-6-2　美商 UPS 快遞波音 767 貨機（王穎駿攝）

第三節 收入預算——修護營業收入預算

機務處依照委託修護（圖 5-6-3）的航空公司雙方訂定的合約內容規定，分別填列修護（國內）營收預算表（預算表 1-1-3）及修護（國際）營收預算表（預算表 1-1-4）。

▲ 圖 5-6-3 飛機維修作業（王穎駿攝）

預算表 1-1-3　修護（國內）營收預算表

○○航空股份有限公司

修護（國內）營收預算表

○○年度

單位：機務處、修管部 / 財務處

金額單位：台幣仟元

客戶別	一月	二月	三月	四月	五月	六月	七月	八月	九月	十月	十一月	十二月	合計
民航局													
台灣航空													
大華航空													
瑞聯航空													
亞太航空													
中興航空													
亞洲航空													
德安航空													
中華航空													
國華航空													
凌天航空													
台北航空													
亞獅貿易													
航空警察													
空軍後勤													
立榮航空													
中信投資公司													
合　計													

處長：　　　　主管：　　　　製表：

預算表 1-1-4　修護（國際）營收預算表

○○航空股份有限公司
修護（國際）營收預算表
○○年度

單位：企劃處　　　　金額單位：台幣仟元

客戶別	一月	二月	三月	四月	五月	六月	七月	八月	九月	十月	十一月	十二月	合約說明	
													合約編號	有效期限
國外航空公司														
BOURAQ														
合　計														

處長：　　　　主管：　　　　製表：

第四節　收入預算——其他營收預算

其他營收預算表（預算表 1-1-5）係除了主要的客運、貨郵運、修護收入外，凡是退票手續費、航勤代理收入、旅行社切票到期收入、機身彩繪廣告收入等均屬之。

以機身彩繪為例，機身彩繪廣告根據委託合約以 AIDA 模式分析彩繪機，AIDA 分別是注意（Attention）→興趣（Interest）→慾望（Desire）→行動（Action），任何銷售活動的進行都是經由此四個階段來完成。

台灣首架彩繪機始於 1997 年 1 月，遠東航空與台灣職棒大聯盟合作，採用局部噴漆彩繪方式，將四支職棒隊伍的吉祥物繪製在編號 B-28005 的 MD82 機身中段；同年 7 月，又於編號 B-27001 的 B757 客機彩繪台灣大聯盟的英文縮寫 TML，加上棒球打擊者連續動作組成圖案，繪製在機身後半段，這兩架客機可說是國籍航空公司彩繪飛機的濫觴。2002 年 3 月，遠東航空與豐田汽車合作，首次以全機彩繪的方式，於編號 B-27011 的 B757-200 客機彩繪「TOYOTA CAMRY」的主題廣告；同年 7 月，與泛亞電信以及 Panasonic 共同合作，於編號 B-28011 的 MD82 客機彩繪「泛亞電信」主題廣告進行企業行銷（圖 5-6-4）。

▲ 圖 5-6-4　遠東航空泛亞電信彩繪機（王穎駿攝）

預算表 1-1-5　其他營收預算表

○○航空股份有限公司
其他營收預算表
○○年度

單位：業務處（總經理室）　　　　單位：台幣仟元

項目＼月份	一月	二月	三月	四月	五月	六月	七月	八月	九月	十月	十一月	十二月	合　計
退票手續費													
友航地勤代理收入													
切票到期收入													
機身彩繪廣告收入													
合　計													

處長：　　　　主管：　　　　製表：

2002 年 9 月，復興航空與萬事達卡、福華飯店合作，於編號 B-22601 的 A321 客機推出首架彩繪機，以雙面彩繪代表白天與夜晚的方式，用感性標語分別在白天的主題「有多久沒陪最愛享受陽光」，夜晚主題「有多久沒陪最愛數星星？」，傳達消費者溫馨、浪漫的旅遊感覺。

2003 年 8 月，遠東航空與統一企業、美國線上時代華納公司共同合作，於編號 B-27013 的 B757 彩繪活潑的卡通圖案，以「統一童盟國、飛行夢想號」的公益形象為主題，也是首次以卡通圖案為主題的彩繪機。

2003 年 9 月，中華航空與觀光局合作，於編號 B-18209 的 B747-400 機身噴上 Taiwan 以及 Touch Your Heart 的彩繪字體，作為 SARS 後推廣台灣觀光產業的首架彩繪機。無奈即將推出前受到政治力影響，臨時被取消並換回原來塗裝，讓人感到相當遺憾。

2004 年 4 月，遠東航空與建華金控合作，於編號 B-27013 的 B757-200 客機機身上以顯眼的紅色為底色，彩繪「尊榮無限」，表現出頂級信用卡的尊貴，讓整架飛機相當搶眼及氣派，凸顯廣告主題。

2004 年 7 月，復興航空與滾石唱片公司合作，於編號 B-22607 的 A321 機身後半段以彩繪貼紙，繪製台灣當紅歌唱團體「五月天」的五位歌手肖像，吸引不少年輕歌迷。

2004 年 12 月，華航引進第一架波音「概念客艙」的設計主軸，與波音合作，將編號 B-18210 的全新 B747-400 全機彩繪波音的全新企業識別主題「Dynamic Blue」，象徵波音與華航兩家企業形象的結合（圖 5-6-5）。

▲ 圖 5-6-5　華航 Dynamic Blue 大藍鯨彩繪機（感謝毛順瑋先生拍攝提供）

2005年1月，復興航空與香港TV Mart電視購物頻道合作，於編號B-22602的A321機身後段貼上藝人劉嘉玲的巨型肖像彩繪貼紙，為電視購物頻道進軍澳門做宣傳造勢（資料來源：彩繪機於航空市場的行銷魅力，取自http://www.wretch.cc/blog/chungli28/4792862）。

2005年6月，中華航空與台灣農委會合作，於編號B-18305的A330-300彩繪「台灣蝴蝶蘭」圖案，使用國畫的手法來表達蝴蝶蘭的特殊美感，搭配書法落款的「蝴蝶蘭」三個字，推廣台灣以蝴蝶蘭為首的優質農產品（圖5-6-6）。

▲ 圖 5-6-6　中華航空 A330-300「台灣蝴蝶蘭」彩繪機（王穎駿攝）

2006年華航又以九種色彩鮮豔、令人垂涎的台灣水果，包括楊桃、芒果、木瓜、荔枝、蓮霧、棗子、香蕉、鳳梨、椪柑，彩繪於A330-300機身（圖5-6-7）。同年7月，為慶祝開航北海道，將738機隊中第一架裝上翼尖小翼的B-18610塗裝成薰衣草彩繪機（圖5-6-8）。

▲ 圖 5-6-7　中華航空 A330-300「台灣水果」彩繪機（王穎駿攝）

▲ 圖 5-6-8　中華航空薰衣草彩繪機（王穎駿攝）

2005 年 10 月，長榮航空與日本公司 Sanrio 合作，推出 Hello Kitty 彩繪機，使用編號 B-16303 的 A330-200 飛機，機身塗上 Hello Kitty 的圖案（圖 5-6-9）。一年後，推出編號 B-16309 的第二架 A330-200 Hello Kitty 彩繪機，除了機身的圖案外，機艙內設施也採用 Hello Kitty 圖案。

2006 年 7 月，長榮航空第三架波音 777-300ER 飛機是波音公司在 2006 年范堡羅航展的主要展示飛機，這架飛機以彩虹圖案塗裝，波音公司租借了一個星期在會場上展示。長榮航空首三架 777 客機的機身都是彩虹圖案塗裝（圖 5-6-10），B-16701 於 2013 年 6 月 5 日改為星空聯盟塗裝（圖 5-6-11）。

▲ 圖 5-6-9　長榮航空 Hello Kitty 卡通彩繪機（B-16303）（王穎駿攝）

▲ 圖 5-6-10　長榮波音航空 777-300ER 客機彩虹圖案彩繪

（感謝賴致光先生拍攝提供）

▲ 圖 5-6-11　長榮航空波音 777-300ER 客機星空聯盟彩繪
（感謝歐陽芃先生拍攝提供）

2006 年 8 月，復興航空推出與福斯汽車合作的 A321 New Jetta 彩繪機。

2010 年 11 月，華信航空與南投縣政府合作推出繪有南投日月潭、玉山及台灣黑熊的編號 B16829 之 E-190 客機（圖 5-6-12）。

▲ 圖 5-6-12　華信航空 E-190 日月潭彩繪客機（王穎駿攝）

2011年10月31日長榮航空推出第二代Hello Kitty彩繪機，首架A330-300為「魔法機」（編號B-16331）。

2011年12月7日推出第二架A330-300彩繪機，名稱為「蘋果機」（編號B-16332）（圖5-6-13）。

▲圖5-6-13　長榮航空Hello Kitty「蘋果機」（B-16332）（王穎駿攝）

2011年12月23日推出第三架A330-300彩繪機，名稱為「環球機」（編號B-16333）。

2012年5月23日以空中巴士A330-200作為第四架彩繪機，名稱為「歡樂機」（編號B-16311）。

2012年6月22日推出第五架Hello Kitty彩繪機「雲彩機」（編號B-16309）。（圖5-6-14）。

▲ 圖 5-6-14　長榮航空 Hello Kitty「雲彩機」（編號 B-16309）
（感謝毛順瑋先生拍攝提供）

2013 年 3 月，復興航空與台灣創新發展公司合作，使用 3M 彩繪貼紙，將金門人最熟悉的風獅爺圖像，分別設置在機首與機尾兩端。微笑的風獅爺呈現出輕鬆歡樂形象，造型加入象徵吉祥的「如意」圖案，胸口上的「愛心」標誌，帶出用心迎賓、讓人安心放心的意涵，展現出「微笑、如意、愛心」的服務精神。

2013 年 6 月，中華航空與台灣知名文創藝術家幾米合作，將其繪本作品搬上 B747-400 客機機身（圖 5-6-15），以「旅程，從一個大大的擁抱開始」的概念，讓瀕臨絕種的保育類動物躍上機身，與純真的孩童一起懷抱地球。「擁抱機」以可愛的「地球寶貝」為中心，機身兩側圍繞八種保育動物圖像，從台灣東部外海瀕臨絕種的白海豚出發，如貓頭鷹般敏捷飛越日月星辰、探索世界，一起關心氣候暖化而面臨危機的北極熊、企鵝與保育類犀牛等動物，最後回到台灣澎湖特有的綠蠵龜，散播對環保的堅持信念與愛地球的正面力量。

▲ 圖 5-6-15 中華航空波音 747-400「幾米」彩繪機（感謝歐陽芃先生拍攝提供）

2013 年 11 月 13 日，交通部觀光局與中華航空合作推出 A330-300 機型「台灣觀光彩繪機」（圖 5-6-16），以活潑的文創風格展現樂活、生態、浪漫、美食、購物、文化等台灣觀光六大主軸。機身圖案以「Welcome to Taiwan」歡迎來台灣，搭配「旅行台灣就是現在」的 7 顆心擷取元素，以國家戲劇院前表演的雲門舞者，映照台北 101 璀燦的煙火，展現台灣的文化與地標；故宮前悠遊的單車旅行，結合台灣 3C 產品與保育類動物台灣黑熊，凸顯樂活、購物與生態體驗等多元特色；鳳梨酥、珍珠奶茶、小籠包與水果，呈現最受喜愛的台灣小吃等美食；元宵燈籠與日月潭美景相輝映，邀請大家一起感受浪漫台灣。

2014 年 3 月 11 日，行政院原住民族委員會與中華航空合作推出全球獨有的 A330-300 機型「台灣部落行旅彩繪」（圖 5-6-17），可搭載 30 位商務艙及 277 位經濟艙旅客，客艙內以原住民元素之頭墊布、畫作及彩繪機介紹插卡等妝點，讓台灣特有的原住民族文化隨著該機遨遊國際。延續華航台灣文創彩繪機系列，這架「台灣部落行旅彩繪機」，邀請台灣原住民當代指標性藝術家撒古流 ‧ 巴瓦瓦隆首度公開《婚慶》系列作品，展現排灣族特有的婚慶文化，同時兼具歡慶喜樂意涵。此機主要飛航澳洲及紐西蘭航線，亦搭配日本、香港、東南亞等區域線航班。

▲ 圖 5-6-16　中華航空 A330-300「台灣觀光彩繪機」（感謝蔡嘉仁先生拍攝提供）

▲ 圖 5-6-17　中華航空 A330-300「台灣部落行旅彩繪機」
（感謝蔡嘉仁先生拍攝提供）

2014 年 7 月 21 日，中華航空與雲門舞集共同發表 A330-300 機型「雲門彩繪」（圖 5-6-18），繪有雲門舞者曼妙舞姿的彩繪機，延續華航文創系列彩繪機的精神，淋漓展示台灣優質文化。這架彩繪機處處可見台灣頂尖藝術人才的創作：機身有雲門舞者穿著服裝名家林璟如設計的紗衣，飄逸在影像設計師王奕盛電腦繪作的水墨間，攝影家劉振祥捕捉生動的舞影，搭配書法大師董陽孜書寫的「雲門舞集」團名，氣勢萬千。客艙也充滿濃厚藝術氣息，包括雲門舞蹈掛畫、雲門影片及水墨座椅頭墊布等布置，加上由設計名家霍榮齡設計的彩繪機手冊及介紹插卡，讓旅客更深入了解台灣的驕傲——「雲門舞集」的藝術成就。此機展現素雅、神祕、詩意的獨特風格，有水墨畫的趣味與高辨識度的文化品味，從色彩繽紛的彩繪機群中脫穎而出，讓人耳目一新。

▲ 圖 5-6-18　中華航空 A330-300「雲門彩繪機」（感謝蔡嘉仁先生拍攝提供）

第五節　成本預算——車輛油料耗用預算

車輛耗油包括航空公司機場自備各種航勤車輛如引導車（follow me）（圖 5-6-19）、冷氣車、地勤運務作業車輛（圖 5-6-20）、接駁車等（目前國內航空公司大多委由專業之航勤公司代理）。若航空公司自行營運地勤代理作業，則編制表格如油料（車輛）耗用預算表（見預算表 2）所示。

▲ 圖 5-6-19　引導車（王穎駿攝）

▲ 圖 5-6-20　拖車（王穎駿攝）

預算表 2　油料（車輛）耗用預算表

○○航空股份有限公司
油料（車輛）耗用預算表
○○年度

單位：各單位　　　　油料單位：公升

車輛號碼	一月		二月		三月		四月		五月		六月		七月		八月		九月		十月		十一月		十二月		合計		使用單位	說明
	數量	金額	數量	金額	數量	金額	數量	金額	數量	金額	數量	金額	數量	金額	數量	金額	數量	金額	數量	金額	數量	金額	數量	金額	數量	金額		
																												註明汽油或柴油
合計																												

處長（經理）：　　　　主管：　　　　製表：

第六節　成本預算——飛行油料預算

飛行油料分為飛行燃油及機務用油。飛行燃油按照排定飛行班表，以不同機型區分為正常班次、試飛、訓練等不同用途之耗油，依飛行班表按不同的航線、機型、每條航線的飛行小時、每小時的標準耗油量、每公升之油價，按照月份別試算出全年度的耗用飛行油料預算（飛行油料耗用月預算表見預算表 2-1）。由於航機燃油飛行到某一省油高度以及正副機師的操作習性都可以節油，或是國際航線飛臨產油國加滿油箱再回航均會節省油費支出，正當的節油計畫有助於公司的開源節流。

飛行油料編制順序首先需參閱年度國內線（或國際線）預劃機型及班次數預算明細表（預算表 1-1-1-1d，見第 201 至 203 頁）之飛行班表，進而編制班機飛行時數預算表（預算表 2-1-1-1）及燃油耗用量預算表（預算表 2-1-1-A 與預算表 2-1-1-B）。

預算表 2-1　飛行油料耗用月預算表

○○航空股份有限公司
飛行油料耗用月預算表
○○年度

油料單位：
燃油(公升)
機油(加侖)
(夸特)

單位：機務處 / 航務處　　　　金額單位：台幣仟元

項目	類別	用途	一月	二月	三月	四月	五月	六月	七月	八月	九月	十月	十一月	十二月	合計
飛行燃油	**B-757**	正常班次													
		試飛													
		訓練													
	B-737	正常班次													
		試飛													
		訓練													
	MD82	正常班次													
		試飛													
		訓練													
小計															
機務用油	**2380**	B737潤滑油													
	274	DART發動機潤滑油													
	254	B757MD82潤滑油													
	500B4	液壓油													
小計															
合計															

處長：　　　　主管：　　　　製表：

預算表 2-1-1-1　班機飛行時數預算表

○○航空股份有限公司

班機飛行時數預算表

○○年度

單位：機務處・修管部／航務處　　　　單位：小時

機型機號	__年度預估飛行時數						__年度實際飛行時數						預計成長率	預計飛行燃油耗用量	說明
	正常班次		試飛		訓練		正常班次		試飛		訓練				
	上半年	下半年	上半年	下半年	上半年	下半年	上半年	下半年	上半年	下半年	上半年	下半年			
MD-82,83															
28001															
28005															
28007															
28011															
28013															
28015															
28017															
28021															
28023															
小　計															
B737-2615															
2625															
小　計															
B757-27001															
27005															
27007															
小　計															
總　計															

處長：　　　　主管：　　　　製表：

說明：本表訓練飛行時數欄由航務處資料提供

預算表 2-1-1-A　國內線燃油耗用量預算表

○○航空股份有限公司

燃油耗用量預算表（財務預測）

1AG=6.7磅　1磅=0.565L
1AG=3.78533L　1L=1.77磅
1-3月NT$ 9.610/@L（不含稅）　4-12月$9.610/@（不含稅）

單位：航務處　油料單位：公升／仟元

航線	機型	飛行時間（Hr）		標準小時耗油量(L)		1月			2月			3月			4月			5月			6月		
						耗油		班次	耗油		班次	耗油		班次	耗油		班次	耗油		班次	耗油		班次
					*0.95	數量	金額		數量	金額		數量	金額		數量	金額		數量	金額		數量	金額	
北高	B-757	38'/60	0.6	5,451	5,178																		
	MD-82/83	38'/60	0.6	5,148	4,891																		
	B-737	38'/60	0.6	4,012	3,811																		
北南	B-757	35'/60	0.6	5,451	5,178																		
	MD-82/83	35'/60	0.6	5,148	4,891																		
	B-737	35'/60	0.6	4,012	3,811																		
北馬	B-757	35'/60	0.6	5,451	5,178																		
	MD-82/83	35'/60	0.6	5,148	4,891																		
	B-737	35'/60	0.6	4,012	3,811																		
北花	B-757	25'/60	0.4	5,451	5,178																		
	MD-82/83	25'/60	0.4	5,148	4,891																		
	B-737	25'/60	0.4	4,012	3,811																		
北東	B-757	38'/60	0.6	5,451	5,178																		
	MD-82/83	38'/60	0.6	5,148	4,891																		
	B-737	38'/60	0.6	4,012	3,811																		
北嘉	B-757	34'/60	0.6	5,451	5,178																		
	MD-82/83	34'/60	0.6	5,148	4,891																		
	B-737	34'/60	0.6	4,012	3,811																		
北金	B-757	42'/60	0.70	5,451	5,178																		
	MD-82/83	42'/60	0.70	5,148	4,891																		
	B-737	42'/60	0.70	4,012	3,811																		
高馬	B-757	26'/60	0.4	5,451	5,178																		
	MD-82/83	26'/60	0.4	5,148	4,891																		
	B-737	26'/60	0.4	4,012	3,811																		
高花	B-757	40'/60	0.7	5,451	5,178																		
	MD-82/83	40'/60	0.7	5,148	4,891																		
	B-737	40'/60	0.7	4,012	3,811																		
嘉金	B-737	32'/60	0.5	4,012	3,811																		
南金	B-737	32'/60	0.5	4,012	3,811																		
高金	B-757	33'/60	0.5	5,451	5,178																		
	MD-82/83	33'/60	0.6	5,148	4,891																		
	B-737	33'/60	0.6	4,012	3,811																		
桃園－高雄	B-757	38'/60	0.6	5,451	5,178																		
	MD-82/83	38'/60	0.6	5,148	4,891																		
	B-737	38'/60	0.6	4,012	3,811																		
桃園－花蓮	B-757	35'/60	0.6	5,451	5,178																		
	MD-82/83	35'/60	0.6	5,148	4,891																		
	B-737	35'/60	0.6	4,012	3,811																		
合計																							

預算表 2-1-1-A　國內線燃油耗用量預算表（續）

○○航空股份有限公司

燃油耗用量預算表（財務預測）

1AG=6.7磅　1磅=0.565L
1AG=3.78533L　1L=1.77磅
1-3月NT$ 9.610/@L（不含稅）　4-12月$9.610/@（不含稅）

單位：航務處　　　　油料單位：公升／仟元

航線	機型	飛行時間（Hr）		標準小時耗油量(L)		7月			8月			9月			10月			11月			12月			合計		
						耗油		班次	耗油		班次	耗油		班次	耗油		班次	耗油		班次	耗油		班次	耗油		班次
					*0.95	數量	金額		數量	金額		數量	金額		數量	金額		數量	金額		數量	金額		數量	金額	
北高	B-757	38'/60	0.6	5,451	5,178																					
	MD-82/83	38'/60	0.6	5,148	4,891																					
	B-737	38'/60	0.6	4,012	3,811																					
北南	B-757	35'/60	0.6	5,451	5,178																					
	MD-82/83	35'/60	0.6	5,148	4,891																					
	B-737	35'/60	0.6	4,012	3,811																					
北馬	B-757	35'/60	0.6	5,451	5,178																					
	MD-82/83	35'/60	0.6	5,148	4,891																					
	B-737	35'/60	0.6	4,012	3,811																					
北花	B-757	25'/60	0.4	5,451	5,178																					
	MD-82/83	25'/60	0.4	5,148	4,891																					
	B-737	25'/60	0.4	4,012	3,811																					
北東	B-757	38'/60	0.6	5,451	5,178																					
	MD-82/83	38'/60	0.6	5,148	4,891																					
	B-737	38'/60	0.6	4,012	3,811																					
北嘉	B-757	34'/60	0.6	5,451	5,178																					
	MD-82/83	34'/60	0.6	5,148	4,891																					
	B-737	34'/60	0.6	4,012	3,811																					
北金	B-757	42'/60	0.70	5,451	5,178																					
	MD-82/83	42'/60	0.70	5,148	4,891																					
	B-737	42'/60	0.70	4,012	3,811																					
高馬	B-757	26'/60	0.4	5,451	5,178																					
	MD-82/83	26'/60	0.4	5,148	4,891																					
	B-737	26'/60	0.4	4,012	3,811																					
高花	B-757	40'/60	0.7	5,451	5,178																					
	MD-82/83	40'/60	0.7	5,148	4,891																					
	B-737	40'/60	0.7	4,012	3,811																					
嘉金	B-737	32'/60	0.5	4,012	3,811																					
南金	B-737	32'/60	0.5	4,012	3,811																					
高金	B-757	33'/60	0.5	5,451	5,178																					
	MD-82/83	33'/60	0.6	5,148	4,891																					
	B-737	33'/60	0.6	4,012	3,811																					
桃園－高雄	B-757	38'/60	0.6	5,451	5,178																					
	MD-82/83	38'/60	0.6	5,148	4,891																					
	B-737	38'/60	0.6	4,012	3,811																					
桃園－花蓮	B-757	35'/60	0.6	5,451	5,178																					
	MD-82/83	35'/60	0.6	5,148	4,891																					
	B-737	35'/60	0.6	4,012	3,811																					
合計																										

預算表 2-1-1-B　國際線燃油耗用量預算表

○○航空股份有限公司
燃油耗用量預算表

單位：航務處

蘇比克：
1GA=US$0.84
1L=NT$6.1025

帛琉：
1GA=US$1.61
1L=NT$11.6965

國內油價：
01-03月份=$9.276/L
04-12月份=$9.610/L

油料單位：公升／仟元

航線	機型	飛行時間（Hr）		標準小時耗油量(L)		1月			2月			3月			4月			5月			6月		
						耗油		班次	耗油		班次	耗油		班次	耗油		班次	耗油		班次	耗油		班次
					*0.95	數量	金額		數量	金額		數量	金額		數量	金額		數量	金額		數量	金額	
高蘇	B-757	75'/60	1.3	4,520	4,294	-	$ -	0	-	$ -	0	-	$ -	0	-	$ -	0	-	$ -	0	-	$ -	0
	MD-82/83	75'/60	1.3	4,240	4,028	140,980	$1,084	28	120,840	$ 929	24	130,910	$1,007	26	130,910	$1,028	26	130,910	$1,028	26	130,910	$1,028	26
	B-737	75'/60	1.3	3,672	3,488	-	$ -	0	-	$ -	0	-	$ -	0	-	$ -	0	-	$ -	0	-	$ -	0
高帛	B-757	3Hr20	3.3	4,520	4,294	228,784	$2,399	16	228,784	$2,399	16	257,382	$2,699	18	257,382	$2,742	18	257,382	$2,742	18	228,784	$2,437	16
	MD-82/83	3Hr20	3.3	4,240	4,028	-	$ -	0	-	$ -	0	-	$ -	0	-	$ -	0	-	$ -	0	-	$ -	0
	B-737	3Hr20	3.3	3,672	3,488	-	$ -	0	-	$ -	0	-	$ -	0	-	$ -	0	-	$ -	0	-	$ -	0
合計						369,764	$3,483	44	349,624	$3,328	40	388,292	$3,706	44	388,292	$3,770	44	388,292	$3,770	44	359,694	$3,466	42

預算表 2-1-1-B　國際線燃油耗用量預算表（續）

○○航空股份有限公司
燃油耗用量預算表

單位：航務處

蘇比克：
1GA=US$0.84
1L=NT$6.1025

帛琉：
1GA=US$1.61
1L=NT$11.6965

國內油價：
01-03月份=$9.276/L
04-12月份=$9.610/L

油料單位：公升／仟元

航線	機型	飛行時間（Hr）		標準小時耗油量(L)		7月			8月			9月			10月			11月			12月			合計		
						耗油		班次	耗油		班次	耗油		班次	耗油		班次	耗油		班次	耗油		班次	耗油		班次
					*0.95	數量	金額		數量	金額		數量	金額		數量	金額		數量	金額		數量	金額		數量	金額	
高蘇	B-757	75'/60	1.3	4,520	4,294	-	$ -	0	-	$ -	0	-	$ -	0	-	$ -	0	-	$ -	0	-	$ -	0	-	$ -	0
	MD-82/83	75'/60	1.3	4,240	4,028	130,910	$1,028	26	130,910	$1,028	26	130,910	$1,028	26	140,980	$1,108	28	120,840	$949	24	140,980	$1,108	28	1,580,990	$12,355	314
	B-737	75'/60	1.3	3,672	3,488	-	$ -	0	-	$ -	0	-	$ -	0	-	$ -	0	-	$ -	0	-	$ -	0	-	$ -	0
高帛	B-757	3Hr20	3.3	4,520	4,294	257,382	$2,742	18	257,382	$2,742	18	257,382	$2,742	18	228,784	$2,437	16	257,382	$2,742	18	257,382	$2,742	18	2,974,196	$31,565	208
	MD-82/83	3Hr20	3.3	4,240	4,028	-	$ -	0	-	$ -	0	-	$ -	0	-	$ -	0	-	$ -	0	-	$ -	0	-	$ -	0
	B-737	3Hr20	3.3	3,672	3,488	-	$ -	0	-	$ -	0	-	$ -	0	-	$ -	0	-	$ -	0	-	$ -	0	-	$ -	0
合計						388,292	$3,770	44	388,292	$3,770	44	388,292	$3,770	44	369,764	$3,545	44	378,222	$3,691	42	398,362	$3,850	46	4,555,186	$43,921	522

註：包機或國際定期航線油價之計算方式為國內、國際油價各占二分之一。

原油期貨交易（飛機用油避險）實例

2014 年航空燃油每桶平均 117 美元，2015 年第一季航空燃油成本約每桶 70 美元，創下八年來新低，油價每降 1 元，燃油附加費會減少 0.4 至 0.5 元，中華航空公司燃油避險約 15%。

以復興航空公司為例，為了避免石油價格上漲波動而遭受損失，在期貨市場以買主的身分買進數量相等的期貨合約，等到要石油現貨時再賣出期貨頭寸對沖作為保值手段。2012 年 6 月 1 日與台灣中油達成一份合約，為了鎖定成本從而鎖定利潤，中油同意 2012 年 9 月 1 日進行一批紐約市場德克薩斯（West Texas Intermediate, WTI）原油期貨交易，交易情況如下表：

	現貨市場	期貨市場	基差
June 1, 2012	原油價格 US$54/ @桶	買入 10 手 9 月份 WTI 原油期貨合約，價格 US$56/ @桶	－US$2/@桶
Sep. 1, 2012	買入 10 手（1 手＝ 1,000 桶）原油，價格 US$58/ @桶	賣出 10 手 9 月份 WTI 原油期貨合約，價格 US$60/ @桶	－US$2/@桶
套利保值結果	A 虧損？	B 盈利？	
	C 淨盈利？		

試算復興航空公司飛機燃油期貨交易套利保值結果 A 虧損多少？B 盈利多少？C 淨盈利多少？

解答：A：虧損 US$4/ @桶，B：盈利 US$4/ @桶，C：淨盈利 0。

機場在飛機加油作業時，有專門人員化驗油品，以保證所加燃油合格，波音 747-400 一次加油可達 170 多噸（1 噸＝約 7.2～7.3 桶，1 桶＝158.98L＝42G，美制 1G＝3.785L，英制 1G＝4.546L。OPEC 組織和西方國家以桶計量，俄羅斯和中國大陸以噸計量）。

飛機加油方式有三種，分為翼上加油、翼下加油及空中加油，飛機燃油占飛航總成本約 40%。採用翼上加油方式的主要是小型飛機，大型飛機均採用翼下加油方式。翼下加油分罐式加油車（圖 5-6-21、圖 5-6-22）和管線加油車（圖 5-6-23）兩種。罐式加油車是將燃油從儲油庫輸至油車罐體內，驅車至飛機旁加油。油罐車以其容量大小為標準，從 1,200 公升至 85,000 公升不等，國內加油車使用加侖制，中油、台塑加油車每輛為 5,000 加侖。管線加油是燃油從儲油庫經地下管道輸至停機坪的加油井後，用加油車加壓軟管連接油井與飛機加油接頭的方式加油。管線加油縮短了加油時間，減少了燃油蒸發和汙染可能，安全且高效率。但修建輸油管道、加油井和購買管線加油車的費用昂貴。現在飛機加油前，規定有專門人員化驗油品，以保證所加燃油合格。另空中加油係為了保持軍機的續航戰鬥力，空中加油機應用高超的飛航技術，使加油機的加油管線與軍機的油箱孔蓋在空中接合，實施空中加油作業。

▲ 圖 5-6-21　翼下加油——油罐加油車（王穎駿攝）

▲ 圖 5-6-22　翼下加油——台塑石化公司油罐加油車（王穎駿攝）

▲ 圖 5-6-23　翼下加油——管線加油車（王穎駿攝）

第七節　成本預算——機務用油預算

機務用油以不同品牌的發動機試算耗用的潤滑油及液壓油預算金額。例如飛行油料耗用月預算表下方的機務用油（見預算表 2-1，第 230 頁），以及預算表 2-1-2 中各類型發動機之潤滑油與液壓油。

預算表 2-1-2　修護油料耗用預算表

○○航空股份有限公司
修護油料耗用預算表
○○年度

單位：機務處　　　　油料單位：夸特加侖

油品類別	修護用途	一月	二月	三月	四月	五月	六月	七月	八月	九月	十月	十一月	十二月	合　計
2380	B737潤滑油													@夸特（Can）
小　計														
274	DART發動機潤滑油													@夸特（Can）
小　計														
254	B757MD82潤滑油													@夸特（Can）
500B4	液壓油													@G
小　計														
合　計														

處長：　　　　主管：　　　　製表：

第八節 成本預算——庶務用油預算

庶務用油，包括主管配用車、空勤組員交通車、地勤的柴油拖車（圖 5-6-24，可委由專業地勤代理公司代理）等。庶務油料耗用預算表參見預算表 2A。

▲ 圖 5-6-24　柴油拖車（王穎駿攝）

預算表 2A　庶務油料耗用預算表

○○航空股份有限公司

庶務油料耗用預算表

○○年度

單位：總務處　　　　油料單位：公升

車輛類別	用途	一月		二月		三月		四月		五月		六月		七月		八月		九月		十月		十一月		十二月		說明
		數量	金額	數量	金額	數量	金額	數量	金額	數量	金額	數量	金額	數量	金額	數量	金額	數量	金額	數量	金額	數量	金額	數量	金額	
公務用車	主管配用車																									
	交通車																									
	其他																									
小計																										
地勤	柴油拖車																									
小計																										
其他																										
小計																										
合計																										

處長：　　　　主管：　　　　製表：

第九節 成本預算——機務主要採購及耗料預算

一、機身結構件典型零件

典型飛機零件的結構特點是薄壁結構，形狀複雜，外形及斜角變化大（圖 5-6-25），外形多為雙曲面且要求成形精確。為減輕飛機重量、增加飛機機動性和增加有效負載及航程，航空器需進行輕量化設計，廣泛採用如碳纖維之新型輕質材料。為了提高零件強度和作業可靠性，採用了整體毛坯件和薄壁結構。現在飛機大量採用鋁合金、鈦合金、耐高溫合金、高強度鋼、複合材料等。結構複雜的薄壁件、蜂窩件不僅形狀複雜，而且孔、穴、溝槽、加強筋等多，工藝剛性較差。

飛機機身結構件的典型零件有翼樑、翼肋、肋板、框、壁板、接頭、滑軌等類零件。以扁平件、細長件、多腔件和超薄壁隔框結構件為主。毛坯為板材、鍛件和鋁合金擠壓型材。材料利用率僅為 5% 至 10% 左右，原材料去除量大。目前，國內飛機零件 90% 以上為鋁合金件，少量為不鏽鋼和鈦合金鋼，且整體結構件越來越多，應用複合材料是今後及未來趨勢。

▲ 圖 5-6-25　波音 747-400 機首結構（感謝歐陽芃先生拍攝提供）

機身結構件典型零件的結構特點：

1. 零件的輪廓尺寸越來越大，如有的翼樑類零件的長度已達到 13 公尺。
2. 零件的變斜角角度變化大，超薄壁等，最薄處尺寸只有 0.76 公厘左右，因此在加工工藝上剛性較差。
3. 零件的結構越來越複雜，許多零件採用整體結構。
4. 零件的尺寸精度和表面品質要求越來越高，如有些零件加工後出現的毛刺等缺陷，不允許用人工去除。

二、機翼結構件

機翼是飛機的重要部件之一，安裝在機身上，其最主要作用是產生升力，同時也可以在機翼內布置彈藥倉（軍機）和油箱，在飛行中及落地時也可以減速（圖 5-6-26），機翼並可以收藏起落架。另外，在機翼上還安裝有改善起飛和落地性能的襟翼（Flap）和用於飛機橫向操縱的副翼，有的還在機翼前緣裝有縫翼（Slat），以及翼尖處的翼尖小翼（Winglet）等增加升力的裝置（圖 5-6-27）。由於飛機在空中飛行，因此飛機各個組成部分必須能夠滿足質輕、高結構強度及高剛度，機翼自然也不例外。

▲ 圖 5-6-26　空中巴士 A321 客機機翼上之減速板（王穎駿攝）

▲ 圖 5-6-27　波音 737-800 之襟翼、翼尖小翼及縫翼（王穎駿攝）

三、飛機發動機

飛機發動機最早是螺旋槳，接著有渦輪螺旋槳、全噴射、渦輪風扇等，噴射飛機飛行是以壓縮空氣向後排出造成向後的反作用力使飛機前進。目前飛機推進系統最常見的為氣渦輪發動機（Gas Turbine Engine）。

氣渦輪發動機簡介

渦輪發動機由前面吸入空氣，經由壓縮器增壓之後，即將油與氣混合並於燃燒室引燃，燃燒後的高溫排氣流經渦輪產生轉動的力量，此力量經過傳動軸去驅動壓縮排氣，此時含有甚多熱能，即經由噴嘴高速噴出，依反作用定律產生飛行推力。

氣渦輪發動機可分為下列幾類：渦噴發動機（Turbojet）、渦扇發動機（Turbofan）、渦槳發動機（Turboprop）、渦軸發動機（Turboshaft）。Jet 是指高速噴射氣流之意。

氣渦輪發動機的特點是發動機內部裝有燃氣渦輪（Gas Turbine）以及由渦輪驅動的壓縮葉片（Compressor）。空氣在燃燒室內與燃油混合、燃燒，膨脹的氣體以極高速度噴出機外，形成推力；一部分膨脹氣體則驅動渦輪旋轉並傳動壓縮器，壓縮器為多級結構，每一具均由轉子及定子組成。在某些機型上，還裝有固定導片，這些導片安裝在壓縮器進口處，其作用是使進入的空氣按某一定方向流入第一級轉子的角度可以自動進行控制，以滿足不同飛行條件下對氣流的要求。從壓縮器的前端至後端，也就是從壓縮器的低壓段至高壓段，轉子與定子間的環形間隙是逐漸減小的，空氣密度沿壓縮軸線不斷增加的情況下，仍能保持氣流速度。氣流在有限寬度葉片和葉內的轉折角度因運作效率而不能太大，動能和壓力的增加不多，每級壓縮比不大。整個壓縮機壓縮比等於各壓縮比的連乘積，級數較多可得較大壓縮比。此種發動機的燃燒室可採用組合結構，並用輕量材料製成；此外，對於燃料的抗爆性要求也較低。但是，由於溫度很高，氣渦輪發動機的燃燒室及渦輪需要使用特殊的耐溫金屬製成。

渦噴發動機是指推力由高速噴流提供，渦扇發動機（圖 5-6-28）是在推力噴嘴前置一動力渦輪驅動前置的一具風扇，推力由小部分噴流及大部分風扇動量變化而得。渦槳發動機與渦扇發動機相同，因為渦輪機的轉速太高因此帶動前置的螺旋槳必須要加裝減速 8至10 倍的齒輪組合，稱之為減速齒輪箱（Reduction Gearbox），齒輪箱又重又吵為此型發動機之一大缺點。渦軸發動機與渦槳及渦扇發動機相似，以軸馬力輸出但可不連接螺旋槳或風扇。

▲ 圖 5-6-28　渦扇發動機（王穎駿攝）

渦軸發動機基本原理和離心式相同，都是由葉片將動能傳給空氣，然後將這動能轉換成壓力的增加。氣流先沿轉軸方向正對發動機進氣口，進入壓縮機進口導葉，轉過某一角度，以適當攻角打擊於第一排葉片上。葉片增加空氣的動能，並略微增高其壓力，然後以適當角度，將空氣排放到第一排葉片上。氣流經擴散升壓作用再經引導至第二排葉片，如此循環不已。一排轉動式葉片，再加一排固定葉片，組成軸流式壓縮機的一級。每排葉片相當於離心式壓縮機的葉輪，定子相當於其擴散升壓匣。整個軸流式壓縮機是由多級組成。

四、耗料預算

飛機進耗料預算與班機飛行時數預算（見預算表 2-1-1-1，第 231 頁）有相當的關聯性。飛行時數達到一定限度時，規定必須依照各機型之機務維修手冊辦理零件換新手續，因此飛機進耗料預算參考機務主要進料採購預算表（預算表 3），以及機務主要耗料成本預算表（預算表 3-1）辦理。

預算表 3　機務主要進料採購預算表

○○航空股份有限公司
機務主要進料採購預算表

單位：機務處　　　　單位：台幣仟元

項目		期初存料 a	本期進料													合計 a+b=c
			1月	2月	3月	4月	5月	6月	7月	8月	9月	10月	11月	12月	小計b	
B757	R. Parts															
	E. Parts															
	PW 2037															
	Sub Total															
MD	R. Parts															
	E. Parts															
	PW JT8D-217/219															
	Sub Total															
737	R. Parts															
	E. Parts															
	PW JT8D-9A															
	Sub Total															
外修	757															
	MD															
	737															
	TOOL 工具															
STD 通用器材																
MISC 雜項器材																
其他器材																
客戶委修器材																
合計																

處長：　　　　主管：　　　　製表：

預算表 3-1　機務主要耗料成本預算表

○○航空股份有限公司
機務主要耗料成本預算表

單位：台幣仟元

項目		期初存貨 加 本期進料	本期耗料　d													期末存料 c-d
			1月	2月	3月	4月	5月	6月	7月	8月	9月	10月	11月	12月	小計	
B757	R. Parts															
	E. Parts															
	PW 2037															
	Sub Total															
MD	R. Parts															
	E. Parts															
	PW JT8D-217/219															
	Sub Total															
737	R. Parts															
	E. Parts															
	PW JT8D-9A															
	Sub Total															
外修	757															
	MD															
	737															
TOOL 工具																
STD 通用器材																
MISC 雜項器材																
其他器材																
客戶委修器材																
合　計																

處長：　　　　　主管：　　　　　製表：

註：c為預算表3中之合計

第十節　用人費用預算（依單位屬性列入成本預算或費用預算）

用人費用預算之編制方法與一般公司的編制方法相同，各單位依照人員編制、級職、正常工時、加班工時等預計資訊，按月填列「人員異動加班預算表」（預算表4-1）送至人資單位。其中比較特殊的單位是航務處及空服處，必須依照飛行班表航線、哩程、時數，預計空勤組員正駕駛、副駕駛、座艙長、空服員的飛行時數，按月填列「人員異動加班預算表」（預算表4-1）送至人資單位編制用人薪資及飛行加給，人資單位據以編制「年度用人費用預算表」（預算表4）。圖5-6-29為機場機務人員與航勤公司作業人員。

▲ 圖5-6-29　復興航空公司松山機場機務人員與航勤公司作業人員（王穎駿攝）

預算表 4-1　人員異動加班預算表

○○航空股份有限公司
人員異動加班預算表

單位：

填表注意事項：
1. 正常班者週六下午與週日加班：＊1；週一至週五加班2小時以內：＊1.33；2小時以上之部分：＊1.66；國定假日加班：＊2。
2. 排班者加班時間須先以全月上班工時扣掉應上工時再計。
3. 須考量人力增減、淡旺季、新工作、特殊業務等因素之影響。
4. 參考準則：
   (1)依各類別年度工作需求及人力等因素分別估算。
   (2)依（歷史加班工時資料＋相關因素影響之增減）估算。

金額：台幣仟元

人員類別（部門別）	一月		二月		三月		四月		五月		六月		七月		×月		十二月		全年合計
	人數	加班工時	人數	加班工時	人數	加班工時	人數	加班工時	人數	加班工時	人數	加班工時	人數	加班工時	人數	加班工時	人數	加班工時	
合計																			

預算說明（請詳列預估之原則及計算式）：

預算表 4　年度用人費用預算表

○○航空股份有限公司
年度用人費用預算表

單位：人資處

金額單位：台幣仟元

單位	薪津	伙食費	加班費	退休金	臨時工資	保險費	伙團費	福利金	殘補費	離職金	獎金	飛加	飛加加	旅費	資遣費	撫卹金	合計
100 總經理室																	
800 業務處																	
200 企劃處																	
400 人資處																	
900 總務處																	
500 財務處																	
300 安管處																	
140 品管處																	
130 資訊處																	
120 飛安部																	
A00 稽核室																	
600 機務處																	
700 航務處																	
710 空服處																	
830 北分																	

預算表 4　年度用人費用預算表（續）

○○航空股份有限公司
年度用人費用預算表

單位：人資處　　　　金額單位：台幣仟元

單位	薪津	伙食費	加班費	退休金	臨時工資	保險費	伙團費	福利金	殘補費	離職金	獎金	飛加	飛加加	旅費	資遣費	撫卹金	合計
833 北站																	
840 高分																	
843 高站																	
850 南分																	
853 南站																	
870 馬分																	
873 馬站																	
860 花分																	
863 花站																	
880 東分																	
883 東站																	
890 金分																	
8A0 嘉營																	
8A2 嘉站																	
合計																	

第十一節　成本預算——侍應食用品預算

空服處依照每月的飛行班表及載客率編制「空服侍應食用品預算表」（預算表5）。侍應食用品除包括空中廚房（Sky Kitchen，簡稱空廚）供應的餐飲食品（如圖5-6-30）外，還包括旅客及組員使用的紙巾、旅客之音樂耳機等等侍應用品。

在機場內要設立合格且有水準之空廚，必須通過 ISO 9002 國際品質認證及ISO140000 國際品質認證，藉以供應航機上必要之餐點服務。國內華膳空廚、長榮桂冠、復興空廚、國外的加勒比油輪海洋量子號水產品經常由嘉豐海洋集團（Gallant-Ocean）供應。空中餐點在採購原料時會先做好訪廠、評估、審核之工作，且對於擁有CAS、HACCP 認證的廠商則採優先錄用。而廠商交貨時的品質與配合度也是成為空廚公司長期供應商的評估標準。

空中廚房指的是提供飛機上旅客與機組人員飲食的廚房。一開始，空廚人員在廚房裡先把蔬菜及點心製作完成，再放入冷凍儲藏，之後送至飛機上加熱。因此，空中廚房指的是設在地面上供應飛機上旅客及飛行組員空中餐點的廚房；在飛機上只負責把食物加熱供應旅客與組員用餐。

▲ 圖 5-6-30　機上餐點（王穎駿攝）

預算表 5　空服侍應食用品預算表

○○航空股份有限公司
空服侍應食用品預算表
○○年度

單位：空服處　　　　單位：仟元／千人

班次（或航線）	品名	單價	一月		二月		三月		四月		五月		六月		七月		八月		九月		十月		十一月		十二月		合計	
			人數	金額	人數	金額	人數	金額	人數	金額	人數	金額	人數	金額	人數	金額	人數	金額	人數	金額	人數	金額	人數	金額	人數	金額	人數	金額

第十二節 教育訓練費用預算（依單位屬性列入成本預算或費用預算）

國內一般訓練、管理訓練、專業訓練編列內容參考預算編列要項說明。相關單位按照教育訓練費用預算表（預算表 6）及員工訓練預算表（預算表 6-1）按月編制教育訓練費用預算。

以飛航駕駛員訓練用的航務模擬機（圖5-6-31）為例，模擬機訓練採六個自由度，前後、上下、左右、俯仰、橫滾與偏轉之運轉方式，高解析度廣角，左右 200 度、上下 60 度的視像投影，配合其音效及電腦模擬各種場景，海上、夜間、惡劣天候、機場等狀況猶如真實情況飛行。該機亦可針對實體飛機難以或無法模擬之特定或緊急狀況，如天候突變、海上緊急迫降、雙發動機失效自轉至地面、尾翼失效、發動機油控失效等實施訓練，以強化飛行員之緊急應變與處置能力，可快速重複模擬直至熟練為止。模擬機訓練使用費用約為每小時 800至1,500 美元。

▲ 圖 5-6-31 華航波音 747-400 模擬機（王穎駿攝）

預算表 6　教育訓練費用預算表

○○航空股份有限公司

教育訓練費用預算表

○○年度

單位：各單位　　　　金額單位：台幣仟元

訓練項目	訓練別	人數	時數	一月	二月	三月	四月	五月	六月	七月	八月	九月	十月	十一月	十二月	全年合計
	內訓															
	外訓															
	內訓															
	外訓															
	內訓															
	外訓															
	內訓															
	外訓															
	內訓															
	外訓															
	內訓															
	外訓															
	內訓															
	外訓															
	內訓															
	外訓															
合計	內訓															
	外訓															

處長：　　　　主管：　　　　製表：

預算表 6-1　員工訓練預算表（正面）

○○航空股份有限公司
員工訓練預算表
○○年度

部門：　　　　　　　　　　　　　　　　　　　　　　　　　　　　單位：台幣仟元

項次	重要性	訓練課程／研討會名稱	參與人數	時數	舉辦方式		依法舉辦		課程／研討會進行月份及預算												預算小計	核准金額
					內訓	外訓	是	否	1月	2月	3月	4月	5月	6月	7月	8月	9月	10月	11月	12月		
部門訓練預算合計																						
×年度訓練預算																						

備註	
	1.重要性請依：「1」現階段工作上所必須進行之課程；「2」為因應將來工作所需而進行之課程；「3」為個人發展之課程。
	2.訓練預算所包含項目除了各種訓練課程外，請將各種能增進知識及技能之研討會也一併列入。
	3.訓練課程安排時，請參考MTP課程中所提各職務所需之知識、技能及態度。
	4.參與人數：指參加此課程的人數。
	5.時數：指進行本課程所需時間（請勿和參與人數相乘）。
	6.請依課程辦理方式（內訓、外訓）及該課程是否為依法舉辦課程於空格中打「✓」。
	7.舉辦方式：內訓指公司內所舉辦的訓練課程；外訓指參加企管公司、國外原廠等所舉辦之訓練課程。
	8.依法舉辦：係指此課程是否依民航、勞工安全衛生等相關法規規定而舉辦、參加。

預算表 6-1　員工訓練預算表（反面）

項次	預算說明（請詳細列明計算方式）	項次	預算說明（請詳細列明計算方式）	項次	預算說明（請詳細列明計算方式）
預算編列要項	1.請依前頁之項次填寫該課程／研討會之預算說明。 2.外訓課程／研討會編列參考數據： 國內 一般訓練：如電腦操作，每期以14小時計，費用6,000元。 管理訓練：每期以14小時計，費用9,000元。 專業訓練：粉塵作業人員：18小時，約4,000元。 堆高機操作課程：18小時，約4,500元。 勞工安全衛生甲種業務主管：40小時，約6,000元。 秘書及助理工作實務講座：每期以6小時計，費用6,000元。 模擬機訓練：華航、長榮：依簽約金額計算。 國外 訓練請編列：模擬機訓練：西北航空（依簽約金額計算）。 差旅費：歐美地區每日US$150；亞太地區每日US$120；日本每日US$200。 機票費：TAIPEI-HARTFORD-TAIPEI 51,200元。 TAIPEI-LONG BEACH-TAIPEI 36,500元。 TAIPEI-SEATTLE-TAIPEI 36,000元。 TAIPEI-L.A.-TAIPEI 36,500元。 3.內訓課程編列參考項目及數據（請依各課程需要編列）： 講師費：內部講師每小時400元，外聘講師每小時800元。 餐費：每餐80元。 差旅費：每人每天200元。 其他費用：急救要領複訓費用每人800元。 4.上列美金之匯率以1美元=27.5元新台幣計算。				

第十三節　單位營業費用預算暨單位營業成本預算

各相關單位依照單位營業費用預算表（預算表 7-1）暨單位營業成本預算表（預算表 7-2、預算表 7-3）內的會計科目，按月填列單位營業費用預算暨單位營業成本預算。

預算表 7-1　單位營業費用預算表

○○航空股份有限公司
單位營業費用預算表
○○年度

單位：財務處／各單位　　　　金額單位：台幣仟元

科目	全年預算	1月	2月	3月	4月	5月	6月	上半年合計	7月	8月	9月	10月	11月	12月	下半年合計
620100000 薪津															
620101000 伙食費															
620104000 加班費															
620106000 退休金															
620108000 撫卹金															
620107000 資遣費															
620105000 臨時工資															
620109000 獎金															
620110000 離職金															
620201000 房租															
620202000 包車租金															
620203000 其他租金															
620205000 場站租金															
620300000 文具用品															
620400010 旅費-車費															

預算表 7-1　單位營業費用預算表（續）

○○航空股份有限公司

單位營業費用預算表

○○年度

單位：財務處／各單位　　　　金額單位：台幣仟元

科目	全年預算	1月	2月	3月	4月	5月	6月	上半年合計	7月	8月	9月	10月	11月	12月	下半年合計
620400020 旅費-誤餐費															
620400030 旅費-出差															
620400040 旅費-其他															
620500000 運費															
620600000 郵費															
620601000 電話費															
620602000 電報費															
620700000 車輛修護															
620701000 其他修護															
620800000 廣告費															
620900000 水費															
620901000 電費															
621000000 保險費															
621100000 交際費															
621300000 稅捐															

預算表 7-1　單位營業費用預算表（續）

○○航空股份有限公司

單位營業費用預算表

○○年度

單位：財務處／各單位　　　　金額單位：台幣仟元

科目	全年預算	1月	2月	3月	4月	5月	6月	上半年合計	7月	8月	9月	10月	11月	12月	下半年合計
621500000 各項折舊															
621800000 伙食團補助															
621900010 員工福利-醫藥費															
621900020 員工福利-福利費															
622100000 佣金支出															
622200000 訓練費															
622300000 勞務費															
622400070 燃料-汽油															
622400080 燃料-瓦斯															
622800000 印刷費用															
623700000 會議費															
623900000 制服															
624000000 雜項購置															
624100000 銀行費用															
624200000 消耗品															

預算表 7-1　單位營業費用預算表（續）

○○航空股份有限公司

單位營業費用預算表

○○年度

單位：財務處／各單位　　　　金額單位：台幣仟元

科目	全年預算	1月	2月	3月	4月	5月	6月	上半年合計	7月	8月	9月	10月	11月	12月	下半年合計
624300000 行政規費															
624900000 其他															
627000000 清潔費															
627500000 旅客賠償															
622500000 團體會費															
622600000 書報雜誌															
621200000 自由捐贈															
622000000 研究費															
621400000 壞帳損失															
627100000 獎學金															
627200000 殘障補助費															
627800000 系統使用費															
627400000 公司債發行費															
627700000 上櫃上市發行費															
627900000 股務費用															

處長（經理）：　　　　主管：　　　　製表：

說明：本表由各單位填報、財務處彙編。

預算表 7-2　單位營業成本預算表（一）

○○航空股份有限公司
單位營業成本預算表
○○年度

單位：財務處／各單位　　　　金額單位：台幣仟元

科目	全年預算	1月	2月	3月	4月	5月	6月	上半年合計	7月	8月	9月	10月	11月	12月	下半年合計
550100030 薪津															
550101030 伙食費															
550104030 加班費															
550102011 飛行加給															
550103011 飛行加班費															
550106030 退休金															
550108030 撫卹金															
550107030 資遣費															
5501050030 臨時工資															
550109030 獎金															
550110030 離職金															
550200030 房租															
550201030 場站租金															
550202030 包車租金															
550203030 其他租金															

預算表 7-2 單位營業成本預算表（一）（續）

○○航空股份有限公司
單位營業成本預算表
○○年度

單位：財務處／各單位　　　　　　金額單位：台幣仟元

科目	全年預算	1月	2月	3月	4月	5月	6月	上半年合計	7月	8月	9月	10月	11月	12月	下半年合計
550300030 文具用品															
550400031 旅費-車費															
550400032 旅費-誤餐費															
550400033 旅費-出差															
550400034 旅費-其他															
550500030 運費															
550601030 電話費															
550700030 車輛修護															
550701030 其他修護															
550800030 廣告費															
550900030 水費															
550901030 電費															
551003030 保險費															
551001010 空勤人員保險															
551100030 交際費															

預算表 7-2　單位營業成本預算表（一）（續）

〇〇航空股份有限公司
單位營業成本預算表
〇〇年度

單位：財務處／各單位　　金額單位：台幣仟元

科目	全年預算	1月	2月	3月	4月	5月	6月	上半年合計	7月	8月	9月	10月	11月	12月	下半年合計
551300030 稅捐															
551500010 各項折舊															
552801030 機票印刷															
555200030 停留費															
555100030 降落費用															
555400030 安全服務費															
554100030 銀行費用															
554300030 行政規費															
555300030 機場勤務															
555900004 修護材料															
555600004 外修費用															
551002020 旅客保險															
551000010 飛機保險															
553900030 制服															
554900030 其他															

預算表 7-2　單位營業成本預算表（一）（續）

○○航空股份有限公司
單位營業成本預算表
○○年度

單位：財務處／各單位　　　　金額單位：台幣仟元

科目	全年預算	1月	2月	3月	4月	5月	6月	上半年合計	7月	8月	9月	10月	11月	12月	下半年合計
550602040 電報費															
555500010 電訊傳遞費															
555600030 擴音設備費															
555000011 油料															
557500030 旅客賠償															
555700020 侍應食品															
555800020 侍應用品															
556200030 空橋使用費															
556300030 夜航費															
550204040 飛機租金															
556100030 候機室設備服務費															

處長（經理）：　　　　主管：　　　　製表：

說明：本表由各單位填報、財務處彙編。

預算表 7-3　單位營業成本預算表（二）

○○航空股份有限公司
單位營業成本預算表
○○年度

單位：財務處／各單位（機務、航務、空服、品管、飛安）　　　　金額單位：台幣仟元

科目	全年預算	1月	2月	3月	4月	5月	6月	上半年合計	7月	8月	9月	10月	11月	12月	下半年合計
5501000 薪津															
5501010 伙食費															
5501040 加班費															
550102011 飛行加給															
550103011 飛行加班費															
5501060 退休金															
5501080 撫卹金															
5502010 場站租金															
5502030 其他租金															
5504000 旅費-車費															
5504000 旅費-誤餐費															
5504000 旅費-出差															
5505000 運費															
5510030 保險費															
551001010 空勤人員保險															

預算表 7-3　單位營業成本預算表（二）（續）

○○航空股份有限公司
單位營業成本預算表
○○年度

單位：財務處／各單位（機務、航務、空服、品管、飛安）　　　　金額單位：台幣仟元

科目	全年預算	1月	2月	3月	4月	5月	6月	上半年合計	7月	8月	9月	10月	11月	12月	下半年合計
5513000 稅捐															
5515000 各項折舊															
5519000 員工福利-福利費															
5522000 訓練費															
5524000 燃料-汽油															
552801030 機票印刷															
555100030 降落費用															
555400030 安全服務費															
5543000 行政規費															
5553000 機場勤務															
555900004 修護材料															
555600004 外修費用															
551002020 旅客保險															
551000010 飛機保險															
553900030 制服															

預算表 7-3　單位營業成本預算表（二）（續）

○○航空股份有限公司
單位營業成本預算表
○○年度

單位：財務處／各單位(機務、航務、空服、品管、飛安)　　金額單位：台幣仟元

科目	全年預算	1月	2月	3月	4月	5月	6月	上半年合計	7月	8月	9月	10月	11月	12月	下半年合計
5506020 電報費															
555500010 電訊傳遞費															
555600030 擴音設備費															
5520000 研究費															
552100010 佣金支出															
555000011 油料															
557500030 旅客賠償															
555700020 侍應食品															
555800020 侍應用品															
556200030 空橋使用費															
556300030 夜航費															
5502040 飛機租金															
556100030 候機室設備服務費															
055440102 免稅品-獎金-侍															
055440202 免稅品-進貨費用-侍															

處長（經理）：　　主管：　　製表：

說明：本表由各單位填報、財務處彙編。

第十四節　財務會計報告四大預算表及資本支出預算、現金收支預算

財務會計報告四大報表包括：損益表、財務狀況表（資產負債表）、現金流量表、股東權益變動表。航空公司四大預算表之編制以及資本支出預算、現金收支預算，其編制方式和技巧與一般企業編制方式相同，並無二致。至於空廚業預算編制方式與食品製造業相類似。航空公司相關預算之實際編制數據檢附於書末附錄一以供初學者參考。

預算表 8　現金收支預算表（現金供需報告表）

○○航空股份有限公司

現金收支預算表（現金供需報告表）

財務處　　　　單位：台幣仟元

項目		1月	2月	3月	4月	5月	6月	7月	8月	9月	10月	11月	12月
期初	現金：												
營業淨流入（出）金額	班機收入（客、貨、郵）												
	國外收入												
	利息收入												
	其他營業收入												
	包機收入												
	營業流入合計												
	油料												
	用人費用												
	民航費用												
	利息費用												
	器材結匯												
	購建設備												
	其他營業支出												
	飛機租金												
	營業流出合計												
	淨現金流入（出）												
非營業淨流入（出）金額	售有價證券												
	投資收入												
	其他												
	非營業流入合計												
	償還借款-長期												
	償還借款-短期												
	購有價證金												
	長期投資												
	其他												
	非營業流出合計												
	非營業淨現金流入（出）												
本月	淨現金流入（出）												
期末	現金（不足）												
長期	銀行借款												
短期	銀行借款												
期末	現金												
期末	有價證券												

預算表 8-1　公司未來一年各月份之現金收支預估表

○○航空股份有限公司

公司未來一年各月份之現金收支預估表

單位：台幣仟元

項目 ＼ 月份	1月	2月	3月	4月	5月	6月	7月	8月	9月	10月	11月	12月
期初現金餘額1												
加：非融資性收入2												
應收帳款收現												
應收票據收現												
其他收入												
合計												
減：非融資性支出3												
購料												
薪資												
民航費用												
財務支出												
器材費用												
購買固定資產												
其他營支												
租機費用												
合計												
要求最低現金餘額4												
所需資金總額5=4+3												
融資前可供支用現金												
餘額（短絀）6=1+2-5												
融資淨額7												
發行新股												
借款（短期）												
借款（長期）												
償債（短期）												
償債（長期）												
合計												
期末現金餘額8												

預算表 9　應收帳款（其他應收款）變動預算表

○○航空股份有限公司
應收帳款（其他應收款）變動預算表
○○年1月1日至12月31日

單位：財務處　　　　新台幣：仟元

應收款帳及備抵呆帳A（兌換損失準備）期初餘額				B 應收帳款增加額	C 應收帳款收回額													A+B-C 期末應收帳款餘額
期初應收帳款總額	備抵呆帳	兌換損失準備	應收帳款餘額		1月	2月	3月	4月	5月	6月	7月	8月	9月	10月	11月	12月	小計	
合計																		

處長：　　　　主管：　　　　製表：

預算表 10　應收票據變動預算表

〇〇航空股份有限公司
應收票據變動預算表
〇〇年1月1日至12月31日

單位：財務處　　新台幣：仟元

A 應收票據 期初餘額	B 應收票據 增加金額	C 應收票據兌現金額													A+B-C 期末應收 票據餘額
		1月	2月	3月	4月	5月	6月	7月	8月	9月	10月	11月	12月	合計	
合　計															

處長：　　主管：　　製表：

預算表 11　債務償還預算表

○○航空股份有限公司

債務償還預算表

○○年度

單位：財務處　　　　金額單位：台幣仟元

債權人	摘要	契約年限	利率	期初餘額	償還預計金額													期末餘額
					1月	2月	3月	4月	5月	6月	7月	8月	9月	10月	11月	12月	合計	

處長：　　　　主管：　　　　製表：

預算表 11A　年度利息支出明細表

○○航空股份有限公司
年度利息支出明細表

新台幣：仟元

貸款銀行	借款種類及用途	洽訂額度	計息本金	利率	計息期間	本年度利息支出金額	備註
合　計							

處長：　　　　　　　　主管：　　　　　　　　製表：

預算表 12　新增資本支出預算表

○○航空股份有限公司
新增資本支出預算表
○○年度

財務處（總務處）　　單位：台幣仟元

設備科目／單位	土　地		房屋建築設備		引擎設備	修護設備	車輛設備		補給勤務設備	通信設備		辦公及什項設備		合　計		
	營業費用	營業成本	營業費用	營業成本	營業成本	營業成本	營業費用	營業成本	營業成本	營業費用	營業成本	營業費用	營業成本	營業費用	營業成本	小計
總經理室 100																
飛安部 120																
資訊處 130																
品管處 140																
企劃處 200																
安管室 300																
人資處 400																
財務處 500																
機務處 600																
航務處 700																
空服處 710																
業務處 800																
總務處 900																
稽核室 A00																
台北分公司 830、833																
高雄分公司 840、843																
台南分公司 850、853																
馬公分公司 870、873																
台東分公司 880、883																
花蓮分公司 860、863																
金門營業處 890																
嘉義營業處 8A0、8A2																
合　計																

預算表 12-1　單位資本支出預算表

○○航空股份有限公司

新增資本支出預算表

○○年度

□營業成本
□營業費用

各單位　　　　　　　　　　　　　　　　　　　　金額單位：台幣仟元

項目	辦法		預計使用年限	1月	2月	3月	4月	5月	6月	7月	8月	9月	10月	11月	12月	合計	說明
	增購	修繕															
土　地																	
房屋建築																	
引擎設備																	
飛　機																	
設　備																	
修　護																	
設　備																	
車　輛																	
設　備																	
補給勤務																	
設　備																	
通　訊																	
設　備																	
辦公及																	
雜項設備																	
合　計																	

註：營業成本及營業費用分開填列。

預算表 13　固定資產價值變動暨提列折舊預算表

○○航空股份有限公司
固定資產價值變動暨提列折舊預算表
○○年度

財務處　　　　新台幣：仟元

項目	固定資產價值					D 本年度提列折舊金額				E 減：累計折舊額		F＝C－E 期末帳面淨額	
	A 固定資產		B 加：本年度預計新增（減）資產價值	C＝A＋B 本年度固定資產合計		營業成本		營業費用					
	原始成本	重估增值		原始成本	重估增值	原始成本	重估增值	原始成本	重估增值	原始成本	重估增值	原始成本	重估增值
房屋設備													
飛機設備													
引擎設備													
修護設備													
車輛設備													
補給設備													
通信設備													
辦公設備													
合計													

處長：　　　　主管：　　　　製表：

預算表 14　處分固定資產預算表

○○航空股份有限公司
處分固定資產預算表
○○年度

財務處　　　　新台幣：仟元

固定資產	帳面價值					變賣收入			變賣盈虧	
名　稱	原始成本	重估增值	累計折舊		淨額	總收入	處理費用	淨收入		
			原始成本	重估增值						
土　地										
房屋設備										
飛機設備										
引擎設備										
修護設備										
車輛設備										
補給設備										
通信設備										
辦公設備										
合 計										

處長：　　　　主管：　　　　製表：

預算表 15　預計股東權益變動表

○○航空股份有限公司
預計股東權益變動表
年　月　日至　月　日

單位：財務處　　　新台幣：仟元

項目	股本	資本公積			保留盈餘		合計
		發行股票溢價	固定資產重估增值	處分固定資產利益	法定公積	未分配盈餘	
年1月1日餘額							
提列法定公積							
股票股利							
員工紅利							
年純益							
固定資產處分稅後利益							
年12月31日餘額							

處長：　　　主管：　　　製表：

預算表 15-1　股東權益變動表

○○航空股份有限公司
股東權益變動表

○○年1月1日至12月31日

單位：財務處　　　　新台幣：仟元

項　目	股　本	資本公積			保留盈餘		合　計
		發行股票溢價			法定公積	未分配盈餘	
○○年1月1日餘額							
○○年盈餘提列法定公積10%							
盈餘轉增資股票股利30%							
員工紅利3%							
年純益							
現金增資							
○○年12月31日餘額							

預算表 16　長期股權投資變動表

○○航空股份有限公司
長期股權投資變動表
○○年度

單位：財務處　　　　單位：台幣仟元

長期股權投資被投資公司	年度期初餘額			本期增加			權益法認列投資收益	年度長期股權處分			年度期末餘額		
	股數		金額	股數		金額	金額	股數		金額	股數		金額
合　計		股			股				股			股	

預算表 16-1　資金來源運用預算表

○○航空股份有限公司
資金來源運用預算表
○○年度

單位：財務處　　　　金額單位：台幣仟元

項目	資金來源			項目	資金運用			說明

處長：　　　　主管：　　　　製表：

預算表 17　預計財務狀況表

○○航空股份有限公司
預計財務狀況表
年　月　日

單位：台幣仟元

資　產		負債及股東權益	
流動資產		**流動負債**	
現金及銀行存款		短期借款	
短期投資		應付票據	
應收帳款（淨）		應付帳款	
其他應收款		應付費用	
材料及配件（淨）		預收款項	
預付費用		其他流動負債	
質押定期存款		長期借款一年內到期	
		長期負債	
長期投資淨額		應付公司債	
		長期借款	
固定資產		**其他負債**	
成本		存入保證金	
減：累計折舊		遞延所得稅負債	
		土地增值稅準備	
		負債總額	
其他資產			
非消耗性材料配備		**股東權益總額**	
存出保證金		股本	
閒置資產（淨）			
應收所得稅退稅款		**公積及盈餘**	
遞延退休金成本（預付退休金）		資本公積	
		法定公積	
		未分配盈餘	
資產總計		**負債及股東權益總計**	

預算表 18　預計損益表

○○航空股份有限公司
預計損益表
○○年度

單位：財務處　　　　單位：台幣仟元

項目		金額	說明
營業收入			
客運收入	國內		
	國際		
貨郵運收入			
班機收入			
修護收入			
其他收入			
營業成本			
營業毛利			
營業費用			
營業利益（損失）			
營業外收入			
利息收益			
兌換收益			
租賃收益			
投資收入			
財產交易收入			
處分股權收益			
盤存盈餘			
其他收益			
營業外支出			
利息費用			
兌換損失			
公司債發行費			
財產交易損失			
盤存損失			
其他費用			
稅前淨利（淨損）			
減：所得稅費用			
稅前淨利（淨損）			

總經理：　　處長：　　主管：　　製表：

預算表 19　現金流量表

○○航空股份有限公司
現金流量表
○○年及○○年1月1日至12月31日

單位：台幣仟元

項　　　　目	財務預測 ○○年度	歷史資訊實際數 ○○年度
營業活動之現金流量：		
本期純益		
調整項目：		
折舊及攤銷		
處分股權投資利益		
長期投資採購權益法認列之投資損失		
處分固定資產（利益）損失淨額		
遞延所得稅淨負債增加（減少）		
應收票據（增加）減少		
應收帳款（增加）減少		
其他應收款（增加）減少		
材料及配件（增加）減少		
預付款項（增加）減少		
其他資產（增加）減少		
應付票據增加（減少）		
應付帳款（減少）增加		
應付所得稅（減少）增加		
其他應付款（減少）增加		
預收款項（減少）增加		
其他流動負債（減少）增加		
存入保證金減少		
其他負債減少		
外幣長期借款匯率調整		
淨　調　整　數		
營業活動之淨現金流入		

預算表 19　現金流量表（續）

○○航空股份有限公司

現 金 流 量 表

○○年及○○年1月1日至12月31日

單位：台幣仟元

項　　　　目	財 務 預 測 ○○年度	歷史資訊實際數 ○○年度
投資活動之現金流量：		
質押定期存款（增加）減少		
存出保證金（增加）減少		
短期投資（增加）減少		
買賣短期投資現金淨流出		
長期投資增加		
處分長期投資價款		
處分固定資產價款		
購置固定資產		
投資活動之淨現金流入（出）		
理財活動之現金流量：		
應付短期票券（減少）增加		
應付公司債增加		
償還長期借款		
現金增資		
支付員工紅利		
理財活動之淨現金流出		
本期現金及約當現金增加（減少）數		
期初現金及約當現金餘額		
期末現金及約當現金餘額		
現金流量資訊之補充揭露：		
本期支付利息		
本期支付所得稅		
不影響現金流量之投資及理財活動：		
一年內到期之長期借款		
提列員工紅利		

CHAPTER 7

航空公司資本支出——飛機購買合同條件及約定內容

現今資訊發達的年代，航空業者與飛機製造商間的飛機採購交易，對外大都保持高度緘默，顯得更加令人矚目。製造商承認與航空公司彼此之間存在著討價還價的議價空間，但在競爭並不激烈的交易中，下大訂單的客戶和提早訂購新機型的買家往往能夠得到較為低廉的價格。歐洲最大的軍火供應製造商歐洲宇航防務集團（European Aeronautic Defence and Space Company, EADS）旗下的空中巴士公司則依據交易量多寡，「折扣就有所差異」；波音公司的合同中則「有許多可以談判操作的空間」。這些折扣大致在 20% 至 60% 之間，平均為 45% 左右。經驗豐富的航空業內行人士稱，懂行情的買家不會支付高於標價一半的價格。

一、繁冗的合同

飛機買賣價格差異大且難以確定的原因是，飛機購買合同很複雜，合同內容可能多達數百頁，內容涵蓋結構、引擎、艙內裝飾、備用零件、操作性能和培訓等部分，加上機載設備等額外費用時，合算的飛機價格會很快攀升，讓實際價格更加捉摸不定。航空公司為了降低採購成本，通常會一次訂購大量飛機，並在往後多年分期交割。因此，一份訂單中每架飛機的實際價格可能由於通貨膨脹使價差擴大。核算這種差異的調整方式稱為價格浮動公式，極有可能在短短幾年中通貨膨脹抵銷掉大部分原本的折扣差價。飛機採購的第一步是要確定待購飛機能完成相對應的飛行任務，且自己的團隊能夠對其完成有效之管理。

飛機採購決策面臨的基本思考問題包括：

1. 購入這架飛機的目的是什麼？貨運還是客運？
2. 需要搭載的乘客數量或貨物重量是多少？

3. 80% 以上的飛行航程平均飛行哩程多遠？
4. 是否需要在短距離跑道或高海拔地區跑道完成起降？
5. 基地所在地。
6. 臨近的飛機維修工廠。
7. 維修、法務以及機組人員的管理機制。
8. 飛行任務多數在國境內，還是要完成跨國飛行？

基於上述八項問題，優秀的航空顧問公司可以幫助購機航空公司從航空市場選擇滿足購機者完成飛航任務又能兼顧維護的飛機，也可以為購機航空公司提供來自全世界的最佳的購機時機。一旦航空公司購機人員將購機目標選定在少數幾款機型時，接下來要了解飛機的歷史、維修紀錄以及對客貨機艙裝飾情況展開具體調查。通常採用的方式不外乎到飛機所在地完成目視檢查或審查其飛行日誌。

然後，雙方需要出具原始草約，其中包括計畫購機價格以及一般條款、飛機檢查細節和購機前飛機檢查的具體地點，並提供出示整個購機過程的時間表。這應該是份一頁備忘錄而不具約束力的意向書。然後，由一個雙方同意的第三方託管機構提存訂金，這樣飛機標的物就能為航空公司購機人保留，而其他出價人就無法在市場上主張對該飛機追逐競價。購機人在準備採購前，於檢查飛機之同時應開始就飛機購買的正式合同展開談判。購買合同需確定各方的財務以及法律責任，賣方需支付所有適航差異以及製造商服務等相關費用；買方則需支付採購前飛機檢查費用以及設備檢查結果報告，以確保自身最大利益。另外，將飛機轉移至檢查地及交付地的費用規定也要言明由買賣雙方何方承擔，但這筆費用通常由買方負擔。

如果飛機交易過程尚未正式開展或交易合同尚未執行，飛機製造商或所有人是不允許買方對飛機進行檢查。如果飛機轉移至他國註冊，飛機所有人將面對一些必要的進出口條件要求，通常是由買方進行買單手續。對於飛機檢查手續，必須同時顧及下列事項：

1. 面試、雇用飛行員。
2. 確定飛機管理人員或託管人。
3. 確定機庫。
4. 購買保險、再保險。
5. 安排飛機註冊事宜。
6. 確保稅金最小化。
7. 融資。
8. 向第三方代管機構提交相關文件，為完成該筆交易做準備。

以上手續越早完成，購買方航空公司就能夠越早實現飛機投入營運。如果是首次購機，堅決建議買方盡量使用航空顧問或中間人，市場變化無時無刻不在，因此理智的購機人都會尋求外界的幫助。

二、航空公司資本支出與製造商簽訂飛機採購合同

飛機採購所涉及的金額非常龐大，從數百萬美元的小型公務飛機到數億美元的大型商用飛機不等，且涉及複雜的技術參數、飛機融資、試飛、交接、進出口通關手續、航機組員及維修培訓、售後維護等。同時涉及飛機銷售之代理、飛機技術參數團隊、對航空機隊專業的律師和會計師、銀行團聯合貸款融資專案、保險及再保險公司等專業人員的指導和協作、相關事項的評價、方案設計、各項條件之談判、審批報備等高難度的專業化工程，耗時或許從數月到數年不等。從國際法律市場而言，飛機採購服務大都集中於少數國際知名的律師和會計師事務所，他們熟悉國際上飛機採購運作模式、政府政策、法律規則、風險管理、跨國銀行團之聯合貸款籌資管道、保險經紀公司的長期合作，以及其中相關領域的累積經驗，都不是一般小型律師、會計師事務所能夠相提並論的。

隨著兩岸民航事業直航的蓬勃發展，飛機採購規模越來越大而且愈加頻繁，飛機採購案的特殊法律行為針對航空公司與飛機製造商簽訂合同應注意的事項說明如下：

(一) 飛機採購適用法律條文與管轄條款

民航市場主要航線由國際民航機大製造商壟斷。總部設在法國土魯斯（Toulouse）的空中巴士公司是歐洲一家民航機製造商，1970 年於法國成立，由德國、法國、西班牙與英國共同創立，為歐洲最大的軍火供應製造商歐洲宇航防務集團（EADS）擁有，全球員工約 54,000 人。此外，美國一家開發及生產飛機的公司，總部設於伊利諾州芝加哥的波音公司成立於 1916 年 7 月 1 日，由威廉．愛德華．波音（William Edward Boeing）創建，該公司目前在全世界設有 50 多個代表處，員工 20 餘萬人。支線航程則由龐巴迪（Bombardier，加拿大龐巴迪是全世界唯一同時生產飛機與火車的公司）與巴西航太工業公司（Embraer S.A.，為全球最大的 120 座級以下商用噴氣飛機製造商，占世界支線飛機市場約 45% 的市占率）共同分割航空市場。我國目前所談的飛機採購係指國籍航空公司向飛機製造商採購飛機，也就是飛機的進口輸入貿易手續，就牽涉到管轄權和法律上適用性的問題。

從國際貿易的角度而言，《聯合國國際貨物銷售合同公約》已為全世界大部分國家所遵循，長期以來買賣雙方的權利義務按照公約之約定行事比較明確，然而《聯合國國

際貨物銷售合同公約》第二條「e」款明確規定「本公約適用以下的銷售：(e) 船舶、船隻、氣墊船或飛機的銷售」，因為飛機屬於一種動產，具有準不動產性質，每個國家對於飛機的登記註冊、買賣稅收在法律上都有不同的規定，此公約難以統一適用。

飛機是高科技產業，所以有能力生產飛機的製造商形成寡占市場，飛機買賣市場為製造商所壟斷，飛機買賣合同條約規定通常都是由飛機製造商提供。一般製造商都會在合同範本中將適用的法律條款規定為適用於自己所在國的法律，飛機購買方在雙方談判中所留有利於購買方自己的空間範圍不大，飛機購買方必須深入了解製造商當地的法律規定。特別是有關於飛機標的物之所有權歸屬及風險移轉、產品責任等問題，必要時可以聘請熟悉該法律的律師提供專業上的意見。

至於雙方簽訂飛機採購合同的仲裁判定等管轄權問題，製造商一般也會直接在合同範本上規定由製造商當地有管轄權的法院處理，但飛機購買方的航空公司可以要求將有關管轄約定為仲裁，選擇買賣雙方都能信任的仲裁機構，在第三方國家進行。這樣最大的好處就在於雙方買賣交易程序上的保密，因為買賣雙方都是知名企業，將來雙方如有涉及糾紛，通常不願意曝光，但法院一般都有公開的要求。此外仲裁具有節省時間和更客觀公正等優點。

(二) 取消訂購的權利

1. 低利率政策與信用擴張

2008 年金融海嘯之背景，緣由來自美國聯邦準備理事會（Federal Reserve System, Fed，簡稱聯準會）主席葛林斯潘（Alan Greenspan）和財長魯賓（Robert Edward Rubin）在任期內採行自由的市場機制及不斷將利率視為經濟的救命仙丹，市場上一直給予高度評價。有人歸責於葛林斯潘任期內不斷以低利率來促進經濟成長，最後的代價就是房市泡沫化，2014 年之前美國又採取 QE（guantitative easing）貨幣寬鬆政策，緊接 2015 年歐盟國家亦採 QE 寬鬆貨幣供給，影響全球債券利率物價波動。

2. 次級房貸市場的擴張，信貸監管機制的失當

投資銀行的新創金融手法加乘數效果，由次貸引起資產減損等流動性金融風暴擴散到全球，導致經濟景氣循環再次收縮。2013 年現任聯準會主席柏南克（Ben Shalom Bernanke）與美國財長鮑爾森（Henry Paulson）的策略是：(1) 促進金融流動性不致枯竭，如起先的急降利率、促請歐元區調降利率，以一句話比擬即是「用貨幣對市場來個痛快的淋浴」；(2) 對人民退稅（因考量當時高通膨），以此法來增進人均實質所得；(3) 現階段計畫採擴張性的公共政策（因低通膨），以發行公債支應現在及未來所需的支出，但 Fed 又用印鈔票及低利率（或低重貼現率）再為市場送錢（貨幣），明說就是財政部發公債，再由 Fed 印鈔票買回。

美國發行不動產抵押貸款證券（Mortgage Backed Securities, MBS）的主要機構房利美（Fannie Mae）、房地美（Freddie Mac）、吉利美（Ginnie Mae）的 MBS 殖利率平均高於美國 10 年期公債殖利率 137 個基本點，吸引許多法人投資。雷曼兄弟 MBS 指數顯示無論利率升降，自 1996 年以來該指數連續 10 年皆為正報酬，最差的 1999 年也有 2.1% 報酬率，同時期 MSCI 全球債券指數在 1999 年、2001 年、2005 年卻是負報酬率。這個策略似乎以骨牌效應擴展和散布。對於這些以信用貸款為主要標的的證券（或稱信用衍生性商品），由於次級房屋信貸危機的發生，使得受到這些信用衍生性商品衝擊的成員增加，包括雷曼兄弟、美國國際集團（AIG）、美林證券和 HBOS。而其他公司也面臨了壓力，包括美國最大的存款及借貸公司華盛頓互惠銀行，並影響到大型投資銀行摩根史坦利和高盛證券。

3. 歐債危機背景

2009 年 10 月，希臘新任總理帕潘德里歐（Georgios Papandreou）宣布，前任總理隱瞞了大量的財政赤字，隨即引發市場恐慌。截至同年 12 月，三大評級機構紛紛調低了希臘的主權債務評級，投資者拋售希臘國債的同時，愛爾蘭、葡萄牙、西班牙等國的主權債券收益率也大幅上升，歐洲債務危機全面爆發。2011 年 5 月 21 日，標準普爾將義大利的債務評級前景下調至負面，危機再度升級。同年 11 月 9 日，義大利 10 年期國債的收益率突破了 7% 的重要關口，創自歐元區誕生以來的歷史最高點 7.4%。在歐元區內，義大利經濟實力位居第三，如果義大利破產，任何規模的金融穩定基金都將無濟於事。

政府失職、過度舉債、制度缺陷等問題累積效應最終導致這場危機爆發。政府部門與私人部門的長期過度負債行為，是造成這場危機的直接原因。加入歐元區後，以希臘、葡萄牙為代表的一些經濟發展水準較低的國家，在工資、社會福利、失業救濟等方面向德國、法國等發達國家看齊，支出水平遠遠超出國內產出，政府與私人部門的負債比率節節攀升。在歐元區 17 國中，以葡萄牙、義大利、希臘、西班牙等幾個國家的債務問題最為嚴重，它們的首字母縮寫為「PIGS」，恰好是英文單字「豬」，因此國際經濟學界又將這幾個主權債券信用評級較低的國家誣詆為歐豬四國。

2008 年金融海嘯及 2009 年引發歐債危機，對國際民航市場及國內民航市場都曾經歷經突然萎縮的時期，國內民航市場由於高速鐵路的通車，最後只剩下離島航線的經營。在這些衝擊因素下，很多航空公司為了將危機變為轉機，撙節資本支出、降低人工成本、減少費用支出，因此極有可能取消原先訂購的飛機訂單，取消一架大型客機就有可能減少美金一兩億的資本支出與現金流量。這時航空公司才發現採購合同中並無購買方取消訂購飛機合同的相關條款規定。

飛機訂購合同一般都是由飛機製造商所提供，所以合同上一般取消訂購飛機合同的相關規定僅僅規定購買方違約或製造商面臨不可抗力的情況下，製造商可以解除合同，或者規定製造商犯錯條件下解除合同違約責任的限制。從合同法條上的角度來看，購買方只能依據法律規定來解除合同，否則只能承擔相應的違約責任。法律上對於購買方的解除合同權利一般僅在於航空公司破產、解散等少數場合。國外的違約責任相對國內而言較嚴格，一般都會有預期利潤損失全額賠償的要求。購買方要解除合同，由於製造商的成本利潤要求相當高，購買方可能遭受巨額的賠償損失。

在採購合同中，盡可能增加有關單方取消訂單或解除合同的規定，並限定相對應的違約或解除的責任，以便對應民航局審批無法通過的困境，以及民航市場發生重大變化、無法取得銀行團的購機融資、飛機製造生產發生重大變化等情況的發生。

(1) 飛機購買價格的限定

飛機購買價格是飛機採購合同中最關鍵的條款，由於飛機採購從協議簽署到實際交付要經歷一段很長的過程，快則一至二年，慢則七至八年，飛機製造商一般都會在合同中約定飛機價格的調整方式，以便隨著影響價格變化因素而調整提高飛機售價。這種約定會參考製造商所在國的工資率、物價指數等統計數據，作為有利於製造商以後藉以調高售價的主要依據，以上這種不對稱的約定會使飛機購買方的航空公司價款支付義務處於不確定的風險。航空公司基於風險管理的角度，必須對於製造商價格的調整幅度設定一個上限或比例，藉以控制最終購機實際總價。飛機購買方的航空公司對於付款義務之資本支出有可靠的預算，有利於安排銀行融資及保險公司或再保公司合同之簽訂。

(2) 飛機延遲交付的賠償責任

飛機採購從協議簽署到實際交付要經歷一段漫長的路，因此製造商受各種因素影響而延遲交付的機會相當多，例如空中巴士 A380 及波音 787 夢幻客機新產品製造改善交付日期一再拖延。

飛機製造商提供的合同中，對於飛機延遲交付都會有免責豁免規定，其中有些規定不盡合理，例如採購物料不因員工糾紛罷工延宕進料而負賠償責任。對於飛機延遲交付的賠償金，製造商也會約定比較低的賠償金，並且會限制賠償上限，航空公司必須盡量提供有利的賠償標準及買方賠償上限，並保留飛機製造商延遲交付超過一定時段後的合同解除權，以便維護自己有利的權益。

(3) 免責聲明、保證及產品責任與保險條款等

空難的發生會引起巨大的經濟損失，並造成人員傷亡和財產損害。飛機失事有可能是不可抗力的因素，也有可能是航空公司的人為因素，也或許是飛機製造商製造過程中有瑕疵所造成。在飛機自身原因所造成失事事故時，或者飛機本身有任何缺陷之情況下，飛機製造商就有可能要負擔產品責任。眾所皆知，產品責任在國際上是很受重視的，規定非常嚴格，特別是對於消費者、購買方的保障，製造商因產品責任要承擔的後果非常大。因此，製造商總會在飛機訂購合同中以大量的免責聲明、陳述保證等，要求採購方放棄對製造商責任的追究。

基於這種情況，航空公司等訂購方必須仔細審核合同中有關於免責製造商的規定，並盡量要求將一些不合理的免責條款刪除或修改，特別涉及飛機材料缺陷、工藝缺陷等，藉以保護自身的權益。此外航空公司也必須尋求保險來規避可能面臨索賠的責任，並將合同規定與投保保險類別緊密對照，使風險規避銜接無縫。

製造商在某些情況下也會要求航空公司將製造商列為保單中的共同被保險人，以規避其代為求償或者被追訴的風險。在此情況下，航空公司可以盡量要求對方承擔部分保險費，或者在採購條件上給予航空公司適當的優惠，以彌補航空公司因此所增加保險費用的支出。

(4) 付款事項

由於飛機從採購到交機期間很長，涉及的支付金額非常龐大，所以飛機價款的支付一般都會按照約定期間分期支付，航空公司必須與融資銀行及相關單位進行充分溝通以確保：

a. 航空公司可以依照合同約定支付第一筆預付款或者訂金。

b. 徵求聯貸融資銀行按照分期付款提供融資。

c. 外匯管理部門對外匯支付不存有疑慮。

d. 有關外匯支付盡量從事匯率操作避險，避免單一外匯定價產生匯率波動風險。

(5) 對合同條款上關鍵性數據之要求，須設定違反時之救濟措施

飛機採購後，在使用過程中，有一些很重要的數據因素可能會影響飛機的營運成本和效率，例如飛機耗油、修護成本、飛行數據等。飛機製造商在推出新款機型時，會提供機型型錄，內載相關數據供航空公司參考，航空公司在簽訂飛機採購協議時，經常會根據這些數據來簽訂協議內容，一些製造商也會同意航空公司的要求，將型錄上登載的重要參數作為合同內容的一部分。但是就違反這些約定的責任而言，一般製造商僅會規定盡量予以修改或改善，而沒有明定對應的賠償或其他救濟措施。

所以航空公司在與製造商簽訂飛機採購協議時，必須要求製造商對於攸關數據做出書面承諾和保證，並明確約定製造商違反條約時，航空公司有權獲得賠償金或者其他救濟措施。

(6) 第三方設備或軟體的安裝、賣方提供設備的安裝、飛機所屬設備的風險及所有權之移轉等

航空公司必須留意飛機所有權移轉的時間、風險移轉的問題，以及前述問題買賣雙方之間可能存異的地方，並盡量做好相對應的保險和解決方案，以規避風險。此外對第三方提供的設備或軟體，航空公司對其所有權和風險的轉移、售後服務、缺失處理等問題都必須謹慎留意。

(7) **其他問題**

製造商在推出新機型或者要爭取客戶時，在銷售服務上會協助財務融資管道或者其他方面的支持，航空公司應盡量將這些銷售附帶優惠條件在合同上予以書面化。律師在飛機採購過程中的專業服務是相當重要的，一般飛機採購合同的簽署需經以下的流程：

a. 飛機採購協議應必備的法律文件、資料，由律師事務所專業律師審核、起草，審核飛機採購協議並出具法律意見書，以保障飛機採購協議的有效性和權利義務的均衡。

b. 草擬、審查、修改採購協議、融資協議、保險及再保險協議和相關的其他協議及法律文書。

在飛機採購協議中，著重對以上陳述幾個重要問題的審查，期使合同內容明確具體，留意條款的完備性、權利義務的周全性與違約救濟的可行性，以保障採購協議之順利履行。

c. 聯合國外律師與專業服務機構，為國內航空公司提供當地化的服務，由於飛機採購涉及不同國度，為確保有關協議之修改符合當地法令或者合同適用的法律，期使買賣雙方權利義務法律地位對等，確保航空公司相關權利在適用法律下的可執行性。在某些情況下應聘請當地律師與專業人士和服務機構以備不時之需。

三、以在中國大陸選購直升機為例

從購買私人飛機本身，到飛機的駕駛、保養、檢修、停放，甚至是升空的各個環節都存在著諸多難題。在中國，隨著私人飛機產業的蓬勃發展， 許多人也投向了這個潛在的巨大市場。新興的私人飛機消費市場在相關配套環節也還處在摸索階段，限制很多。因此，如果想購買一架私人飛機，就要充分地了解相關情況。首先必須對所有的飛機進行初步了解，包括機型種類、不同機型的特性，以及適合的用途。

(一) 不同機型的飛行

1. 小型私人飛機（以活塞螺旋槳固定翼飛機為主），適合經常性在數百公里範圍內機場之間飛行。
2. 直升機，通常適合於 300 公里半徑範圍內，點對點飛行。
3. 噴氣公務機，適合於逾千公里甚至全球機場之間飛行。

(二) 直升機的優缺點

理論上來說，直升機當然可以在全球範圍內飛行，但實際上，直升機不適合用於遠程交通。直升機一般適用於 300 公里半徑範圍內作為交通工具使用。直升機通常飛得比較低，對天氣要求比較高，太遠的航程天氣變化可能會很大。直升機通常速度比較慢，一般只有 200 至 300 公里／小時，飛長程需要太長時間，而且直升機一般都沒有洗手間。直升機航程比較短，一般不超過 600 公里。直升機噪音比較大，舒適性沒有固定翼飛機好，不適於長途飛行。但是直升機對起降場地要求低，可以提供點對點飛行，而且可以懸停，執行特殊任務。

(三) 直升機的分類

1. 按起飛重量可以分為：
   超輕型直升機，總重在 1 噸以內，主要是運動型。
   輕型直升機，總重 1 至 6 噸，如：BELL206、EC120。
   中型直升機，總重 6 至 15 噸，如：黑鷹、米-171。
   大型直升機，總重 15 至 20 噸，如：CH-47、CH-53A 等。
   重型直升機，總重 20 至 40 噸，可起重 8 至 10 噸，如 CH-64、米-10 等。
   超重型直升機，總重 40 噸以上，如米-6、米-12 等。
2. 按發動機：分活塞式和渦輪軸式。
3. 按座位數目：分為單座、雙座、三座、四座、六座、八座及以上。
4. 按用途：可按軍用和民用分為兩大類。在每一類又可依專業用途分出很多小類，如軍用直升機可分為專用武裝直升機、武裝直升機、運輸直升機、戰勤直升機、偵察直升機、反潛、反艦等；民用可分為訓練、救撈、農林等。

(四) 如何購買選擇國產或進口的國外飛機

購買大陸國產飛機或者直接進口的國外飛機並不需要經過中國大陸民航總局批准，只需要按照相關規定辦理登記並申請飛機三證（適航證、無線電台執照、國籍登記證），滿足飛行條件就可以飛行。而從國外直接進口飛機，目前仍然需要經過中國民航總局批准。

1. 選擇合適的飛機。
2. (1) 向民航局提交報告。
   (2) 除報告本身以外，還要附上一份可行性說明。主要說明計畫怎麼使用飛機，並具有足夠的支付能力，遵守相關規則與基地機場的保障協定或意向書。

(3) 申請人的飛行執照。特許情況也可以提供體檢證明，說明培訓計畫，或者聘請專業飛行員的意向書等。

(4) 航空警察的審查證明。主要由當地航空警察部門說明申請人的犯罪紀錄，關鍵在於是否與恐怖組織有關。

(5) 購機意向書（申請人的身分證、戶口名簿影本等）。

(6) 報告國家民航總局，抄送地區管理局、當地民航局。透過通航網可以下載購機報告樣本。

3. 簽訂購機合同：一般委託專業的進出口公司辦理進出口業務。

4. 飛機交付：進口的飛機一般需要在境外交付，並且在交付時付清全款。小型機一般在交付後委託專門機構拆卸後用集裝箱海運回國組裝。

5. 報關和註冊：憑飛機交接證明和進口批文即可辦理註冊。直升機關稅約 2%，其他飛機 5%，增值稅 17%。組裝後即可申請飛機三證。購買飛機的手續目前在中國大陸仍然比較複雜，不過現在有很多簡單化處理方法，可以和一家代購公司簽署一份協議，就能為你代辦所有的手續，把飛機交貨。

(五) 購買私人飛機的一般流程

1. 確定購機用途：用途不同，選購機型也不一樣。短途公務旅行和通航作業，可以考慮購買直升機；中長程商務公務旅行，可以考慮購買公務機。因此，購機之前，客戶首先應明確購機的主要用途，用途決定購買方向和資金預算。公務機按航程遠近和客艙大小分為大、中、小型；按發動機的種類分為噴氣機和渦輪螺旋槳飛機兩種。借助電腦和通訊技術，公務機已變成了真正的空中辦公室。電話、傳真、電子郵件和視訊設備一應俱全，隨時待命。在經濟發達和公務航空發展最快的美國，輕中型公務機和渦輪螺旋槳飛機仍然占據公務機市場的主流。在中國公務機發展的初期，建議企業購買中型、輕型以及渦輪螺旋槳飛機作為主力機型。

2. 選擇飛機製造商和機型：根據用途和資金預算確定飛機製造工廠和目的機型。在購買和使用公務機經驗不足的情況下，建議國內客戶從世界知名的專業廠商購買飛機。這些製造商具有更悠久的歷史和更健全的售後服務網，能免除企業使用公務機的後顧之憂。

3. 與代理商或廠家進行商務談判：機型確定後，與代理商或廠家進行商務談判，確定基本型價格、選配裝置、備用航材、交貨期、售後服務等各項細節。事實上，公務機可作為投資方法來獲得稅收好處和資產保值。根據會計師事務所提供的資料，中國企業購買新的 100 噸以下的小飛機，按直線折舊法 8 年計算， 8 年後飛機的帳面價值為零。以一架豪客 850XP 飛機為例，它每年能為盈利的公司節省所得稅人民幣 560 萬元（所得稅 33%× 飛機價格／ 8 年）。由於飛機是以美元計價的產品，其價值不受區域經濟的影響。目前世界上通用的飛機殘值計算一般為購買價格的 70%（使用 8 年後），更為保守的估算是 50%，即 8 年後，飛機的帳面價值已為零，但在市場上的售出價格至少為購買價格的一半。

4. 簽訂飛機購買合同、進出口代理協定及支付訂金：在互利互惠、雙方滿意的前提下，在確定進口代理商後，買賣雙方及代理方簽訂三方購買合同，買方支付購機訂金。

   賣方報價一般為出廠價，包括基本型價格和選配裝置價格。客戶還應預留下列進口費用：飛機總價 17% 增值稅、海關稅、進口代理費、運輸費（空運或飛行）、保險費等。進口代理將協助客戶辦理外匯調節、付款、飛機進口等各項手續。

5. 推薦客戶尋找一家飛機代管公司，簽訂飛機託管協定：代理公司可負責申請進口批文；執行飛機的日常維護、維修和排班管理；服務通告和適航指令的完成；航線申請等工作。

   協助客戶確定飛機託管公司並代表客戶與託管公司談判，目前市場上直升機的託管年費約為每年人民幣 100～300 萬元，公務機託管年費約為人民幣 500～800 萬元，具體情況視雙方協商而定。

6. 向國家民航總局提交購機申請：客戶填好相應申請表格，附上飛機購買合同副本，向國家民航總局提交購機申請。進口批文可由飛機代管公司代為申請，有些進口代理公司也可以代辦。所需文件為申請信（購買人情況介紹）、購買合同影本與代管協議影本。

7. 客戶派員參加飛行員轉型培訓和機務人員培訓：飛機廠商一般會為客戶提供飛行員轉型培訓和機務人員培訓。參加完培訓的機務和飛行員可參與隨後的飛機接收工作。培訓的具體時間以工廠實際安排為準。

8. 驗證飛行和接收：飛機完工後，客戶在工廠進行驗證飛行和接收工作。該項工作可由前期參加培訓的飛行和機務人員來完成。驗收同時，客戶應通知進口代理商做好進口清關的準備工作。

9. 向民航總局申請預留飛機註冊號。

10. 飛機運輸：將已接收的飛機運回中國大陸，運費和保險由客戶承擔。

11. 海關手續：客戶透過進口代理公司繳納各種關稅，完成各項海關清關手續。

12. 飛機重新組裝和試飛：清關後，飛機運抵目的地進行重新組裝和試飛。

13. 國籍登記證、適航證、無線電台許可證的獲得：客戶所購飛機運抵中國大陸後，製造商註銷在產地的國籍登記。客戶向民航總局申請飛機三證。該項工作也可交由飛機託管公司來完成。

14. 保養維修、航材供應和售後服務：根據使用年限和飛行小時數，執行期限保修。

(六) 聘請飛行員

飛機如果交給專業公司管理，通常由該公司負責派遣，不過企業也可以自行聘請飛行員飛行，對於已經決心長期使用飛機的用戶，擁有自己的飛行員能更好地融入到企業體系之中。公司可以讓員工考取駕照，公司員工考取駕照後，可以逐步擔任飛機副駕駛，但是真正要成為機長駕駛公務機，美國公務航空協會（NBAA）的建議是至少有3,500 小時的飛行經歷，而這通常需要 4 到 10 年才能累積。

(七) 適航證等允許飛行的證照

購買飛機時，一般飛機銷售公司會把適航證等允許飛行的證照辦好，負責在國內正式飛行之後，可以和銷售公司商量提供相關聯的飛機管理公司，提供後續飛機管理服務。

中國大陸境內的飛行路線申請方式如下（對於在航線上，機場間 IFR- 儀表飛行規則飛行）：中國大陸按照軍區分為六個空管區域，分別是華東、華北、東北、中南、西南和西北。在區內飛行，向地區空管局申請，地區空管局向空軍備案後回覆各相關單位保障飛行。跨區飛行則向民航總局空管局總調度室申請，向空軍備案後批覆各相關單位保障飛行。

(八) 申請時間和費用

中國大陸規定航路上飛行不遲於預訂起飛前 6 小時申請，申請是免費的，但是航路飛行要交納航路費。航路費與飛機起飛總重有關係，一般小飛機約每公里人民幣 0.2 元。

(九) 直升機申請方式

按照中國大陸普通航空飛行管理規定，直升機類飛機通常是每年申請一次常飛航線和空域，一般的做法是用戶每年把經常要飛的航線和空域一次性申請好。然後每天無論是否飛行都申請飛行計畫，因為飛行計畫可以取消或延誤，這樣每天都可以飛常飛航線和空域。經過一段時間磨合，直升機在常飛航線和空域內飛行就比較方便。

(十) 訂購到交貨時間、付款方式

一般來說，廠商生產線上所有飛機都是已經被客戶或者經銷商訂購的。通常公務機、直升機供貨都比較吃緊，某些機型供貨期間都在 2 至 3 年以上。不過某些機型有可

能在已訂貨的經銷商處採購，最短交貨期會在 6 至 12 個月間。

(十一) 飛機年度維護費用

飛機每年固定費用除了飛行員薪資外，最主要的就是保險費。保險費通常包括飛機機體險、乘客（貨物）責任險和第三者責任險。保險金額大約為飛機總價的 2% 左右。

(十二) 機場停泊費用

飛機在機場的停機費用，是按照飛機噸位收取，詳細費用可參考 AIP 飛航指南。小型飛機每天的停機費用大約在人民幣 100 元左右，而在機場起降一次，通常會在人民幣 300 元左右。在基地機場，如果正常露天停放，應該就是按照標準收取，不過因為相關人員需要在機場進行飛機維護、客人進出機場的工作，會需要一些費用，但不會有特別高額的其他費用。如果飛機在基地需要停放機庫內，則需要租用機庫或者建置機庫，費用會根據各地情況而不同，每年大約需要人民幣 10 萬元或者數十萬元的費用。

附錄一

航空公司預算編制表範例

預算表 1-1-1-1d 範例

○○航空公司○○年度國內線預劃機型及班次數（下半年度更新預算）

		一月	二月	三月	四月	五月	六月	七月	八月	九月	十月	十一月	十二月	合計（總班次）	合計（總時數）
北高	757	792	620	800	520	439	609	839	682	672	696	662	692	8023	6685.8
	MD	816	867	785	1037	1094	903	803	939	945	981	915	973	11058	9215.0
	737	0	6	10	8	11	7	0	0	6	6	2	2	58	48.3
	小計	1608	1493	1595	1565	1544	1519	1642	1621	1623	1683	1579	1667	19139	15949.2
北南	757	174	136	200	150	196	195	168	133	129	133	129	133	1876	1407.0
	MD	504	490	474	513	478	450	514	549	535	555	533	551	6146	4609.5
	737	0	0	4	0	0	0	0	0	0	0	0	0	4	3.0
	小計	678	626	678	663	674	645	682	682	664	688	662	684	8026	6019.5
北東	757	0	0	2	4	0	0	0	0	0	0	0	0	6	5.0
	MD	466	389	408	396	399	400	469	469	454	469	454	469	5242	4368.3
	737	58	136	80	56	56	60	0	0	6	6	2	2	462	385.0
	小計	524	525	490	456	455	460	469	469	460	475	456	471	5710	4758.3
北花	757	0	0	0	0	0	0	0	0	0	0	0	0	0	0.0
	MD	376	336	364	359	364	355	310	310	300	310	300	310	3994	2329.8
	737	4	0	6	2	6	0	62	62	60	62	60	62	386	225.2
	小計	380	336	370	361	370	355	372	372	360	372	360	372	4380	2555.0
北馬	757	0	0	0	0	0	0	0	0	0	0	0	0	0	0.0
	MD	0	0	0	0	0	0	0	0	0	0	0	0	0	0.0
	737	78	173	138	144	132	136	136	124	126	130	122	130	1569	1176.8
	小計	78	173	138	144	132	136	136	124	126	130	122	130	1569	1176.8
北金	757	0	0	0	0	0	0	0	0	0	0	0	0	0	0.0
	MD	258	306	237	218	241	238	248	248	240	248	240	252	2974	2726.2
	737	2	22	4	2	3	8	12	0	6	6	2	2	69	63.3
	小計	260	328	241	220	244	246	260	248	246	254	242	254	3043	2789.4
北嘉	757	0	0	0	0	0	0	0	0	0	0	0	0	0	0.0
	MD	20	0	12	96	86	92	62	62	64	68	62	64	688	516.0
	737	24	0	14	140	154	138	186	186	180	186	180	186	1574	1180.5
	小計	44	0	26	236	240	230	248	248	244	254	242	250	2262	1696.5

○○航空公司○○年度國內線預劃機型及班次數（下半年度更新預算）（續）

		一月	二月	三月	四月	五月	六月	七月	八月	九月	十月	十一月	十二月	合計（總班次）	合計（總時數）
高花	757	0	0	0	0	0	0	0	0	0	0	0	0	0	0.0
	MD	188	168	176	176	180	175	124	124	120	124	120	124	1799	1649.1
	737	4	0	8	4	6	0	0	0	0	0	0	0	22	20.2
	小計	192	168	184	180	186	175	124	124	120	124	120	124	1821	1669.3
高馬	757	0	0	0	0	0	0	0	0	0	0	0	0	0	0.0
	MD	0	0	0	0	0	0	0	0	0	0	0	0	0	0.0
	737	130	139	158	152	160	155	159	159	154	159	154	159	1838	1072.2
	小計	130	139	158	152	160	155	159	159	154	159	154	159	1838	1072.2
高金	757	0	0	0	0	0	0	0	0	0	0	0	0	0	0.0
	MD	62	53	61	54	62	60	62	62	60	62	60	62	720	540.0
	737	51	42	40	38	38	40	44	44	43	44	43	44	511	383.3
	小計	113	95	101	92	100	100	106	106	103	106	103	106	1231	923.3
南金	757	0	0	0	0	0	0	0	0	0	0	0	0	0	0.0
	MD	0	0	0	0	0	2	0	0	0	0	0	0	2	1.5
	737	25	30	23	22	20	20	14	22	16	22	20	22	256	192.0
	小計	25	30	23	22	20	22	14	22	16	22	20	22	258	193.5
高東	757	0	0	0	0	0	0	0	0	0	0	0	0	0	0.0
	MD	0	0	0	0	0	0	0	0	0	0	0	0	0	0.0
	737	0	0	0	0	0	0	0	62	60	62	60	62	306	204.0
	小計	0	0	0	0	0	0	0	62	60	62	60	62	306	204.0
中正－高雄	757	0	0	0	0	0	0	0	0	0	0	0	0	0	0.0
	MD	0	0	0	0	0	0	0	0	0	0	0	0	0	0.0
	737	0	2	2	18	18	16	18	18	17	18	17	18	162	108.0
	小計	0	2	2	18	18	16	18	18	17	18	17	18	162	108.0
中正－花蓮	757	0	0	0	0	0	0	0	0	0	0	0	0	0	0.0
	MD	0	0	0	0	0	0	62	62	60	62	60	62	368	245.3
	737	0	0	0	0	0	0	0	0	0	0	0	0	0	0.0
	小計	0	0	0	0	0	0	62	62	60	62	60	62	368	245.3

〇〇航空公司〇〇年度國內線預劃機型及班次數（下半年度更新預算）（續）

		一月	二月	三月	四月	五月	六月	七月	八月	九月	十月	十一月	十二月	合計（總班次）	合計（總時數）
嘉金	757	0	0	0	0	0	0	0	0	0	0	0	0	0	0.0
	MD	0	0	0	0	0	0	0	0	0	0	0	0	0	0.0
	737	0	0	0	0	0	0	0	0	0	0	0	0	0	0.0
	小計	0	0	0	0	0	0	0	0	0	0	0	0	0	0.0
合　計	757	966	756	1002	674	635	804	1007	815	801	829	791	825	9905	8097.8
	MD	2690	2609	2517	2849	2904	2675	2654	2825	2778	2879	2744	2867	32991	26200.8
	737	376	550	487	586	604	580	631	677	674	701	662	689	7217	5061.6
總　計		4032	3915	4006	4109	4143	4059	4292	4317	4253	4409	4197	4381	50113	39360.2

註：1. 北高線含有 15%配合民航局之減班政策。
2. 本預算班次是依據現有機隊4架757、10架MD、2架737，共16架機隊組成。
3. 北高線每日平均27班使用757、25班使用MD。
（週一四飛50班、週二三飛48班、週五六日飛56班）。
北南線每日飛22班，6班使用757，16班使用MD。
北東線每週一、五、六、日飛16班，14班使用MD，2班使用737。
北花線每日飛12班，皆使用MD。
北馬線每日飛4班，高馬線每週一二四日飛4班、每週三飛2班、每週五六飛6班，皆使用737。
馬公機場跑道預定87.3整修完畢後，自87.4恢復北馬線每日飛6班，2班MD、4班737；
高馬線每週一二四日飛4班、每週三飛2班、每週五六飛6班，皆使用737。
北金線每日飛8班，皆使用MD。
北嘉線於87.1至87.3每日飛8班，2班使用MD，6班使用737；
俟馬公機場整修完畢後，自87.4恢復每日飛6班，皆使用737。
高花線1至6月每日飛6班，7月後每日飛4班，皆使用MD。
高金線每日MD飛2班；每週一二四五六日另再飛2班使用737。
南金線每週二、五、日飛2班，使用737。
高雄-帛琉（國際線定期）每週二、六飛2班，預計使用757。
高雄-蘇比克（國際線定期）每週一、三、五飛2班，預計使用MD。
中正-帛琉（國際線定期）每週四、日飛2班，預計使用757。
高雄-關島（國際線定期）每週四、日飛2班，預計使用757。
嘉金線俟馬公機場整修完畢後，自87.4每週一六飛2班，
皆使用737。
高東線每週一三四五六日飛2班，使用737。
4. 上述各航線班次資料參考以86.5.1實施之班表。
5. 本預算班次考慮因機務維修因素，而留一架MD飛機備用。

預算表 1-1-1-1 範例

○○航空股份有限公司
○○年度各航線載客數
（下半年度更新預算）

	一月	二月	三月	四月	五月	六月	七月		八月	
							修正前	修正後	修正前	修正後
北高	223,995	205,476	216,891	201,706	185,584	188,321	224,361	221,420	220,380	217,554
北南	85,000	80,675	89,297	84,873	86,891	80,846	85,327	86,677	84,031	84,695
北東	40,909	53,872	43,890	44,401	40,829	44,132	59,882	59,882	59,882	57,030
北花	42,805	42,607	44,634	43,568	43,233	42,063	42,557	44,194	43,648	45,012
北馬	7,374	16,784	13,106	15,341	14,790	14,719	14,198	13,382	13,243	12,797
北金	22,852	34,511	22,325	24,744	27,915	27,877	35,027	34,831	33,172	31,665
北嘉	4,120	0	2,413	19,084	18,392	18,002	20,411	20,411	21,078	21,078
高花	12,968	17,584	17,325	17,038	15,953	16,218	13,288	15,550	12,873	15,455
高馬	11,306	12,882	12,170	13,820	13,275	12,670	15,512	16,218	14,730	16,027
高金	3,468	6,639	7,794	9,257	10,229	7,580	8,617	9,558	8,190	10,293
南金	987	1,488	932	1,650	1,457	1,186	1,886	1,226	1,798	1,914
高東							5,673		5,259	2,976
中-高		0	9	848	1,037	872	1,408	1,512	1,471	1,620
中-花							4,881	3,770	5,082	3,770
嘉金										
TTL	455,784	472,518	470,786	476,330	459,585	454,486	533,028	528,631	524,837	521,887
Accum. TTL	455,784	928,302	1,399,088	1,875,418	2,335,003	2,789,489	3,322,517	3,318,120	3,847,354	3,840,007

〇〇航空股份有限公司
〇〇年度各航線載客數（續）
（下半年度更新預算）

	九月		十月		十一月		十二月		TTL
	修正前	修正後	修正前	修正後	修正前	修正後	修正前	修正後	
北高	213,847	216,668	219,384	219,677	203,797	206,273	213,147	215,177	2,518,742
北南	79,746	79,746	82,714	83,161	79,521	80,596	81,597	83,818	1,006,275
北東	48,670	48,252	48,245	50,406	45,981	47,227	46,708	47,208	578,038
北花	41,184	38,016	41,466	40,320	40,022	40,128	42,011	39,283	505,863
北馬	12,852	12,398	12,480	12,168	10,980	11,273	12,012	11,700	155,832
北金	28,346	26,784	28,812	26,891	25,777	25,337	26,364	25,824	331,556
北嘉	19,580	19,110	20,573	20,345	18,987	18,676	19,549	19,229	180,860
高花	11,418	13,498	11,403	14,136	11,820	13,498	11,346	14,136	183,358
高馬	12,862	13,306	11,734	13,356	10,497	12,936	9,864	13,356	161,322
高金	7,768	8,711	7,911	8,234	7,169	7,854	7,131	7,793	97,410
南金	1,548	1,152	1,630	1,531	1,516	1,368	1,439	1,452	16,344
高東	4,642	3,240	4,769	3,720	4,432	3,600	4,432	4,092	17,628
中-高	1,438	1,530	1,564	1,620	1,440	1,530	1,534	1,620	12,198
中-花	4,925	4,104	5,230	4,241	5,220	4,560	5,587	5,183	25,627
嘉金									0
TTL	488,826	486,515	497,915	499,805	467,159	474,855	482,721	489,872	5,791,053
Accum. TTL	4,336,180	4,326,521	4,834,095	4,826,326	5,301,254	5,301,181	5,783,975	5,791,053	

預算表 1-1-1-1c 範例

○○航空股份有限公司
○○年度各航線機位數
（下半年度更新預算）

	一月	二月	三月	四月	五月	六月	七月	八月	九月	十月	十一月	十二月	TTL
北高	284,953	259,146	283,441	263,214	254,844	261,131	294,051	282,538	282,120	292,512	275,030	289,996	3,322,976
北南	110,488	101,221	112,980	107,542	112,114	107,686	112,568	110,713	107,765	111,625	107,461	111,017	1,313,180
北東	76,288	74,825	71,516	67,204	66,517	67,058	71,288	71,288	69,728	72,008	69,248	71,528	848,496
北花	58,883	51,346	56,122	54,958	56,714	54,031	54,560	54,560	52,800	54,560	52,800	54,560	655,894
北馬	9,360	20,760	16,560	17,280	15,840	16,320	16,320	14,880	15,120	15,600	14,640	15,600	188,280
北金	40,674	50,762	37,294	34,826	38,723	38,656	39,136	37,696	37,200	38,416	36,720	38,544	468,647
北嘉	5,930	0	3,542	31,344	31,248	30,430	31,744	31,744	31,328	32,656	31,024	32,048	293,038
高花	30,315	26,132	27,930	27,742	28,804	27,005	18,848	18,848	18,240	18,848	18,240	18,848	279,800
高馬	15,600	16,680	18,960	18,240	19,200	18,600	19,080	19,080	18,480	19,080	18,480	19,080	220,560
高金	16,086	13,697	14,393	13,322	14,612	14,462	14,704	14,704	14,280	14,704	14,280	14,704	173,948
南金	3,000	3,600	2,760	2,640	2,400	2,730	1,680	2,640	1,920	2,640	2,400	2,640	31,050
高東								7,440	7,200	7,440	7,200	7,440	36,720
中-高		240	240	2,160	2,160	1,920	2,160	2,160	2,040	2,160	2,040	2,160	19,440
中-花							9,424	9,424	9,120	9,424	9,120	9,424	55,936
嘉金													
TTL	651,577	618,409	645,738	640,472	643,176	640,029	685,563	677,715	667,341	691,673	658,683	687,589	7,907,965
Accum. TTL	651,577	1,269,986	1,915,724	2,556,196	3,199,372	3,839,401	4,524,964	5,202,679	5,870,020	6,561,693	7,220,376	7,907,965	

說明：1. 86.7.1中正-花蓮航線開航，每日2班，使用MD；高花線因此每日減少2班。
2. 南金線7及9月由於737進廠，故班次減少。

預算表 1-1-1-1b 範例

○○航空股份有限公司
○○年度各航線載運數
（下半年度更新預算）

	一月	二月	三月	四月	五月	六月	七月		八月		九月		十月		十一月		十二月		Avg.
							修正前	修正後	修正前	修正後	修正前	修正後	修正前	修正後	修正前	修正後	修正前	修正後	
北高	78.6	79.3	76.5	76.6	72.8	72.1	76.3	75.3	78.0	77.0	75.8	76.8	75.0	75.1	74.1	75.0	73.5	74.2	75.8
北南	76.9	79.7	79.0	78.9	77.5	75.1	75.8	77.0	75.9	76.5	74.0	74.0	74.1	74.5	74.0	75.0	73.5	75.5	76.6
北東	53.6	72.0	61.4	66.1	61.4	65.8	84.0	84.0	84.0	80.0	69.8	69.2	67.0	70.0	66.4	68.2	65.3	66.0	68.1
北花	72.7	83.0	79.5	79.3	76.2	77.8	78.0	81.0	80.0	82.5	78.0	72.0	76.0	73.9	75.8	76.0	77.0	72.0	77.1
北馬	78.8	80.8	79.1	88.8	93.4	90.2	87.0	82.0	89.0	86.0	85.0	82.0	80.0	78.0	75.0	77.0	77.0	75.0	82.8
北金	56.2	68.0	59.9	71.1	72.1	72.1	89.5	89.0	88.0	84.0	76.2	72.0	75.0	70.0	70.2	69.0	68.4	67.0	70.7
北嘉	69.5		68.1	60.9	58.9	59.2	64.3	64.3	66.4	66.4	62.5	61.0	63.0	62.3	61.2	60.2	61.0	60.0	61.7
高花	42.8	67.3	62.0	61.4	55.4	60.1	70.5	82.5	68.3	82.0	62.6	74.0	60.5	75.0	64.8	74.0	60.2	75.0	65.5
高馬	72.5	77.2	64.2	75.8	69.1	68.1	81.3	85.0	77.2	84.0	69.6	72.0	61.5	70.0	56.8	70.0	51.7	70.0	73.1
高金	21.6	48.5	54.2	69.5	70.0	52.4	58.6	65.0	55.7	70.0	54.4	61.0	53.8	56.0	50.2	55.0	48.5	53.0	56.0
南金	32.9	41.3	33.8	62.5	60.7	43.4	58.2	73.0	55.5	72.5	49.6	60.0	50.3	58.0	48.6	57.0	44.4	55.0	52.6
高東							60.2		55.8	40.0	50.9	45.0	50.6	50.0	48.6	50.0	47.8	55.0	48.0
中-高		0.0	3.8	39.3	48.0	45.4	65.2	70.0	68.1	75.0	70.5	75.0	72.4	75.0	70.6	75.0	71.0	75.0	62.7
中-花							65.6	40.0	68.3	40.0	68.4	45.0	70.3	45.0	72.5	50.0	75.1	55.0	45.8
嘉金																			
Avg.	70.0	76.4	72.9	74.4	71.5	71.0	77.8	77.1	77.4	77.0	73.2	72.9	72.0	72.3	70.9	72.1	70.2	71.2	73.2
Accum. Avg.	70.0	73.1	73.0	73.4	73.0	72.7	73.4	73.3	73.9	73.8	73.9	73.7	73.7	73.6	73.4	73.4	73.1	73.2	

說明：1. 北高線由於實施聯運，市場價格上升，自6月份開始市場需求即呈現衰退現象，6月份市場需求較去年同期減少3.2%，7月份減少約5%，由於市場價位可望維持，故載運率適度調降。

2. 北南線四家聯運，由於市場價格上升，市場成長已趨緩，但仍維持10%以上之成長；1-6月市場需求較去年同期成長15.8%，××航空1-6月載客數較去年同期成長23.3%，故下半年度載運率大幅調升。

3. 北花線由於進入旺季，且立榮櫃檯八折票亦已結束，故載運率適度調升。

4. 高花線由於減班及國華漲價的關係，故載運率大幅調升。

5. 北金線由於他航仍以低價競爭，且受到立榮推出買金龍（宏玻陶瓷廠）送機票活動，故載運率向下調整。

預算表 1-1-1-1a 範例

〇〇航空股份有限公司
〇〇年度各航線平均票價
（下半年度更新預算）

	一月	二月	三月	四月	五月	六月	七月		八月		九月		十月		十一月		十二月		Avg
							修正前	修正後	修正前	修正後	修正前	修正後	修正前	修正後	修正前	修正後	修正前	修正後	
北高	827	942	937	985	1,018	1,049	1,020	1,050	1,065	1,080	1,065	1,080	1,065	1,070	1,065	1,065	1,065	1,065	1,013
北南	1,065	1,047	1,064	1,076	1,096	1,073	1,050	1,070	1,050	1,070	1,020	1,050	1,020	1,020	1,050	1,050	1,020	1,020	1,059
北東	1,138	1,107	1,131	1,131	1,141	1,139	1,060	1,140	1,060	1,140	1,090	1,090	1,090	1,050	1,095	1,050	1,090	1,050	1,109
北花	863	842	849	850	859	849	870	870	870	870	870	870	870	870	860	860	820	820	856
北馬	883	959	965	961	964	998	945	990	945	990	945	945	945	945	900	900	900	900	955
北金	1,268	1,258	1,259	1,234	1,230	1,234	1,215	1,215	1,215	1,215	1,180	1,180	1,180	1,180	1,150	1,150	1,100	1,100	1,211
北嘉	1,021		993	1,042	1,052	1,070	1,020	1,070	1,020	1,070	1,020	1,050	1,020	1,020	1,020	1,020	1,020	1,020	1,045
高花	1,143	1,108	1,036	991	995	973	1,160	1,020	1,160	1,020	1,160	1,020	1,160	1,020	1,100	1,000	1,060	1,000	1,027
高馬	587	667	644	655	638	662	660	680	660	680	660	660	660	660	610	620	610	620	650
高金	919	924	627	623	643	666	920	720	920	720	920	720	920	730	920	650	920	650	702
南金	960	1,089	733	631	588	635	920	720	920	720	920	720	920	740	920	740	920	740	747
高東							1,100		1,100	950	1,100	950	1,100	900	1,050	900	1,050	900	918
中-高		1,350	1,336	801	823	875	1,280	900	1,280	900	1,280	900	1,280	950	1,280	950	1,280	950	905
中-花							0	1,000	0	1,000	0	1,000	0	1,000	0	1,000	0	1,000	1,000
嘉金																			
Avg.	931	992	978	999	1,019	1,033	1,021	1,039	1,040	1,048	1,035	1,038	1,036	1,023	1,035	1,018	1,023	1,008	1,011
Accum. Avg.	931	962	968	976	984	992	997	1,000	1,003	1,006	1,006	1,010	1,009	1,011	1,012	1,012	1,013	1,011	

說明：1. 北高／北南／北嘉線由於實施聯運，市場價位均已調升，且可望繼續維持，故票價均適度調升。
2. 北東線進入旺季，故7及8月均調漲票價；第四季預期會有價格競爭，故調降票價。
3. 北馬／高馬線進入旺季，故7及8月均調漲票價。
4. 高金／南金線配蘇比克優惠案已於6月結束，由於進入旺季後，他航仍維持冬天價位，並未調漲，為維持競爭力，故調降票價。
5. 中高線由於他航多為國際性航空公司，中高段為其接駁航段，故皆以低廉票價吸引客源，故調降票價。

預算表 1-1-1 範例

○○航空股份有限公司
○○年度各航線營收
（下半年度更新預算）

單位：台幣仟元

	一月	二月	三月	四月	五月	六月	七月		八月		九月		十月		十一月		十二月		TTL
							修正前	修正後	修正前	修正後	修正前	修正後	修正前	修正後	修正前	修正後	修正前	修正後	
北高	185,244	193,558	203,227	198,680	188,925	197,549	228,848	232,491	234,704	234,959	227,747	234,002	233,644	235,054	217,044	219,680	227,002	229,164	2,552,532
北南	90,525	84,467	95,012	91,323	95,233	86,748	89,593	92,745	88,233	90,624	81,341	83,733	84,368	84,824	83,497	84,626	83,229	85,494	1,065,353
北東	46,554	59,636	49,640	50,218	46,586	50,266	63,475	68,265	63,475	65,015	53,050	52,594	52,587	52,926	50,349	49,588	50,911	49,569	640,858
北花	36,941	35,875	37,894	37,033	37,137	35,711	37,024	38,448	37,974	39,160	35,830	33,074	36,075	35,078	34,419	34,510	34,449	32,212	433,075
北馬	6,511	16,096	12,647	14,743	14,258	14,690	13,417	13,249	12,515	12,669	12,145	11,716	11,794	11,499	9,882	10,146	10,811	10,530	148,752
北金	28,976	43,415	28,107	30,534	34,335	34,400	42,557	42,320	40,305	38,473	33,449	31,605	33,998	31,732	29,644	29,137	29,001	28,407	401,441
北嘉	4,207	0	2,396	19,886	19,348	19,262	20,820	21,840	21,500	22,553	19,972	20,066	20,985	20,752	19,366	19,050	19,940	19,613	188,973
高花	14,822	19,483	17,949	16,885	15,873	15,780	15,414	15,861	14,933	15,764	13,245	13,768	13,228	14,419	13,001	13,498	12,027	14,136	188,237
高馬	6,637	8,592	7,837	9,052	8,469	8,388	10,238	11,028	9,722	10,898	8,489	8,782	7,745	8,815	6,403	8,020	6,017	8,281	104,800
高金	3,187	6,134	4,887	5,767	6,577	5,048	7,927	6,881	7,535	7,411	7,147	6,272	7,278	6,011	6,595	5,105	6,561	5,066	68,347
南金	948	1,620	683	1,041	857	753	1,735	883	1,654	1,378	1,424	829	1,499	1,133	1,395	1,012	1,323	1,074	12,213
高東							6,241		5,784	2,827	5,106	3,078	5,245	3,348	4,654	3,240	4,730	3,683	16,176
中-高		0	12	679	853	763	1,803	1,361	1,883	1,458	1,841	1,377	2,002	1,539	1,844	1,454	1,963	1,539	11,035
中-花							5,369	3,770	5,590	3,770	5,171	4,104	5,492	4,241	5,481	4,560	5,867	5,183	25,627
嘉金																			
TTL	424,552	468,877	460,292	475,841	468,452	469,358	544,461	549,142	545,807	546,959	505,957	505,000	515,940	511,369	483,574	483,626	493,831	493,951	5,857,419

預算表 1-1-1-1d 範例

○○航空公司○○年度國內線預劃機型及班次數（○○年 8 月引進 B757 新機一架）

		一月	二月	三月	四月	五月	六月	七月	八月	九月	十月	十一月	十二月	合計（總班次）	時數／班次	合計（總時數）
北高	757	792	620	800	808	829	806	839	682	672	696	662	692	8,898	0.83	7,415.0
	MD	816	867	785	722	730	716	803	939	945	981	915	973	10,192	0.83	8,493.3
	737	-	6	10	4	2	2	0	0	6	6	2	2	40	0.83	33.3
北南	757	174	136	200	142	147	142	168	133	129	133	129	133	1,766	0.75	1,324.5
	MD	504	490	474	504	517	502	514	549	535	555	533	551	6,228	0.75	4,671.0
	737	-	-	4	-	-	-	0	0	0	0	0	0	4	0.75	3.0
北東	757	-	-	2	-	-	-	0	0	0	0	0	0	2	0.83	1.7
	MD	466	389	408	385	398	385	469	469	454	469	454	469	5,215	0.83	4,345.8
	737	58	136	80	62	62	60	0	0	6	6	2	2	474	0.83	395.0
北花	757	-	-	-	-	-	-	0	0	0	0	0	0	-	0.58	-
	MD	376	336	364	351	363	351	310	310	300	310	300	310	3,981	0.58	2,322.3
	737	4	-	6	-	-	-	62	62	60	62	60	62	378	0.58	220.5
北馬	757	-	-	-	-	-	-	0	0	0	0	0	0	-	0.75	-
	MD	-	-	-	-	-	-	0	0	0	0	0	0	-	0.75	-
	737	78	173	138	122	124	130	136	124	126	130	122	130	1,533	0.75	1,149.8
北金	757	-	-	-	-	-	-	0	0	0	0	0	0	-	0.92	-
	MD	258	306	237	236	244	236	248	248	240	248	240	252	2,993	0.92	2,743.6
	737	2	22	4	4	2	12	12	0	6	6	2	2	74	0.92	67.8
北嘉	757	-	-	-	-	-	-	0	0	0	0	0	0	-	0.75	-
	MD	20	-	12	64	62	62	62	62	64	68	62	64	602	0.75	451.5
	737	24	-	14	144	149	144	186	186	180	186	180	186	1,579	0.75	1,184.3
高花	757	-	-	-	-	-	-	0	0	0	0	0	0	-	0.92	-
	MD	188	168	176	179	185	179	124	124	120	124	120	124	1,811	0.92	1,660.1
	737	4	-	8	-	-	-	0	0	0	0	0	0	12	0.92	11.0
高馬	757	-	-	-	-	-	-	0	0	0	0	0	0	-	0.58	-
	MD	-	-	-	-	-	-	0	0	0	0	0	0	-	0.58	-
	737	130	139	158	126	130	126	159	159	154	159	154	159	1,753	0.58	1,022.6
高金	757	-	-	-	-	-	-	0	0	0	0	0	0	-	0.75	-
	MD	62	53	61	58	60	58	62	62	60	62	60	62	720	0.75	540.0
	737	51	42	40	59	52	50	44	44	43	44	43	44	556	0.75	417.0
南金	757	-	-	-	-	-	-	0	0	0	0	0	0	-	0.75	-
	MD	-	-	-	-	-	-	0	0	0	0	0	0	-	0.75	-
	737	25	30	23	26	27	26	14	22	16	22	20	22	273	0.75	204.8

〇〇航空公司〇〇年度國內線預劃機型及班次數（〇〇年 8 月引進 B757 新機一架）（續）

		一月	二月	三月	四月	五月	六月	七月	八月	九月	十月	十一月	十二月	合計（總班次）	時數／班次	合計（總時數）
嘉金	757							0	0	0	0	0	0	-	0.75	-
	MD							0	0	0	0	0	0	-	0.75	-
	737							0	0	0	0	0	0	-	0.75	-
高東	757	-	-	-	-	-	-	0	0	0	0	0	0	-	0.67	-
	MD	-	-	-	-	-	-	0	0	0	0	0	0	-	0.67	-
	737	-	-	-	-	-	-	0	62	60	62	60	62	306	0.67	204.0
南東	757							0	0	0	0	0	0	-	0.67	-
	MD							0	0	0	0	0	0	-	0.67	-
	737							0	0	0	0	0	0	-	0.67	-
嘉東	757							0	0	0	0	0	0	-		-
	MD							0	0	0	0	0	0	-		-
	737							0	0	0	0	0	0	-		-
中高	757	-	-	-	-	-	-	0	0	0	0	0	0	-	0.67	-
	MD	-	-	-	-	-	-	0	0	0	0	0	0	-	0.67	-
	737	-	2	2	18	18	16	18	18	17	18	17	18	162	0.67	108.0
中花	757	-	-	-	-	-	-	0	0	0	0	0	0	-	0.67	-
	MD	-	-	-	-	-	-	62	62	60	62	60	62	368	0.67	245.3
	737	-	-	-	-	-	-	0	0	0	0	0	0	-	0.67	-
中帛	757								-	16	18	18	16	68	4.92	334.3
高關	757								-	-	-	-	-	-	3.92	-
高蘇	MD	28	24	26	26	26	26	26	26	26	28	24	28	314	1.25	392.5
高帛	757	16	16	18	18	18	16	18	18	18	16	18	18	208	3.33	693.3
高宿		-	-	-	-	-	-	-	-	-	-	-	-	-		-
包機	小計	44	40	44	44	44	42	44	44	44	44	42	46	522		1,085.83
國內合計	757	966	756	1,002	950	976	948	1,007	815	801	829	791	825	10,666	11.83	8,741.17
	MD	2,690	2,609	2,517	2,499	2,559	2,489	2,654	2,825	2,778	2,879	2,744	2,867	32,110	11.83	25,472.92
	737	376	550	487	565	566	566	631	677	674	701	662	689	7,144	11.83	5,021.00
	小計	4,032	3,915	4,006	4,014	4,101	4,003	4,292	4,317	4,253	4,409	4,197	4,381	49,920	35.50	39,235.09

預算表 1-1-1 範例

○○航空股份有限公司
○○年度各航線營收

Pax	一月	二月	三月	四月	五月	六月	七月	八月	九月	十月	十一月	十二月	合計
北高	223,995	205,476	216,891	204,318	209,453	207,098	221,420	217,554	216,668	219,677	206,273	215,177	2,564,000
北南	85,000	80,675	89,297	81,003	81,322	79,798	86,677	84,695	79,746	83,161	80,596	83,818	995,788
北東	40,909	53,872	43,890	41,107	43,547	42,849	59,882	57,030	48,252	50,406	47,227	47,208	576,179
北花	42,805	42,607	44,634	41,813	43,203	42,255	44,194	45,012	38,016	40,320	40,128	39,283	504,269
北馬	7,374	16,784	13,106	12,166	12,648	13,291	13,382	12,797	12,398	12,168	11,273	11,700	149,087
北金	22,852	34,511	22,325	22,624	25,495	25,447	34,831	31,665	26,784	26,891	25,337	25,824	324,586
北嘉	4,120	-	2,413	17,150	17,120	17,438	20,411	21,078	19,110	20,345	18,676	19,229	177,090
高花	12,968	17,584	17,325	16,688	17,434	17,250	15,550	15,455	13,498	14,136	13,498	14,136	185,521
高馬	11,306	12,882	12,170	10,584	11,591	11,370	16,218	16,027	13,306	13,356	12,936	13,356	155,102
高金	3,468	6,639	7,794	8,817	8,617	8,623	9,558	10,293	8,711	8,234	7,854	7,793	96,400
南金	987	1,488	932	1,111	1,163	1,198	1,226	1,914	1,152	1,531	1,368	1,452	15,523
嘉金													-
高東	-	-	-	-	-	-		2,976	3,240	3,720	3,600	4,092	17,628
南東													-
嘉東													-
中正-高雄	-	-	9	1,296	1,404	1,344	1,512	1,620	1,530	1,620	1,530	1,620	13,485
中正-花蓮	-	-	-	-	-	-	3,770	3,770	4,104	4,241	4,560	5,183	25,627
中帛	-	-	-	-	-	-	-	-	2,649	2,608	2,608	2,650	10,515
高關							-	-	-	-	-	-	-
高蘇	1,900	2,683	2,180	2,028	1,742	1,950	2,574	2,788	2,359	2,541	1,980	2,541	27,266
高帛	2,213	2,530	1,895	1,962	2,250	2,064	3,353	3,353	2,980	2,318	2,608	2,608	30,134
高宿	-	-	-	-	-	-	-	-	-	-	-	-	-
TOTAL	459,897	477,731	474,861	462,665	476,989	471,975	534,558	528,028	494,503	507,272	482,051	497,671	5,868,200
DOMESTIC	455,784	472,518	470,786	458,675	472,997	467,961	528,631	521,887	486,515	499,805	474,855	489,872	5,800,285
DOM+INTL	455,784	472,518	470,786	458,675	472,997	467,961	528,631	521,887	489,164	502,413	477,463	492,522	5,810,800

預算表 1-1-1-1a 範例

○○航空股份有限公司
○○年度各航線平均票價（修正後）

fare	一月	二月	三月	四月	五月	六月	七月	八月	九月	十月	十一月	十二月	Avg.
北高	827	942	937	970	1,010	1,020	1,050	1,080	1,080	1,070	1,065	1,065	1,010
北南	1,065	1,047	1,064	1,070	1,050	1,050	1,070	1,070	1,050	1,020	1,050	1,020	1,052
北東	1,138	1,107	1,131	1,100	1,100	1,100	1,140	1,140	1,090	1,050	1,050	1,050	1,100
北花	863	842	849	850	850	850	870	870	870	870	860	820	855
北馬	883	959	965	945	945	960	990	990	945	945	900	900	944
北金	1,268	1,258	1,259	1,220	1,220	1,220	1,215	1,215	1,180	1,180	1,150	1,100	1,207
北嘉	1,021	-	993	1,020	1,020	1,020	1,070	1,070	1,050	1,020	1,020	1,020	1,029
高花	1,143	1,108	1,036	1,000	1,000	1,000	1,020	1,020	1,020	1,020	1,000	1,000	1,031
高馬	587	667	644	660	660	710	680	680	660	660	620	620	654
高金	919	924	627	620	620	620	720	720	720	730	650	650	710
南金	960	1,089	733	680	680	680	720	720	720	740	740	740	767
嘉金	-	-	-	-	-	-	-	-	-	-	-	-	-
高東	-	-	-	-	-	-	-	950	950	900	900	900	767
南東	-	-	-	-	-	-	-	-	-	-	-	-	-
嘉東	-	-	-	-	-	-	-	-	-	-	-	-	-
中高	-	1,350	1,336	1,300	1,300	1,280	900	900	900	950	950	950	1,101
中花	-	-	-	-	-	-	1,000	1,000	1,000	1,000	1,000	1,000	1,000
中帛								-	4,600	4,600	4,600	4,600	3,680
高關								4,500	4,250	4,250	4,250	4,250	4,300
高蘇	259,000	278,000	278,000	278,000	278,000	278,000	2,250	2,250	2,250	2,250	2,250	2,250	138,542
高帛	1,030,000	1,200,000	829,000	1,128,000	1,128,000	1,128,000	4,500	4,500	4,600	4,600	4,600	4,600	539,200
高宿	720,000	720,000	720,000	720,000	720,000	720,000	720,000	720,000	720,000	720,000	720,000	720,000	720,000

預算表 1-1-1 範例

○○航空股份有限公司
○○年度各航線營收

單位：元

	一月	二月	三月	四月	五月	六月	七月	八月	九月	十月	十一月	十二月	合計
北高	185,243,865	193,558,392	203,226,867	198,188,169	211,547,555	211,239,970	232,491,423	234,958,601	234,001,613	235,053,868	219,680,213	229,163,539	2,588,354,075
北南	90,525,000	84,466,725	95,012,008	86,672,985	85,387,903	83,788,318	92,744,775	90,624,126	83,733,405	84,823,838	84,625,538	85,494,192	1,047,898,812
北東	46,554,442	59,636,304	49,639,590	45,217,410	47,901,674	47,134,384	68,265,389	65,014,656	52,594,436	52,925,880	49,588,493	49,568,904	634,041,561
北花	36,940,715	35,875,094	37,894,266	35,540,844	36,722,387	35,916,566	38,448,432	39,160,440	33,073,920	35,078,261	34,510,080	32,212,224	431,373,229
北馬	6,511,242	16,095,856	12,647,290	11,496,719	11,952,360	12,759,552	13,248,576	12,668,832	11,716,488	11,498,760	10,145,520	10,530,000	141,271,195
北金	28,976,336	43,414,838	28,107,175	27,600,854	31,103,929	31,045,076	42,319,714	38,472,538	31,605,120	31,731,616	29,137,320	28,406,928	391,921,444
北嘉	4,206,520	-	2,396,109	17,493,082	17,462,000	17,786,466	21,840,189	22,553,477	20,065,584	20,751,582	19,049,977	19,613,376	183,218,362
高花	14,822,424	19,483,072	17,948,700	16,688,016	17,434,400	17,249,872	15,860,592	15,764,467	13,767,552	14,418,720	13,497,600	14,136,000	191,071,415
高馬	6,636,622	8,592,294	7,837,480	6,985,440	7,649,928	8,072,870	11,028,240	10,898,496	8,781,696	8,814,960	8,020,320	8,280,720	101,599,066
高金	3,187,092	6,134,436	4,886,838	5,466,484	5,342,515	5,346,205	6,881,472	7,410,816	6,271,776	6,010,995	5,105,100	5,065,528	67,109,258
南金	947,520	1,620,432	683,156	755,290	790,949	814,694	883,008	1,378,080	829,440	1,133,088	1,012,320	1,074,480	11,922,457
嘉金	-	-	-	-	-	-	-	-	-	-	-	-	-
高東	-	-	-	-	-	-	-	2,827,200	3,078,000	3,348,000	3,240,000	3,682,800	16,176,000
南東	-	-	-	-	-	-	-	-	-	-	-	-	-
嘉東	-	-	-	-	-	-	-	-	-	-	-	-	-
中高	-	-	12,024	1,684,800	1,825,200	1,720,320	1,360,800	1,458,000	1,377,000	1,539,000	1,453,500	1,539,000	13,969,644
中花	-	-	-	-	-	-	3,769,600	3,769,600	4,104,000	4,240,800	4,560,000	5,183,200	25,627,200
國內客運	424,551,778	468,877,443	460,291,503	453,790,093	475,120,800	472,874,295	549,142,210	546,959,329	505,000,030	511,369,367	483,625,980	493,950,891	5,845,553,718
中帛	-	-	-	-	-	-	-	-	12,185,400	11,996,800	11,996,800	12,190,000	48,369,000
高關	-	-	-	-	-	-	-	-	-	-	-	-	-
國外客運	-	-	-	-	-	-	-	-	12,185,400	11,996,800	11,996,800	12,190,000	48,369,000
客運收入	424,551,778	468,877,443	460,291,503	453,790,093	475,120,800	472,874,295	549,142,210	546,959,329	517,185,430	523,366,167	495,622,780	506,140,891	5,893,922,718
高蘇	3,626,000	3,330,000	3,608,000	3,608,000	3,608,000	3,608,000	5,791,500	6,273,000	5,307,750	5,717,250	4,455,000	5,717,250	54,649,750
高帛	8,240,000	9,600,000	7,461,000	10,148,000	10,148,000	9,020,000	15,088,500	15,088,500	13,708,000	10,662,800	11,996,800	11,996,800	133,158,400
高宿	-	-	-	-	-	-	-	-	-	-	-	-	-
包機收入	11,866,000	12,930,000	11,069,000	13,756,000	13,756,000	12,628,000	20,881,000	21,362,000	31,201,000	28,377,000	28,449,000	29,904,000	236,179,000
貨運收入	7,338,000	7,027,000	6,659,000	6,985,000	7,107,000	7,250,000	6,955,000	7,228,000	7,311,000	7,960,000	7,949,000	8,521,000	88,290,000
郵運收入	1,008,000	1,437,000	731,000	826,000	824,000	752,000	707,000	824,000	778,000	590,000	685,000	1,048,000	10,210,000
修護收入	2,495,000	1,450,000	907,000	14,010,000	13,845,000	2,960,000	1,399,000	1,399,000	1,399,000	1,399,000	1,400,000	1,400,000	44,063,000
其他收入	5,676,000	2,415,000	552,000	6,936,000	4,336,000	32,473,000	8,908,000	8,914,000	8,919,000	14,500,000	14,491,000	14,782,000	122,902,000
TOTAL	452,934,778	494,136,443	480,209,503	496,303,093	514,988,800	528,937,295	587,992,210	586,686,329	566,793,430	576,192,167	548,596,780	561,795,891	6,395,566,718

預算表 1-1-1-1 範例

○○航空股份有限公司
○○年度各航線載客數
（下半年度更新預算）

	1月	2月	3月	4月	5月	6月	7-12月						TTL			
							修正後	修正後	修正後	修正後	修正後	修正後				
北高	223,995	205,476	216,891	201,706	185,584	188,321	221,420	217,554	216,668	219,677	206,273	215,177	2,518,742	1,296,769	1,294,916	1,853
北南	85,000	80,675	89,297	84,873	86,891	80,846	86,677	84,695	79,746	83,161	80,596	83,818	1,006,275	498,693	492,936	5,757
北東	40,909	53,872	43,890	44,401	40,829	44,132	59,882	57,030	48,252	50,406	47,227	47,208	578,038	310,005	309,368	637
北花	42,805	42,607	44,634	43,568	43,233	42,063	44,194	45,012	38,016	40,320	40,128	39,283	505,863	246,953	250,888	-3,935
北馬	7,374	16,784	13,106	15,341	14,790	14,719	13,382	12,797	12,398	12,168	11,273	11,700	155,832	73,718	75,765	-2,047
北金	22,852	34,511	22,325	24,744	27,915	27,877	34,831	31,665	26,784	26,891	25,337	25,824	331,556	171,332	177,498	-6,166
北嘉	4,120	0	2,413	19,084	18,392	18,002	20,411	21,078	19,110	20,345	18,676	19,229	180,860	118,849	120,178	-1,329
高花	12,968	17,584	17,325	17,038	15,953	16,218	15,550	15,455	13,498	14,136	13,498	14,136	183,358	86,272	72,148	14,124
高馬	11,306	12,882	12,170	13,820	13,275	12,670	16,218	16,027	13,306	13,356	12,936	13,356	161,322	85,199	75,199	10,000
高金	3,468	6,639	7,794	9,257	10,229	7,580	9,558	10,293	8,711	8,234	7,854	7,793	97,410	52,443	46,786	5,657
南金	987	1,488	932	1,650	1,457	1,186	1,226	1,914	1,152	1,531	1,368	1,452	16,344	8,644	9,817	-1,173
高東								2,976	3,240	3,720	3,600	4,092	17,628	17,628	29,207	-11,579
中-高		0	9	848	1,037	872	1,512	1,620	1,530	1,620	1,530	1,620	12,198	9,432	8,855	577
中-花							3,770	3,770	4,104	4,241	4,560	5,183	25,627	25,627	30,925	-5,298
TTL	455,784	472,518	470,786	476,330	459,585	454,486	528,631	521,887	486,515	499,805	474,855	489,872	5,791,053	3,001,564	2,994,486	7,078
Accum. TTL	455,784	928,302	1,399,088	1,875,418	2,335,003	2,789,489	3,318,120	3,840,007	4,326,521	4,826,326	5,301,181	5,791,053				

預算表 18 範例

○○航空公司預算分月損益表（1-7 月）

	會計科目	一月	二月	三月	四月	五月	六月	七月
R	**營業收入**	**454,102,000**	**495,673,000**	**482,537,000**	**518,515,000**	**505,055,000**	**517,652,000**	**587,992,210**
R1	班機收入	433,767,000	476,090,000	468,152,000	484,306,000	476,752,000	477,362,000	556,804,210
R1.1	國內客運	424,549,000	468,946,000	460,206,000	475,856,000	468,413,000	469,396,000	549,142,210
R1.2	國際客運							-
R1.3	貨運	8,089,000	5,954,000	7,096,000	7,650,000	7,627,000	7,224,000	6,955,000
R1.4	郵運	1,129,000	1,190,000	850,000	800,000	712,000	742,000	707,000
R2	包機收入	12,164,000	15,718,000	12,926,000	13,263,000	16,445,000	18,857,000	20,881,000
R2.1	國外	12,164,000	15,718,000	12,926,000	13,263,000	16,445,000	17,850,000	20,881,000
R2.2	國內	-	-	-	-	-	1,007,000	
R3	修護收入	2,495,000	1,450,000	907,000	14,010,000	7,522,000	2,960,000	1,399,000
R4	其他營業收入	5,676,000	2,415,000	552,000	6,936,000	4,336,000	18,473,000	8,908,000
C	**營業支出**	**434,397,000**	**456,715,000**	**473,368,000**	**467,658,000**	**469,975,000**	**480,756,000**	**513,835,446**
C1	**變動成本**	**232,644,000**	**229,212,000**	**240,692,000**	**221,612,000**	**229,795,000**	**235,268,000**	**262,911,988**
C2	**營業成本**	**218,441,000**	**219,256,000**	**225,870,000**	**211,474,000**	**221,459,000**	**225,902,000**	**248,220,055**
C2.1	油料	113,005,000	110,146,000	108,952,000	115,673,000	112,069,000	113,912,000	127,643,787
C2.2	飛行加給	14,145,000	14,491,000	14,521,000	14,033,000	12,691,000	12,431,000	16,451,300
C2.3	旅費	8,367,000	8,863,000	8,933,000	8,846,000	9,245,000	8,487,000	7,656,000
C2.4	侍應食用品	10,021,000	10,453,000	9,302,000	9,749,000	9,371,000	5,987,000	12,457,918
C2.5	降落費	29,032,000	27,129,000	28,186,000	28,307,000	27,793,000	27,875,000	29,872,227
C2.6	安全服務費	4,915,000	4,666,000	4,773,000	4,875,000	4,894,000	4,831,000	5,118,071
C2.7	空橋使用費	1,181,000	1,109,000	1,127,000	935,000	1,184,000	1,179,000	1,749,258
C2.8	停留費	457,000	428,000	438,000	430,000	537,000	466,000	369,500
C2.9	旅客保險	2,699,000	2,806,000	2,771,000	2,783,000	2,679,000	2,663,000	3,303,156
C2.10	修護材料	21,286,000	25,977,000	32,894,000	9,168,000	26,412,000	32,375,000	27,225,728
C2.11	噪音防治費	10,743,000	10,434,000	10,703,000	10,834,000	10,875,000	10,873,000	11,574,025
C2.12	中正機場費用	1,000	-	10,000	56,000	288,000	639,000	1,481,000
C2.13	通訊設備費	56,000	54,000	56,000	54,000	56,000	56,000	55,900
C2.14	擴音設備費	46,000	45,000	45,000	47,000	47,000	47,000	64,380
C2.15	國際線成本	-	-	-	-	-	-	28,733
C2.16	包機費用	2,487,000	2,655,000	3,159,000	5,684,000	3,318,000	4,081,000	3,169,071
C3	**營業費用**	**14,203,000**	**9,956,000**	**14,822,000**	**10,138,000**	**8,336,000**	**9,366,000**	**14,691,933**
C3.1	佣金費用	12,528,000	8,134,000	12,960,000	8,121,000	6,593,000	7,374,000	12,630,271
C3.2	系統使用費	1,675,000	1,822,000	1,862,000	2,017,000	1,743,000	1,992,000	2,061,662
C4	**固定成本**	**201,753,000**	**227,503,000**	**232,676,000**	**246,046,000**	**240,180,000**	**245,488,000**	**250,923,458**
C5	**營業成本**	**163,646,000**	**181,918,000**	**186,510,000**	**188,175,000**	**186,683,000**	**219,180,000**	**201,155,650**
C5.1	折舊	38,380,000	38,389,000	40,285,000	38,987,000	40,193,000	40,377,000	39,215,000
C5.2	飛機保險	7,910,000	7,145,000	7,910,000	7,655,000	7,910,000	7,655,000	8,014,919
C5.3	飛機租金	37,103,000	35,255,000	29,998,000	36,221,000	36,640,000	34,608,000	37,031,569
C5.4	用人費用	69,910,000	84,666,000	89,444,000	85,324,000	81,853,000	81,501,000	88,632,193
C5.5	機師勞務費	1,769,000	2,138,000	2,240,000	1,914,000	1,358,000	1,210,000	2,818,000
C5.6	員工保險費							5,420,419
C5.7	伙食團補助費							544,379
C5.8	福利金	-	225,000	294,000	337,000	204,000	261,000	-
C5.9	殘障補助費							-
C5.10	場站租金	3,366,000	3,979,000	3,672,000	3,803,000	3,803,000	4,112,000	4,529,296
C5.11	包車租金	805,000	746,000	845,000	1,025,000	950,000	865,000	845,000
C5.12	稅捐	8,000	-	-	32,000	47,000	3,000	1,784,000
C5.13	機票印刷費	1,529,000	430,000	32,000	368,000	2,921,000	34,000	1,452,250

○○航空公司預算分月損益表（續）（1-7月）

	會計科目	一月	二月	三月	四月	五月	六月	七月
C5.14	訓練費	182,000	4,085,000	6,714,000	5,896,000	4,753,000	10,401,000	5,030,625
C5.15	其他	2,684,000	4,860,000	5,076,000	6,613,000	6,051,000	38,153,000	5,838,000
C6	**營業費用**	**38,107,000**	**45,585,000**	**46,166,000**	**57,871,000**	**53,497,000**	**26,308,000**	**49,767,808**
C6.1	折舊	1,091,000	1,091,000	1,157,000	1,170,000	1,289,000	1,426,000	2,470,000
C6.2	用人費用	23,553,000	27,977,000	28,835,000	28,896,000	27,632,000	28,289,000	28,023,520
C6.3	員工保險費	6,988,000	7,109,000	6,779,000	6,938,000	7,053,000	(23,509,000)	2,001,581
C6.4	伙食團補助費	380,000	410,000	394,000	394,000	394,000	413,000	197,621
C6.5	福利金	700,000	680,000	686,000	787,000	745,000	788,000	748,333
C6.6	殘障補助費	138,000	139,000	123,000	30,000	(15,000)	-	44,750
C6.7	場站租金	185,000	185,000	185,000	144,000	144,000	144,000	185,002
C6.8	其他租金	128,000	57,000	47,000	608,000	581,000	350,000	853,000
C6.9	廣告費	3,000	2,049,000	270,000	5,332,000	2,609,000	2,710,000	5,605,000
C6.10	印刷費	210,000	534,000	462,000	1,792,000	369,000	649,000	807,000
C6.11	交際費	405,000	1,373,000	715,000	1,231,000	1,366,000	1,847,000	1,290,000
C6.12	稅捐	2,344,000	1,585,000	1,680,000	3,523,000	1,855,000	1,756,000	1,315,000
C6.13	勞務費	883,000	520,000	665,000	760,000	4,104,000	4,385,000	931,000
C6.14	其他	1,099,000	1,876,000	4,168,000	6,266,000	5,371,000	7,060,000	5,296,000
D	**營業淨利**	**19,705,000**	**38,958,000**	**9,169,000**	**50,857,000**	**35,080,000**	**36,896,000**	**74,156,764**
I/E	**非營業收支**	**0**	**0**	**0**	**0**	**0**	**0**	**0**
I	**非營業收入**	**0**	**0**	**0**	**0**	**0**	**0**	**0**
I1	利息收入							
I2	兌換收益							
I3	租賃收入							
I4	投資收入							
I5	處份股權收益							
I6	其他收益							
I7	固定資產出售							
I8	盤存盈餘							
E	**非營業支出**	**0**	**0**	**0**	**0**	**0**	**0**	**0**
E1	利息支出							
E2	兌換損失							
E3	公司債發行費							
E4	固定資產出售							
E5	盤存損失							
E6	其他費用							
EBIT	**稅前淨利**	**19,705,000**	**38,958,000**	**9,169,000**	**50,857,000**	**35,080,000**	**36,896,000**	**74,156,764**

○○航空公司預算分月損益表（續）（8-12 月）

	會計科目	八月	九月	十月	十一月	十二月	全年合計
R	**營業收入**	**586,686,329**	**566,793,430**	**576,192,167**	**548,596,780**	**561,795,891**	**6,401,590,806**
R1	班機收入	555,011,329	525,274,430	531,916,167	504,256,780	515,709,891	6,005,401,806
R1.1	國內客運	546,959,329	505,000,030	511,369,367	483,625,980	493,950,891	5,857,413,806
R1.2	國際客運	-	12,185,400	11,996,800	11,996,800	12,190,000	48,369,000
R1.3	貨運	7,228,000	7,311,000	7,960,000	7,949,000	8,521,000	89,564,000
R1.4	郵運	824,000	778,000	590,000	685,000	1,048,000	10,055,000
R2	包機收入	21,362,000	31,201,000	28,377,000	28,449,000	29,904,000	249,547,000
R2.1	國外	21,362,000	31,201,000	28,377,000	28,449,000	29,904,000	248,540,000
R2.2	國內						1,007,000
R3	修護收入	1,399,000	1,399,000	1,399,000	1,400,000	1,400,000	37,740,000
R4	其他營業收入	8,914,000	8,919,000	14,500,000	14,491,000	14,782,000	108,902,000
C	**營業支出**	**510,153,033**	**513,344,504**	**522,786,506**	**511,875,625**	**519,355,366**	**5,874,219,479**
C1	**變動成本**	**262,076,395**	**262,650,099**	**269,837,587**	**258,937,507**	**267,899,505**	**2,973,536,082**
C2	**營業成本**	**247,460,973**	**248,943,086**	**255,926,931**	**245,772,233**	**254,432,185**	**2,823,157,463**
C2.1	油料	127,480,343	128,362,036	132,949,329	126,936,679	132,121,265	1,449,250,440
C2.2	飛行加給	16,480,500	16,247,500	16,177,000	16,465,000	16,281,000	180,414,300
C2.3	旅費	7,703,000	7,469,000	7,186,000	7,113,000	7,000,000	96,868,000
C2.4	侍應食用品	12,384,762	13,283,517	13,331,956	12,780,539	13,268,576	132,390,269
C2.5	降落費	29,165,631	28,714,290	29,758,267	28,343,370	29,586,359	343,762,144
C2.6	安全服務費	5,120,668	5,040,229	5,223,640	4,975,873	5,195,320	59,627,801
C2.7	空橋使用費	1,734,516	1,708,560	1,771,056	1,686,132	1,759,968	17,124,490
C2.8	停留費	369,500	369,500	369,500	369,500	369,500	4,973,000
C2.9	旅客保險	3,250,776	3,169,617	3,213,055	3,062,530	3,165,354	35,565,489
C2.10	修護材料	27,397,244	27,007,748	27,958,563	26,687,280	27,718,088	312,106,650
C2.11	噪音防治費	11,575,805	11,404,928	11,823,213	11,254,316	11,747,041	133,841,328
C2.12	中正機場費用	1,480,000	1,481,000	1,481,000	1,481,000	1,481,000	9,879,000
C2.13	通訊設備費	55,900	55,900	55,900	55,900	55,900	667,400
C2.14	擴音設備費	64,755	63,795	66,135	62,955	65,715	664,735
C2.15	國際線成本	28,502	1,457,940	1,564,860	1,564,860	1,458,105	6,103,000
C2.16	包機費用	3,169,071	3,107,526	2,997,458	2,933,299	3,158,993	39,919,418
C3	**營業費用**	**14,615,422**	**13,707,013**	**13,910,656**	**13,165,274**	**13,467,321**	**150,378,619**
C3.1	佣金費用	12,580,065	11,615,001	11,761,495	11,123,398	11,360,870	126,781,100
C3.2	系統使用費	2,035,357	2,092,012	2,149,160	2,041,877	2,106,450	23,597,519
C4	**固定成本**	**248,076,638**	**250,694,404**	**252,948,919**	**252,938,118**	**251,455,860**	**2,900,683,397**
C5	**營業成本**	**201,487,024**	**200,853,899**	**201,373,822**	**200,612,726**	**203,628,541**	**2,335,223,662**
C5.1	折舊	39,215,000	39,215,000	39,215,000	39,215,000	40,384,615	473,070,615
C5.2	飛機保險	8,014,919	7,756,373	8,010,121	7,751,730	8,010,121	93,743,183
C5.3	飛機租金	37,031,569	37,031,569	37,031,569	37,031,569	37,031,569	432,014,416
C5.4	用人費用	88,647,298	88,526,427	88,468,955	88,441,003	88,413,403	1,023,827,279
C5.5	機師勞務費	2,801,000	2,821,000	2,801,000	2,801,000	2,803,000	27,474,000
C5.6	員工保險費	5,419,689	5,460,586	5,498,563	5,535,809	5,534,349	32,869,415
C5.7	伙食團補助費	544,379	546,580	546,580	546,580	545,112	3,273,608
C5.8	福利金	-	-	-	-	-	1,321,000
C5.9	殘障補助費	-	-	-	-	-	-
C5.10	場站租金	4,529,296	4,529,296	4,529,296	4,529,296	4,529,296	49,910,776
C5.11	包車租金	844,000	844,000	844,000	844,000	849,000	10,306,000
C5.12	稅捐	1,784,000	1,784,000	1,784,000	1,784,000	1,784,000	10,794,000
C5.13	機票印刷費	1,452,250	1,473,442	1,473,114	1,473,114	1,473,450	14,111,620

○○航空公司預算分月損益表（續）（8-12 月）

	會計科目	八月	九月	十月	十一月	十二月	全年合計
C5.14	訓練費	5,030,625	5,030,625	5,030,625	5,030,625	5,030,625	62,214,750
C5.15	其他	6,173,000	5,835,000	6,141,000	5,629,000	7,240,000	100,293,000
C6	**營業費用**	**46,589,614**	**49,840,505**	**51,575,097**	**52,325,392**	**47,827,320**	**565,459,735**
C6.1	折舊	2,481,000	2,489,000	2,489,000	2,489,000	2,489,000	22,131,000
C6.2	用人費用	28,026,595	27,999,586	27,984,154	27,961,695	27,961,695	333,139,246
C6.3	員工保險費	2,001,311	2,016,414	2,030,437	2,044,191	2,043,651	23,495,585
C6.4	伙食團補助費	197,621	198,420	198,420	198,420	197,888	3,573,392
C6.5	福利金	748,333	748,333	748,333	748,333	748,333	8,876,000
C6.6	殘障補助費	44,750	44,750	44,750	44,750	44,750	683,500
C6.7	場站租金	185,002	185,002	185,002	185,002	185,002	2,097,012
C6.8	其他租金	855,000	853,000	854,000	853,000	853,000	6,892,000
C6.9	廣告費	3,151,000	3,200,000	6,680,000	6,867,000	3,847,000	42,323,000
C6.10	印刷費	798,000	794,000	824,000	922,000	810,000	8,971,000
C6.11	交際費	1,190,000	1,641,000	1,169,000	1,207,000	1,227,000	14,661,000
C6.12	稅捐	1,315,000	1,289,000	1,315,000	1,676,000	1,405,000	21,058,000
C6.13	勞務費	699,000	2,796,000	1,560,000	726,000	809,000	18,838,000
C6.14	其他	4,897,000	5,586,000	5,493,000	6,403,000	5,206,000	58,721,000
D	**營業淨利**	**76,533,296**	**53,448,926**	**53,405,661**	**36,721,154**	**42,440,525**	**527,371,327**
I/E	**非營業收支**	**0**	**0**	**0**	**0**	**0**	**-**
I	**非營業收入**	**0**	**0**	**0**	**0**	**0**	**-**
I1	利息收入						-
I2	兌換收益						-
I3	租賃收入						-
I4	投資收入						-
I5	處份股權收益						-
I6	其他收益						-
I7	固定資產出售						-
I8	盤存盈餘						-
E	**非營業支出**	**0**	**0**	**0**	**0**	**0**	**-**
E1	利息支出						-
E2	兌換損失						-
E3	公司債發行費						-
E4	固定資產出售						-
E5	盤存損失						-
E6	其他費用						-
EBIT	稅前淨利	**76,533,296**	**53,448,926**	**53,405,661**	**36,721,154**	**42,440,525**	**527,371,327**

預算表 2-1-1-A、2-1-1-B 範例

預計耗油金額（1-7 月）

金額：新台幣

月份／油價					一月	二月	三月	四月	五月	六月	七月
航線	機型	飛時	耗油量（L）	%	9.276	9.276	9.276	9.61	9.61	9.61	9.61
北高	757	0.63	5,451	1.00	25,229,152	19,750,094	25,483,992	26,665,607	27,358,649	26,599,603	27,688,669
	MD	0.63	5,148	1.00	24,548,784	26,083,083	23,616,171	22,502,961	22,752,302	22,315,956	25,027,532
	737	0.63	4,012	1.00	-	140,674	234,456	97,159	48,580	48,580	-
北南	757	0.58	5,451	1.00	5,102,866	3,988,447	5,865,363	4,314,355	4,466,269	4,314,355	5,104,308
	MD	0.58	5,148	1.00	13,959,113	13,571,359	13,128,213	14,461,737	14,834,758	14,404,349	14,748,676
	737	0.58	4,012	1.00	-	-	86,340	-	-	-	-
北東	757	0.63	5,451	1.00	-	-	63,710	-	-	-	-
	MD	0.63	5,148	1.00	14,019,281	11,702,790	12,274,392	11,999,502	12,404,679	11,999,502	14,617,575
	737	0.63	4,012	1.00	1,359,848	3,188,608	1,875,652	1,505,971	1,505,971	1,457,391	-
北花	757	0.42	5,451	1.00	-	-	-	-	-	-	-
	MD	0.42	5,148	1.00	7,541,130	6,738,882	7,300,455	7,293,204	7,542,544	7,293,204	6,441,291
	737	0.42	4,012	1.00	62,522	-	93,783	-	-	-	1,003,981
北馬	757	0.58	5,451	1.00	-	-	-	-	-	-	-
	MD	0.58	5,148	1.00	-	-	-	-	-	-	-
	737	0.58	4,012	1.00	1,683,621	3,734,184	2,978,714	2,728,174	2,772,899	2,907,071	3,041,244
北金	757	0.70	5,451	1.00	-	-	-	-	-	-	-
	MD	0.70	5,148	1.00	8,624,164	10,228,660	7,922,197	8,172,821	8,449,865	8,172,821	8,588,388
	737	0.70	4,012	1.00	52,101	573,116	104,203	107,955	53,977	323,865	323,865
北嘉	757	0.57	5,451	1.00	-	-	-	-	-	-	-
	MD	0.57	5,148	1.00	544,382	-	326,629	1,804,749	1,748,350	1,748,350	1,748,350
	737	0.57	4,012	1.00	509,105	-	296,978	3,164,621	3,274,503	3,164,621	4,087,635
高花	757	0.67	5,451	1.00	-	-	-	-	-	-	-
	MD	0.67	5,148	1.00	6,014,949	5,375,061	5,631,016	5,933,211	6,132,089	5,933,211	4,110,157
	737	0.67	4,012	1.00	99,737	-	199,474	-	-	-	-
高馬	757	0.43	5,451	1.00	-	-	-	-	-	-	-
	MD	0.43	5,148	1.00	-	-	-	-	-	-	-
	737	0.43	4,012	1.00	2,080,336	2,224,359	2,528,408	2,088,927	2,155,242	2,088,927	2,636,027
高金	757	0.55	5,451	1.00	-	-	-	-	-	-	-
	MD	0.55	5,148	1.00	1,628,372	1,391,996	1,602,108	1,578,166	1,632,585	1,578,166	1,687,005
	737	0.55	4,012	1.00	1,043,890	859,674	818,737	1,251,120	1,102,682	1,060,271	933,039
南金	757	0.53	5,451	1.00	-	-	-	-	-	-	-
	MD	0.53	5,148	1.00	-	-	-	-	-	-	-
	737	0.53	4,012	1.00	493,103	591,723	453,655	531,292	551,727	531,292	286,080
嘉金	757	0.43	5,451	1.00	-	-	-	-	-	-	-
	MD	0.43	5,148	1.00	-	-	-	-	-	-	-
	737	0.43	4,012	1.00	-	-	-	-	-	-	-
高東	757	0.53	5,451	1.00	-	-	-	-	-	-	-
	MD	0.53	5,148	1.00	-	-	-	-	-	-	-
	737	0.53	4,012	1.00	-	-	-	-	-	-	-
南東	757	0.50	5,451	1.00	-	-	-	-	-	-	-
	MD	0.50	5,148	1.00	-	-	-	-	-	-	-
	737	0.50	4,012	1.00	-	-	-	-	-	-	-
嘉東	757	0.52	5,451	1.00	-	-	-	-	-	-	-
	MD	0.52	5,148	1.00	-	-	-	-	-	-	-
	737	0.52	4,012	1.00	-	-	-	-	-	-	-

預計耗油金額（續）（1-7 月）

金額：新台幣

月份／油價					一月	二月	三月	四月	五月	六月	七月
航線	機型	飛時	耗油量（L）	%	9.276	9.276	9.276	9.61	9.61	9.61	9.61
中高	757	0.63	5,451	1.00	-	-	-	-	-	-	-
	MD	0.63	5,148	1.00	-	-	-	-	-	-	-
	737	0.63	4,012	1.00	-	46,891	46,891	437,217	437,217	388,638	437,217
中花	757	0.58	5,451	1.00	-	-	-	-	-	-	-
	MD	0.58	5,148	1.00	-	-	-	-	-	-	1,779,023
	737	0.58	4,012	1.00	-	-	-	-	-	-	-
中帛	757	3.92	4,612	1.00	-	-	-	-	-	-	-
高關	757	4.92	4,397	1.00	-	-	-	-	-	-	-
高蘇	MD	1.25	4,240	1.00	942,526	807,879	875,202	875,202	875,202	875,202	875,202
高帛	757	3.33	4,520	1.00	2,203,133	2,203,133	2,478,524	2,478,524	2,478,524	2,203,133	2,478,524
高宿	MD	2.00	4,240	1.00	-	-	-	-	-	-	-
TOTAL					117,742,114	113,200,613	116,285,264	119,992,475	118,901,258	115,826,252	127,643,787

註：以標準油量的100%來估算耗油量（L）

預計耗油金額（續）（8-12 月）

金額：新台幣

月份／油價					八月	九月	十月	十一月	十二月	五～十二月	合計
航線	機型	飛時	耗油量（L）	%	9.61	9.61	9.61	9.61	9.61		
北高	757	0.63	5,451	1.00	22,507,357	22,177,337	22,969,385	21,847,317	22,837,377	193,985,693	291,114,538
	MD	0.63	5,148	1.00	29,266,317	29,453,322	30,575,353	28,518,296	30,326,013	218,235,090	314,986,089
	737	0.63	4,012	1.00	-	145,739	145,739	48,580	48,580	485,797	958,087
北南	757	0.58	5,451	1.00	4,040,910	3,919,379	4,040,910	3,919,379	4,040,910	33,846,421	53,117,453
	MD	0.58	5,148	1.00	15,752,963	15,351,248	15,925,127	15,293,861	15,810,351	122,121,334	177,241,756
	737	0.58	4,012	1.00	-	-	-	-	-	-	86,340
北東	757	0.63	5,451	1.00	-	-	-	-	-	-	63,710
	MD	0.63	5,148	1.00	14,617,575	14,150,062	14,617,575	14,150,062	14,617,575	111,174,602	161,170,567
	737	0.63	4,012	1.00	-	145,739	145,739	48,580	48,580	3,352,000	11,282,077
北花	757	0.42	5,451	1.00	-	-	-	-	-	-	-
	MD	0.42	5,148	1.00	6,441,291	6,233,507	6,441,291	6,233,507	6,441,291	53,067,925	81,941,596
	737	0.42	4,012	1.00	1,003,981	971,594	1,003,981	971,594	1,003,981	5,959,110	6,115,415
北馬	757	0.58	5,451	1.00	-	-	-	-	-	-	-
	MD	0.58	5,148	1.00	-	-	-	-	-	-	-
	737	0.58	4,012	1.00	2,772,899	2,817,623	2,907,071	2,728,174	2,907,071	22,854,051	33,978,745
北金	757	0.70	5,451	1.00	-	-	-	-	-	-	-
	MD	0.70	5,148	1.00	8,588,388	8,311,343	8,588,388	8,311,343	8,726,910	67,737,446	102,685,288
	737	0.70	4,012	1.00	-	161,932	161,932	53,977	53,977	1,133,526	1,970,901
北嘉	757	0.57	5,451	1.00	-	-	-	-	-	-	-
	MD	0.57	5,148	1.00	1,748,350	1,804,749	1,917,546	1,748,350	1,804,749	14,268,795	16,944,556
	737	0.57	4,012	1.00	4,087,635	3,955,776	4,087,635	3,955,776	4,087,635	30,701,216	34,671,920
高花	757	0.67	5,451	1.00	-	-	-	-	-	-	-
	MD	0.67	5,148	1.00	4,110,157	3,977,571	4,110,157	3,977,571	4,110,157	36,461,070	59,415,306
	737	0.67	4,012	1.00	-	-	-	-	-	-	299,211
高馬	757	0.43	5,451	1.00	-	-	-	-	-	-	-
	MD	0.43	5,148	1.00	-	-	-	-	-	-	-
	737	0.43	4,012	1.00	2,636,027	2,553,133	2,636,027	2,553,133	2,636,027	19,894,545	28,816,576
高金	757	0.55	5,451	1.00	-	-	-	-	-	-	-
	MD	0.55	5,148	1.00	1,687,005	1,632,585	1,687,005	1,632,585	1,687,005	13,223,940	19,424,582
	737	0.55	4,012	1.00	933,039	911,833	933,039	911,833	933,039	7,718,775	11,692,195
南金	757	0.53	5,451	1.00	-	-	-	-	-	-	-
	MD	0.53	5,148	1.00	-	-	-	-	-	-	-
	737	0.53	4,012	1.00	449,555	326,949	449,555	408,686	449,555	3,453,400	5,523,173
嘉金	757	0.43	5,451	1.00	-	-	-	-	-	-	-
	MD	0.43	5,148	1.00	-	-	-	-	-	-	-
	737	0.43	4,012	1.00	-	-	-	-	-	-	-
高東	757	0.53	5,451	1.00	-	-	-	-	-	-	-
	MD	0.53	5,148	1.00	-	-	-	-	-	-	-
	737	0.53	4,012	1.00	1,266,928	1,226,059	1,266,928	1,226,059	1,266,928	6,252,902	6,252,902
南東	757	0.50	5,451	1.00	-	-	-	-	-	-	-
	MD	0.50	5,148	1.00	-	-	-	-	-	-	-
	737	0.50	4,012	1.00	-	-	-	-	-	-	-
嘉東	757	0.52	5,451	1.00	-	-	-	-	-	-	-
	MD	0.52	5,148	1.00	-	-	-	-	-	-	-
	737	0.52	4,012	1.00	-	-	-	-	-	-	-

預計耗油金額（續）（8-12 月）

金額：新台幣

月份／油價					八月	九月	十月	十一月	十二月	五～十二月	合計
航線	機型	飛時	耗油量（L）	%	9.61	9.61	9.61	9.61	9.61		
中高	757	0.63	5,451	1.00	-	-	-	-	-	-	-
	MD	0.63	5,148	1.00	-	-	-	-	-	-	-
	737	0.63	4,012	1.00	437,217	412,927	437,217	412,927	437,217	3,400,579	3,931,579
中花	757	0.58	5,451	1.00	-	-	-	-	-	-	-
	MD	0.58	5,148	1.00	1,779,023	1,721,635	1,779,023	1,721,635	1,779,023	10,559,363	10,559,363
	737	0.58	4,012	1.00	-	-	-	-	-	-	-
中帛	757	3.92	4,612	1.00	-	2,646,265	2,977,048	2,977,048	2,646,265	11,246,627	11,246,627
高關	757	4.92	4,397	1.00	-	-	-	-	-	-	-
高蘇	MD	1.25	4,240	1.00	875,202	875,202	942,526	807,879	942,526	7,068,941	10,569,750
高帛	757	3.33	4,520	1.00	2,478,524	2,478,524	2,203,133	2,478,524	2,478,524	19,277,412	28,640,726
高宿	MD	2.00	4,240	1.00	-	-	-	-	-	-	-
TOTAL					127,480,343	128,362,036	132,949,329	126,936,679	132,121,265	1,010,220,949	1,477,441,415

註：以標準油量的100%來估算耗油量（L）

預算表 2-1-1-A 範例

○○航空股份有限公司
燃油耗用量預算表（全年更新財務預測）（1-4 月）

1AG＝6.7磅　1磅＝0.565L
1AG＝3.78533L　1L＝1.77磅
1-3月NT$ 9.276/@L（不含稅）　4-12月$9.610/@（不含稅）

單位：航務處　油料單位：公升

航線	機型	飛行時間（Hr）		標準小時耗油量（L）	1月 耗油 數量	1月 耗油 金額（千元）	1月 班次	2月 耗油 數量	2月 耗油 金額（千元）	2月 班次	3月 耗油 數量	3月 耗油 金額（千元）	3月 班次	4月 耗油 數量	4月 耗油 金額（千元）	4月 班次
北高	B-757	38'/60	0.63	5,451	2,719,831	$ 25,229	792	2,129,161	$ 19,750	620	2,747,304	$ 25,484	800	2,774,777	$ 26,666	808
	MD-82/83	38'/60	0.63	5,148	2,646,484	$ 24,549	816	2,811,889	$ 26,083	867	2,545,943	$ 23,616	785	2,341,619	$ 22,503	722
	B-737	38'/60	0.63	4,012	-	$ -	0	15,165	$ 141	6	25,276	$ 234	10	10,110	$ 97	4
北南	B-757	35'/60	0.58	5,451	550,115	$ 5,103	174	429,975	$ 3,988	136	632,316	$ 5,865	200	448,944	$ 4,314	142
	MD-82/83	35'/60	0.58	5,148	1,504,863	$ 13,959	504	1,463,062	$ 13,571	490	1,415,288	$ 13,128	474	1,504,863	$ 14,462	504
	B-737	35'/60	0.58	4,012	-	$ -	0	-	$ -	0	9,308	$ 86	4	-	$ -	0
北東	B-757	38'/60	0.63	5,451	-	$ -	0	-	$ -	0	6,868	$ 64	2	-	$ -	0
	MD-82/83	38'/60	0.63	5,148	1,511,350	$ 14,019	466	1,261,620	$ 11,703	389	1,323,242	$ 12,274	408	1,248,647	$ 11,999	385
	B-737	38'/60	0.63	4,012	146,598	$ 1,360	58	343,748	$ 3,189	136	202,205	$ 1,876	80	156,709	$ 1,506	62
北花	B-757	25'/60	0.42	5,451	-	$ -	0	-	$ -	0	-	$ -	0	-	$ -	0
	MD-82/83	25'/60	0.42	5,148	812,972	$ 7,541	376	726,486	$ 6,739	336	787,026	$ 7,300	364	758,918	$ 7,293	351
	B-737	25'/60	0.42	4,012	6,740	$ 63	4	-	$ -	0	10,110	$ 94	6	-	$ -	0
北馬	B-757	35'/60	0.58	5,451	-	$ -	0	-	$ -	0	-	$ -	0	-	$ -	0
	MD-82/83	35'/60	0.58	5,148	-	$ -	0	-	$ -	0	-	$ -	0	-	$ -	0
	B-737	35'/60	0.58	4,012	181,503	$ 1,684	78	402,564	$ 3,734	173	321,120	$ 2,979	138	283,889	$ 2,728	122
北金	B-757	42'/60	0.70	5,451	-	$ -	0	-	$ -	0	-	$ -	0	-	$ -	0
	MD-82/83	42'/60	0.70	5,148	929,729	$ 8,624	258	1,102,702	$ 10,229	306	854,053	$ 7,922	237	850,450	$ 8,173	236
	B-737	42'/60	0.70	4,012	5,617	$ 52	2	61,785	$ 573	22	11,234	$ 104	4	11,234	$ 108	4
北嘉	B-757	34'/60	0.57	5,451	-	$ -	0	-	$ -	0	-	$ -	0	-	$ -	0
	MD-82/83	34'/60	0.57	5,148	58,687	$ 544	20	-	$ -	0	35,212	$ 327	12	187,799	$ 1,805	64
	B-737	34'/60	0.57	4,012	54,884	$ 509	24	-	$ -	0	32,016	$ 297	14	329,305	$ 3,165	144
高花	B-757	40'/60	0.67	5,451	-	$ -	0	-	$ -	0	-	$ -	0	-	$ -	0
	MD-82/83	40'/60	0.67	5,148	648,442	$ 6,015	188	579,459	$ 5,375	168	607,052	$ 5,631	176	617,400	$ 5,933	179
	B-737	40'/60	0.67	4,012	10,752	$ 100	4	-	$ -	0	21,504	$ 199	8	-	$ -	0

○○航空股份有限公司
燃油耗用量預算表（全年更新財務預測）（續）（1-4 月）

1AG＝6.7磅　1磅＝0.565L
1AG＝3.78533L　1L＝1.77磅
1-3月NT$ 9.276/@L（不含稅）　4-12月$9.610/@（不含稅）

單位：航務處　油料單位：公升

航線	機型	飛行時間（Hr）		標準小時耗油量（L）	1月			2月			3月			4月		
					耗油		班次	耗油		班次	耗油		班次	耗油		班次
					數量	金額（千元）		數量	金額（千元）		數量	金額（千元）		數量	金額（千元）	
高馬	B-757	26'/60	0.43	5,451	-	$ -	0	-	$ -	0	-	$ -	0	-	$ -	0
	MD-82/83	26'/60	0.43	5,148	-	$ -	0	-	$ -	0	-	$ -	0	-	$ -	0
	B-737	26'/60	0.43	4,012	224,271	$ 2,080	130	239,797	$ 2,224	139	272,575	$ 2,528	158	217,370	$ 2,089	126
高金	B-757	33'/60	0.53	5,451	-	$ -	0	-	$ -	0	-	$ -	0	-	$ -	0
	MD-82/83	33'/60	0.55	5,148	175,547	$ 1,628	62	150,064	$ 1,392	53	172,715	$ 1,602	61	164,221	$ 1,578	58
	B-737	33'/60	0.55	4,012	112,537	$ 1,044	51	92,677	$ 860	42	88,264	$ 819	40	130,189	$ 1,251	59
南金	B-757	32'/60	0.53	5,451	-	$ -	0	-	$ -	0	-	$ -	0	-	$ -	0
	MD-82/83	32'/60	0.53	5,148	-	$ -	0	-	$ -	0	-	$ -	0	-	$ -	0
	B-737	32'/60	0.53	4,012	53,159	$ 493	25	63,791	$ 592	30	48,906	$ 454	23	55,285	$ 531	26
高東	B-757	32'/60	0.53	5,451		$ -	0		$ -	0	-	$ -	0	-	$ -	0
	MD-82/83	32'/60	0.53	5,148		$ -	0		$ -	0	-	$ -	0	-	$ -	0
	B-737	32'/60	0.53	4,012		$ -	0	-	$ -	0	-	$ -	0	-	$ -	0
中正	B-757	38'/60	0.63	5,451			0		$ -	0	-	$ -	0	-	$ -	0
｜	MD-82/83	38'/60	0.63	5,148			0		$ -	0	-	$ -	0	-	$ -	0
高雄	B-737	38'/60	0.63	4,012			0	5,055	$ 47	2	5,055	$ 47	2	45,496	$ 437	18
中正	B-757	35'/60	0.58	5,451			0	-	-	0	-	-	0	-	-	0
｜	MD-82/83	35'/60	0.58	5,148			0	-	-	0	-	-	0	-	-	0
花蓮	B-737	35'/60	0.58	4,012	-	$ -	0	-	-	0	-	-	0	-	-	0
合計					12,354,081	$ 114,596	4,032	11,879,000	$ 110,190	3,915	12,174,592	$ 112,930	4,006	12,137,225	$ 116,638	4,014

○○航空股份有限公司
燃油耗用量預算表（全年更新財務預測）（續）（5-8月）

1AG＝6.7磅　1磅＝0.565L
1AG＝3.78533L　1L＝1.77磅
1-3月NT$ 9.276/@L（不含稅）　4-12月$9.610/@（不含稅）

單位：航務處　油料單位：公升

航線	機型	飛行時間（Hr）		標準小時耗油量（L）	5月 耗油 數量	5月 耗油 金額（千元）	5月 班次	6月 耗油 數量	6月 耗油 金額（千元）	6月 班次	7月 耗油 數量	7月 耗油 金額（千元）	7月 班次	8月 耗油 數量	8月 耗油 金額（千元）	8月 班次
北高	B-757	38'/60	0.63	5,451	2,846,894	$ 27,359	829	2,767,909	$ 26,600	806	2,881,235	$ 27,689	839	2,342,077	$ 22,507	682
	MD-82/83	38'/60	0.63	5,148	2,367,565	$ 22,752	730	2,322,160	$ 22,316	716	2,604,322	$ 25,028	803	3,045,402	$ 29,266	939
	B-737	38'/60	0.63	4,012	5,055	$ 49	2	5,055	$ 49	2	-	$ -	0	-	$ -	0
北南	B-757	35'/60	0.58	5,451	464,752	$ 4,466	147	448,944	$ 4,314	142	531,145	$ 5,104	168	420,490	$ 4,041	133
	MD-82/83	35'/60	0.58	5,148	1,543,679	$ 14,835	517	1,498,892	$ 14,404	502	1,534,722	$ 14,749	514	1,639,226	$ 15,753	549
	B-737	35'/60	0.58	4,012	-	$ -	0	-	$ -	0	-	$ -	0	-	$ -	0
北東	B-757	38'/60	0.63	5,451	-	$ -	0	-	$ -	0	-	$ -	0	-	$ -	0
	MD-82/83	38'/60	0.63	5,148	1,290,810	$ 12,405	398	1,248,647	$ 11,999	385	1,521,080	$ 14,618	469	1,521,080	$ 14,618	469
	B-737	38'/60	0.63	4,012	156,709	$ 1,506	62	151,654	$ 1,457	60	-	$ -	0	-	$ -	0
北花	B-757	25'/60	0.42	5,451	-	$ -	0	-	$ -	0	-	$ -	0	-	$ -	0
	MD-82/83	25'/60	0.42	5,148	784,864	$ 7,543	363	758,918	$ 7,293	351	670,270	$ 6,441	310	670,270	$ 6,441	310
	B-737	25'/60	0.42	4,012	-	$ -	0	-	$ -	0	104,472	$ 1,004	62	104,472	$ 1,004	62
北馬	B-757	35'/60	0.58	5,451	-	$ -	0	-	$ -	0	-	$ -	0	-	$ -	0
	MD-82/83	35'/60	0.58	5,148	-	$ -	0	-	$ -	0	-	$ -	0	-	$ -	0
	B-737	35'/60	0.58	4,012	288,543	$ 2,773	124	302,505	$ 2,907	130	316,467	$ 3,041	136	288,543	$ 2,773	124
北金	B-757	42'/60	0.70	5,451	-	$ -	0	-	$ -	0	-	$ -	0	-	$ -	0
	MD-82/83	42'/60	0.70	5,148	879,278	$ 8,450	244	850,450	$ 8,173	236	893,693	$ 8,588	248	893,693	$ 8,588	248
	B-737	42'/60	0.70	4,012	5,617	$ 54	2	33,701	$ 324	12	33,701	$ 324	12	-	$ -	0
北嘉	B-757	34'/60	0.57	5,451	-	$ -	0	-	$ -	0	-	$ -	0	-	$ -	0
	MD-82/83	34'/60	0.57	5,148	181,930	$ 1,748	62	181,930	$ 1,748	62	181,930	$ 1,748	62	181,930	$ 1,748	62
	B-737	34'/60	0.57	4,012	340,739	$ 3,275	149	329,305	$ 3,165	144	425,352	$ 4,088	186	425,352	$ 4,088	186
高花	B-757	40'/60	0.67	5,451	-	$ -	0	-	$ -	0	-	$ -	0	-	$ -	0
	MD-82/83	40'/60	0.67	5,148	638,095	$ 6,132	185	617,400	$ 5,933	179	427,696	$ 4,110	124	427,696	$ 4,110	124
	B-737	40'/60	0.67	4,012	-	$ -	0	-	$ -	0	-	$ -	0	-	$ -	0

○○航空股份有限公司
燃油耗用量預算表（全年更新財務預測）（續）（5-8月）

1AG＝6.7磅　　1磅＝0.565L
1AG＝3.78533L　　1L＝1.77磅
1-3月NT$ 9.276/@L（不含稅）　　4-12月$9.610/@（不含稅）

單位：航務處　　油料單位：公升

航線	機型	飛行時間（Hr）		標準小時耗油量（L）	5月 耗油 數量	5月 耗油 金額（千元）	5月 班次	6月 耗油 數量	6月 耗油 金額（千元）	6月 班次	7月 耗油 數量	7月 耗油 金額（千元）	7月 班次	8月 耗油 數量	8月 耗油 金額（千元）	8月 班次
高馬	B-757	26'/60	0.43	5,451	-	$ -	0	-	$ -	0	-	$ -	0	-	$ -	0
	MD-82/83	26'/60	0.43	5,148	-	$ -	0	-	$ -	0	-	$ -	0	-	$ -	0
	B-737	26'/60	0.43	4,012	224,271	$ 2,155	130	217,370	$ 2,089	126	274,300	$ 2,636	159	274,300	$ 2,636	159
高金	B-757	33'/60	0.53	5,451	-	$ -	0	-	$ -	0	-	$ -	0	-	$ -	0
	MD-82/83	33'/60	0.55	5,148	169,884	$ 1,633	60	164,221	$ 1,578	58	175,547	$ 1,687	62	175,547	$ 1,687	62
	B-737	33'/60	0.55	4,012	114,743	$ 1,103	52	110,330	$ 1,060	50	97,090	$ 933	44	97,090	$ 933	44
南金	B-757	32'/60	0.53	5,451	-	$ -	0	-	$ -	0	-	$ -	0	-	$ -	0
	MD-82/83	32'/60	0.53	5,148	-	$ -	0	-	$ -	0	-	$ -	0	-	$ -	0
	B-737	32'/60	0.53	4,012	57,412	$ 552	27	55,285	$ 531	26	29,769	$ 286	14	46,780	$ 450	22
高東	B-757	32'/60	0.53	5,451	-	$ -	0	-	$ -	0	-	$ -	0	-	$ -	0
	MD-82/83	32'/60	0.53	5,148	-	$ -	0	-	$ -	0	-	$ -	0	-	$ -	0
	B-737	32'/60	0.53	4,012	-	$ -	0	-	$ -	0	-	$ -	0	131,834	$ 1,267	62
中正	B-757	38'/60	0.63	5,451	-	$ -	0	-	$ -	0	-	$ -	0	-	$ -	0
|	MD-82/83	38'/60	0.63	5,148	-	$ -	0	-	$ -	0	-	$ -	0	-	$ -	0
高雄	B-737	38'/60	0.63	4,012	45,496	$ 437	18	40,441	$ 389	16	45,496	$ 437	18	45,496	$ 437	18
中正	B-757	35'/60	0.58	5,451	-	-	0	-	-	0	-	$ -	0	-	$ -	0
|	MD-82/83	35'/60	0.58	5,148	-	-	0	-	-	0	185,122	$ 1,779	62	185,122	$ 1,779	62
花蓮	B-737	35'/60	0.58	4,012	-	-	0	-	-	0	-	$ -	0	-	$ -	0
合　計					12,406,336	$ 119,227	4,101	12,105,117	$ 116,329	4,003	12,933,409	$ 124,290	4,292	12,916,400	$ 124,126	4,317

○○航空股份有限公司
燃油耗用量預算表（全年更新財務預測）（續）（9-12 月）

1AG＝6.7磅　1磅＝0.565L
1AG＝3.78533L　1L＝1.77磅
1-3月NT$ 9.276/@L（不含稅）　4-12月$9.610/@（不含稅）

單位：航務處　　油料單位：公升

航線	機型	飛行時間（Hr）		標準小時耗油量（L）	9月 耗油 數量	9月 耗油 金額（千元）	9月 班次	10月 耗油 數量	10月 耗油 金額（千元）	10月 班次	11月 耗油 數量	11月 耗油 金額（千元）	11月 班次	12月 耗油 數量	12月 耗油 金額（千元）	12月 班次	合計 耗油 數量	合計 耗油 金額（千元）	合計 班次
北高	B-757	38'/60	0.63	5,451	2,307,735	$ 22,177	672	2,390,154	$ 22,969	696	2,273,394	$ 21,847	662	2,376,418	$ 22,837	692	30,556,889	$ 291,114	8,898
	MD-82/83	38'/60	0.63	5,148	3,064,862	$ 29,453	945	3,181,618	$ 30,575	981	2,967,565	$ 28,518	915	3,155,673	$ 30,326	973	33,055,102	$ 314,985	10,192
	B-737	38'/60	0.63	4,012	15,165	$ 146	6	15,165	$ 146	6	5,055	$ 49	2	5,055	$ 49	2	101,102	$ 960	40
北南	B-757	35'/60	0.58	5,451	407,844	$ 3,919	129	420,490	$ 4,041	133	407,844	$ 3,919	129	420,490	$ 4,041	133	5,583,350	$ 53,115	1,766
	MD-82/83	35'/60	0.58	5,148	1,597,424	$ 15,351	535	1,657,141	$ 15,925	555	1,591,453	$ 15,294	533	1,645,198	$ 15,810	551	18,595,812	$ 177,241	6,228
	B-737	35'/60	0.58	4,012	-	$ -	0	-	$ -	0	-	$ -	0	-	$ -	0	9,308	$ 86	4
北東	B-757	38'/60	0.63	5,451	-	$ -	0	-	$ -	0	-	$ -	0	-	$ -	0	6,868	$ 64	2
	MD-82/83	38'/60	0.63	5,148	1,472,431	$ 14,150	454	1,521,080	$ 14,618	469	1,472,431	$ 14,150	454	1,521,080	$ 14,618	469	16,913,497	$ 161,171	5,215
	B-737	38'/60	0.63	4,012	15,165	$ 146	6	15,165	$ 146	6	5,055	$ 49	2	5,055	$ 49	2	1,198,063	$ 11,284	474
北花	B-757	25'/60	0.42	5,451	-	$ -	0	-	$ -	0	-	$ -	0	-	$ -	0	-	-	0
	MD-82/83	25'/60	0.42	5,148	648,648	$ 6,234	300	670,270	$ 6,441	310	648,648	$ 6,234	300	670,270	$ 6,441	310	8,607,559	$ 81,941	3,981
	B-737	25'/60	0.42	4,012	101,102	$ 972	60	104,472	$ 1,004	62	101,102	$ 972	60	104,472	$ 1,004	62	636,945	$ 6,117	378
北馬	B-757	35'/60	0.58	5,451	-	$ -	0	-	$ -	0	-	$ -	0	-	$ -	0	-	-	0
	MD-82/83	35'/60	0.58	5,148	-	$ -	0	-	$ -	0	-	$ -	0	-	$ -	0	-	-	0
	B-737	35'/60	0.58	4,012	293,197	$ 2,818	126	302,505	$ 2,907	130	283,889	$ 2,728	122	302,505	$ 2,907	130	3,567,230	$ 33,979	1,533
北金	B-757	42'/60	0.70	5,451	-	$ -	0	-	$ -	0	-	$ -	0	-	$ -	0	-	-	0
	MD-82/83	42'/60	0.70	5,148	864,864	$ 8,311	240	893,693	$ 8,588	248	864,864	$ 8,311	240	908,107	$ 8,727	252	10,785,575	$ 102,684	2,993
	B-737	42'/60	0.70	4,012	16,850	$ 162	6	16,850	$ 162	6	5,617	$ 54	2	5,617	$ 54	2	207,822	$ 1,971	74
北嘉	B-757	34'/60	0.57	5,451	-	$ -	0	-	$ -	0	-	$ -	0	-	$ -	0	-	-	0
	MD-82/83	34'/60	0.57	5,148	187,799	$ 1,805	64	199,536	$ 1,918	68	181,930	$ 1,748	62	187,799	$ 1,805	64	1,766,485	$ 16,944	602
	B-737	34'/60	0.57	4,012	411,631	$ 3,956	180	425,352	$ 4,088	186	411,631	$ 3,956	180	425,352	$ 4,088	186	3,610,920	$ 34,675	1,579
高花	B-757	40'/60	0.67	5,451	-	$ -	0	-	$ -	0	-	$ -	0	-	$ -	0	-	-	0
	MD-82/83	40'/60	0.67	5,148	413,899	$ 3,978	120	427,696	$ 4,110	124	413,899	$ 3,978	120	427,696	$ 4,110	124	6,246,429	$ 59,415	1,811
	B-737	40'/60	0.67	4,012	-	$ -	0	-	$ -	0	-	$ -	0	-	$ -	0	32,256	$ 299	12

○○航空股份有限公司
燃油耗用量預算表（全年更新財務預測）（續）（9-12 月）

1AG＝6.7磅　1磅＝0.565L
1AG＝3.78533L　1L＝1.77磅
1-3月NT$ 9.276/@L（不含稅）　4-12月$9.610/@（不含稅）

單位：航務處　油料單位：公升

航線	機型	飛行時間（Hr）		標準小時耗油量（L）	9月			10月			11月			12月			合計		
					耗油		班次	耗油		班次	耗油		班次	耗油		班次	耗油		班次
					數量	金額（千元）		數量	金額（千元）		數量	金額（千元）		數量	金額（千元）		數量	金額（千元）	
高馬	B-757	26'/60	0.43	5,451	-	$ -	0	-	$ -	0	-	$ -	0	-	$ -	0	-	-	0
	MD-82/83	26'/60	0.43	5,148	-	$ -	0	-	$ -	0	-	$ -	0	-	$ -	0	-	-	0
	B-737	26'/60	0.43	4,012	265,675	$ 2,553	154	274,300	$ 2,636	159	265,675	$ 2,553	154	274,300	$ 2,636	159	3,024,205	$ 28,815	1,753
高金	B-757	33'/60	0.53	5,451	-	$ -	0	-	$ -	0	-	$ -	0	-	$ -	0	-	-	0
	MD-82/83	33'/60	0.55	5,148	169,884	$ 1,633	60	175,547	$ 1,687	62	169,884	$ 1,633	60	175,547	$ 1,687	62	2,038,608	$ 19,425	720
	B-737	33'/60	0.55	4,012	94,884	$ 912	43	97,090	$ 933	44	94,884	$ 912	43	97,090	$ 933	44	1,226,870	$ 11,693	556
南金	B-757	32'/60	0.53	5,451	-	$ -	0	-	$ -	0	-	$ -	0	-	$ -	0	-		
	MD-82/83	32'/60	0.53	5,148	-	$ -	0	-	$ -	0	-	$ -	0	-	$ -	0	-		
	B-737	32'/60	0.53	4,012	34,022	$ 327	16	46,780	$ 450	22	42,527	$ 409	20	46,780	$ 450	22	580,496	$ 5,525	273
高東	B-757	32'/60	0.53	5,451	-	$ -	0	-	$ -	0	-	$ -	0	-	$ -	0	-	-	0
	MD-82/83	32'/60	0.53	5,148	-	$ -	0	-	$ -	0	-	$ -	0	-	$ -	0	-	-	0
	B-737	32'/60	0.53	4,012	127,582	$ 1,226	60	131,834	$ 1,267	62	127,582	$ 1,226	60	131,834	$ 1,267	62	650,666	$ 6,253	306
中正	B-757	38'/60	0.63	5,451	-	$ -	0	-	$ -	0	-	$ -	0	-	$ -	0	-	-	0
|	MD-82/83	38'/60	0.63	5,148	-	$ -	0	-	$ -	0	-	$ -	0	-	$ -	0	-	-	0
高雄	B-737	38'/60	0.63	4,012	42,969	$ 413	17	45,496	$ 437	18	42,969	$ 413	17	45,496	$ 437	18	409,465	$ 3,931	162
中正	B-757	35'/60	0.58	5,451	-	$ -	0	-	$ -	0	-	$ -	0	-	$ -	0	-		0
|	MD-82/83	35'/60	0.58	5,148	179,150	$ 1,722	60	185,122	$ 1,779	62	179,150	$ 1,722	60	185,122	$ 1,779	62	1,098,789		368
花蓮	B-737	35'/60	0.58	4,012	-	$ -	0	-	$ -	0	-	$ -	0	-	$ -	0	-	$ -	0
合計					12,732,782	$ 122,364	4,253	13,197,356	$ 126,827	4,409	12,557,048	$ 120,675	4,197	13,116,956	$ 126,055	4,381	150,510,311	$1,423,687	49,920

預算表 7-3 飛行加給試算表範例

預計飛行加（加）給（第三、四季財務預測）

航線		飛行時間	每小時飛行加給	七月	八月	九月	十月	十一月	十二月	七～十二月
北高	757	0.82	5,692.56	3,916,367	3,183,507	3,136,828	3,248,858	3,090,149	3,230,186	19,805,896
	MD	0.82	5,438.92	3,581,311	4,187,860	4,214,619	4,375,176	4,080,822	4,339,497	24,779,284
	737	0.82	5,100.34	-	-	25,094	25,094	8,365	8,365	66,916
北南	757	0.77	5,692.56	736,390	582,975	565,442	582,975	565,442	582,975	3,616,199
	MD	0.77	5,438.92	2,152,616	2,299,195	2,240,563	2,324,322	2,232,187	2,307,571	13,556,454
	737	0.77	5,100.34	-	-	-	-	-	-	-
北東	757	0.78	5,692.56	-	-	-	-	-	-	-
	MD	0.78	5,438.92	1,989,666	1,989,666	1,926,030	1,989,666	1,926,030	1,989,666	11,810,724
	737	0.78	5,100.34	-	-	23,870	23,870	7,957	7,957	63,652
北花	757	0.57	5,692.56	-	-	-	-	-	-	-
	MD	0.57	5,438.92	961,057	961,057	930,055	961,057	930,055	961,057	5,704,339
	737	0.57	5,100.34	180,246	180,246	174,432	180,246	174,432	180,246	1,069,847
北馬	757	0.70	5,692.56	-	-	-	-	-	-	-
	MD	0.70	5,438.92	-	-	-	-	-	-	-
	737	0.70	5,100.34	485,552	442,710	449,850	464,131	435,569	464,131	2,741,943
北金	757	0.88	5,692.56	-	-	-	-	-	-	-
	MD	0.88	5,438.92	1,186,990	1,186,990	1,148,700	1,186,990	1,148,700	1,206,135	7,064,504
	737	0.88	5,100.34	53,860	-	26,930	26,930	8,977	8,977	125,672
北嘉	757	0.70	5,692.56	-	-	-	-	-	-	-
	MD	0.70	5,438.92	236,049	236,049	243,664	258,893	236,049	243,664	1,454,367
	737	0.70	5,100.34	664,064	664,064	642,643	664,064	642,643	664,064	3,941,543
高花	757	0.82	5,692.56	-	-	-	-	-	-	-
	MD	0.82	5,438.92	553,029	553,029	535,190	553,029	535,190	553,029	3,282,497
	737	0.82	5,100.34	-	-	-	-	-	-	-
高馬	757	0.55	5,692.56	-	-	-	-	-	-	-
	MD	0.55	5,438.92	-	-	-	-	-	-	-
	737	0.55	5,100.34	446,025	446,025	431,999	446,025	431,999	446,025	2,648,097
高金	757	0.72	5,692.56	-	-	-	-	-	-	-
	MD	0.72	5,438.92	242,793	242,793	234,961	242,793	234,961	242,793	1,441,096
	737	0.72	5,100.34	161,579	161,579	157,907	161,579	157,907	161,579	962,128

預計飛行加（加）給（第三、四季財務預測）（續）

航線		飛行時間	每小時飛行加給	七月	八月	九月	十月	十一月	十二月	七～十二月
南金	757	0.75	5,692.56	-	-	-	-	-	-	-
	MD	0.75	5,438.92	-	-	-	-	-	-	-
	737	0.75	5,100.34	53,554	84,156	61,204	84,156	76,505	84,156	443,730
嘉金	757	0.83	5,692.56	-	-	-	-	-	-	-
	MD	0.83	5,438.92	-	-	-	-	-	-	-
	737	0.83	5,100.34	-	-	-	-	-	-	-
高東	757	0.58	5,692.56	-	-	-	-	-	-	-
	MD	0.58	5,438.92	-	-	-	-	-	-	-
	737	0.58	5,100.34	-	183,408	177,492	183,408	177,492	183,408	905,208
南東	757	0.67	5,692.56	-	-	-	-	-	-	-
	MD	0.67	5,438.92	-	-	-	-	-	-	-
	737	0.67	5,100.34	-	-	-	-	-	-	-
嘉東	757	0.68	5,692.56	-	-	-	-	-	-	-
	MD	0.68	5,438.92	-	-	-	-	-	-	-
	737	0.68	5,100.34	-	-	-	-	-	-	-
中高	757	0.83	5,692.56	-	-	-	-	-	-	-
	MD	0.83	5,438.92	-	-	-	-	-	-	-
	737	0.83	5,100.34	76,199	76,199	71,966	76,199	71,966	76,199	448,728
中花	757	0.52	5,692.56	-	-	-	-	-	-	-
	MD	0.52	5,438.92	175,351	175,351	169,694	175,351	169,694	175,351	1,040,792
	737	0.52	5,100.34	-	-	-	-	-	-	-
中帛	757	3.75	5,692.56	-	-	341,554	384,248	384,248	341,554	1,451,603
高關	757	4.92	5,692.56	-	-	-	-	-	-	-
高蘇	MD	1.63	5,438.92	230,501	230,501	230,501	248,232	212,771	248,232	1,400,739
高帛	757	3.50	5,692.56	358,631	358,631	358,631	318,783	358,631	358,631	2,111,940
高宿	MD	2.17	5,438.92	-	-	-	-	-	-	-
				18,441,831	18,425,991	18,519,818	19,186,074	18,298,739	19,065,446	111,937,899

	每班人數 正機師	副機師
757	2	1
MD	2	1
737	2	1

預算表 7-3 旅費試算表範例

預計旅費（第三、四季財務預測）

航線	機型	飛行時間	每小時旅費	七月	八月	九月	十月	十一月	十二月	七～十二月
北高	757	0.82	513	352,934	286,890	282,684	292,779	278,477	291,097	1,784,860
	MD	0.82	378	248,898	291,052	292,912	304,071	283,613	301,591	1,722,138
	737	0.82	310.5	-	-	1,528	1,528	509	509	4,074
北南	757	0.77	513	66,362	52,536	50,956	52,536	50,956	52,536	325,883
	MD	0.77	378	149,605	159,792	155,717	161,538	155,135	160,374	942,161
	737	0.77	310.5	-	-	-	-	-	-	-
北東	757	0.78	513	-	-	-	-	-	-	-
	MD	0.78	378	138,280	138,280	133,857	138,280	133,857	138,280	820,835
	737	0.78	310.5	-	-	1,453	1,453	484	484	3,875
北花	757	0.57	513	-	-	-	-	-	-	-
	MD	0.57	378	66,793	66,793	64,638	66,793	64,638	66,793	396,446
	737	0.57	310.5	10,973	10,973	10,619	10,973	10,619	10,973	65,130
北馬	757	0.7	513	-	-	-	-	-	-	-
	MD	0.7	378	-	-	-	-	-	-	-
	737	0.7	310.5	29,560	26,951	27,386	28,256	26,517	28,256	166,925
北金	757	0.88	513	-	-	-	-	-	-	-
	MD	0.88	378	82,495	82,495	79,834	82,495	79,834	83,825	490,977
	737	0.88	310.5	3,279	-	1,639	1,639	546	546	7,651
北嘉	757	0.7	513	-	-	-	-	-	-	-
	MD	0.7	378	16,405	16,405	16,934	17,993	16,405	16,934	101,077
	737	0.7	310.5	40,427	40,427	39,123	40,427	39,123	40,427	239,954
高花	757	0.82	513	-	-	-	-	-	-	-
	MD	0.82	378	38,435	38,435	37,195	38,435	37,195	38,435	228,131
	737	0.82	310.5	-	-	-	-	-	-	-

預計旅費（第三、四季財務預測）（續）

航線	機型	飛行時間	每小時旅費	七月	八月	九月	十月	十一月	十二月	七～十二月
高馬	757	0.55	513	-	-	-	-	-	-	-
	MD	0.55	378	-	-	-	-	-	-	-
	737	0.55	310.5	27,153	27,153	26,299	27,153	26,299	27,153	161,212
高金	757	0.72	513	-	-	-	-	-	-	-
	MD	0.72	378	16,874	16,874	16,330	16,874	16,330	16,874	100,155
	737	0.72	310.5	9,837	9,837	9,613	9,837	9,613	9,837	58,573
南金	757	0.75	513	-	-	-	-	-	-	-
	MD	0.75	378	-	-	-	-	-	-	-
	737	0.75	310.5	3,260	5,123	3,726	5,123	4,658	5,123	27,014
嘉金	757	0.83	513	-	-	-	-	-	-	-
	MD	0.83	378	-	-	-	-	-	-	-
	737	0.83	310.5	-	-	-	-	-	-	-
高東	757	0.58	513	-	-	-	-	-	-	-
	MD	0.58	378	-	-	-	-	-	-	-
	737	0.58	310.5	-	11,166	10,805	11,166	10,805	11,166	55,108
南東	757	0.67	513	-	-	-	-	-	-	-
	MD	0.67	378	-	-	-	-	-	-	-
	737	0.67	310.5	-	-	-	-	-	-	-
嘉東	757	0.68	513	-	-	-	-	-	-	-
	MD	0.68	378	-	-	-	-	-	-	-
	737	0.68	310.5	-	-	-	-	-	-	-
中高	757	0.83	513	-	-	-	-	-	-	-
	MD	0.83	378	-	-	-	-	-	-	-
	737	0.83	310.5	4,639	4,639	4,381	4,639	4,381	4,639	27,318

預計旅費（第三、四季財務預測）（續）

航線	機型	飛行時間	每小時旅費	七月	八月	九月	十月	十一月	十二月	七～十二月
中花	757	0.52	513	-	-	-	-	-	-	-
	MD	0.52	378	12,187	12,187	11,794	12,187	11,794	12,187	72,334
	737	0.52	310.5	-	-	-	-	-	-	-
中帛	757		555	-	-	-	-	-	-	-
高關	757		555	-	-	-	-	-	-	-
高蘇	MD	1.63	420	17,800	17,800	17,800	19,169	16,430	19,169	108,167
高帛	757	3.5	555	34,965	34,965	34,965	31,080	34,965	34,965	205,905
高宿	MD	2.17	420	-	-	-	-	-	-	-
TOTAL				1,371,159	1,350,773	1,332,189	1,376,423	1,313,185	1,372,173	8,115,901
旅費				3,729,000	3,729,000	3,729,000	3,729,000	3,729,000	3,729,000	22,374,000
地勤				5,927,000	5,927,000	5,927,000	5,927,000	5,927,000	5,927,000	35,562,000
合計				11,027,159	11,006,773	10,988,189	11,032,423	10,969,185	11,028,173	66,051,901

說明：依機型組員人數 × 班次 × 飛行時間 × 每小時旅費

	每班人數	
	正機師	副機師
757	2	1
MD	2	1
737	2	1

預算表 3-1 主要耗料試算表範例

預計修護材料（第三、四季財務預測）

	機型	飛行時間	七月	八月	九月	十月	十一月	十二月	七～十二月
北高	757	0.83	4,632,422	3,765,569	3,710,355	3,842,868	3,655,141	3,820,782	23,427,138
	MD	0.83	4,066,939	4,755,736	4,786,124	4,968,453	4,634,184	4,927,935	28,139,372
	737	0.83	-	-	65,664	65,664	21,888	21,888	175,104
北南	757	0.75	834,830	660,907	641,030	660,907	641,030	660,907	4,099,611
	MD	0.75	2,342,922	2,502,459	2,438,644	2,529,809	2,429,528	2,511,576	14,754,937
	737	0.75	-	-	-	-	-	-	-
北東	757	0.83	-	-	-	-	-	-	-
	MD	0.83	2,375,336	2,375,336	2,299,366	2,375,336	2,299,366	2,375,336	14,100,074
	737	0.83	-	-	65,664	65,664	21,888	21,888	175,104
北花	757	0.58	-	-	-	-	-	-	-
	MD	0.58	1,099,036	1,099,036	1,063,583	1,099,036	1,063,583	1,099,036	6,523,310
	737	0.58	474,969	474,969	459,647	474,969	459,647	474,969	2,819,170
北馬	757	0.75	-	-	-	-	-	-	-
	MD	0.75	-	-	-	-	-	-	-
	737	0.75	1,339,544	1,221,348	1,241,048	1,280,446	1,201,649	1,280,446	7,564,481
北金	757	0.92	-	-	-	-	-	-	-
	MD	0.92	1,381,645	1,381,645	1,337,076	1,381,645	1,337,076	1,403,930	8,223,017
	737	0.92	144,461	-	72,230	72,230	24,077	24,077	337,075
北嘉	757	0.75	-	-	-	-	-	-	-
	MD	0.75	282,609	282,609	291,726	309,959	282,609	291,726	1,741,238
	737	0.75	1,832,023	1,832,023	1,772,925	1,832,023	1,772,925	1,832,023	10,873,941
高花	757	0.92	-	-	-	-	-	-	-
	MD	0.92	690,823	690,823	668,538	690,823	668,538	690,823	4,100,366
	737	0.92	-	-	-	-	-	-	-

預計修護材料（第三、四季財務預測）（續）

	機型	飛行時間	七月	八月	九月	十月	十一月	十二月	七～十二月
高馬	757	0.58	-	-	-	-	-	-	-
	MD	0.58	-	-	-	-	-	-	-
	737	0.58	1,218,065	1,218,065	1,179,761	1,218,065	1,179,761	1,218,065	7,231,784
高金	757	0.75	-	-	-	-	-	-	-
	MD	0.75	282,609	282,609	273,493	282,609	273,493	282,609	1,677,423
	737	0.75	433,382	433,382	423,532	433,382	423,532	433,382	2,580,591
南金	757	0.75	-	-	-	-	-	-	-
	MD	0.75	-	-	-	-	-	-	-
	737	0.75	137,894	216,691	157,593	216,691	196,992	216,691	1,142,552
嘉金	757	0.75	-	-	-	-	-	-	-
	MD	0.75	-	-	-	-	-	-	-
	737	0.75	-	-	-	-	-	-	-
高東	757	0.67	-	-	-	-	-	-	-
	MD	0.67	-	-	-	-	-	-	-
	737	0.67	-	542,822	525,311	542,822	525,311	542,822	2,679,087
南東	757	0.67	-	-	-	-	-	-	-
	MD	0.67	-	-	-	-	-	-	-
	737	0.67	-	-	-	-	-	-	-
嘉東	757	-	-	-	-	-	-	-	-
	MD	-	-	-	-	-	-	-	-
	737	-	-	-	-	-	-	-	-
中高	757	0.67	-	-	-	-	-	-	-
	MD	0.67	-	-	-	-	-	-	-
	737	0.67	157,593	157,593	148,838	157,593	148,838	157,593	928,050

預計修護材料（第三、四季財務預測）（續）

	機型	飛行時間	七月	八月	九月	十月	十一月	十二月	七～十二月
中花	757	0.67	-	-	-	-	-	-	-
	MD	0.67	251,208	251,208	243,105	251,208	243,105	251,208	1,491,042
	737	0.67	-	-	-	-	-	-	-
中帛	757	4.92	-	-	521,217	586,369	586,369	521,217	2,215,170
高關	757	3.92	-	-	-	-	-	-	-
高蘇	MD	1.25	197,523	197,523	197,523	212,717	182,329	212,717	1,200,330
高帛	757	3.33	397,538	397,538	397,538	353,367	397,538	397,538	2,341,057
高宿	MD	-	-	-	-	-	-	-	-
TOTAL			24,573,371	24,739,891	24,981,531	25,904,652	24,670,397	25,671,182	150,541,023
外修費用			1,859,375	1,859,375	1,239,583	1,239,583	1,239,583	1,239,583	8,677,083
合計			24,573,371	24,739,891	24,981,531	25,904,652	24,670,397	25,671,182	150,541,023
合計	**+0.03**		**27,225,728**	**27,397,244**	**27,007,748**	**27,958,563**	**26,687,280**	**27,718,088**	**163,994,650**

		757
BGT HR		10,161
HULL		58,069,000
ENGINE		373,000
MAIN. MTL		2,128,464
OUT SOURCE		6,753,001
TOTAL		67,323,465
HR RATE		**6,626**

預算表 7-3 侍應食用品試算範例

預計侍應食用品（第三、四季財務預測）

旅客侍應品

金額：新台幣

	每客費用	七月	八月	九月	十月	十一月	十二月	七～十二月
北高	19.9	4,403,805	4,326,911	4,309,288	4,369,121	4,102,530	4,279,631	25,791,285
北南	19.9	1,723,916	1,684,498	1,586,061	1,653,972	1,602,959	1,667,043	9,918,449
北東	19.9	1,190,985	1,134,271	959,674	1,002,511	939,295	938,924	6,165,660
北花	19.9	878,961	895,238	756,096	801,917	798,101	781,299	4,911,612
北馬	19.9	266,161	254,514	246,590	242,008	224,203	232,700	1,466,177
北金	19.9	692,750	629,774	532,704	534,836	503,921	513,620	3,407,605
北嘉	19.9	405,960	419,218	380,078	404,633	371,454	382,439	2,363,782
高花	19.9	309,264	307,390	268,452	281,149	268,452	281,149	1,715,857
高馬	19.9	322,558	318,763	264,634	265,636	257,283	265,636	1,694,509
高金	19.9	190,090	204,712	173,248	163,770	156,207	154,996	1,043,024
南金	19.9	24,392	38,067	22,912	30,454	27,208	28,879	171,912
嘉金	19.9	-	-	-	-	-	-	-
高東	19.9	-	59,189	64,440	73,987	71,600	81,385	350,601
南東	19.9	-	-	-	-	-	-	-
嘉東	19.9	-	-	-	-	-	-	-
中高	19.9	30,072	32,220	30,430	32,220	30,430	32,220	187,592
中花	19.9	74,973	74,973	81,624	84,345	90,693	103,088	509,696
中帛	701.8	-	-	1,859,184	1,830,408	1,830,408	1,859,885	7,379,885
高關	701.8	-	-	-	-	-	-	-
高蘇	285.0	733,594	794,584	672,319	724,189	564,303	724,189	4,213,177
高帛	361.0	1,210,438	1,210,438	1,075,784	836,801	941,492	941,492	6,216,446
高宿	-	-	-	-	-	-	-	-
合計		**12,457,918**	**12,384,762**	**13,283,517**	**13,331,956**	**12,780,539**	**13,268,576**	**77,507,269**

預計侍應食用品（第三、四季財務預測）（續）
旅客侍應品

金額：新台幣

	每客費用	七月	八月	九月	十月	十一月	十二月	七～十二月
ITEM	**DOMESTIC**	**CKS-POR**	**KNH-KUAN**	**KNH-SFS**	**KNH-POR**	**KNH-CBU**		
JUICE	5.0							
CAKE	8.5							
BRKFST	0.9							
LUN/DIN	2.4	200.0	200.0	120.0	200.0			
MIN WATER	0.1			13.5	13.5			
SUGAR	0.0	76.9	76.9					
COFFEE	0.0							
CREAM	0.0							
TEABAG	0.0							
FRUIT	0.1							
CREW	1.9	32.7	32.7					
MAG	1.1							
MUS/VIDEO	0.1							
PORKER		20.0	20.0	20.0	20.0			
CARPET				5.1	5.1			
TISSUE	0.4			0.4	0.4			
CUP	0.0							
BAG	0.2							
NAPKIN	0.1							
CLEANER	0.0	145.2	145.2	0.9	0.9			
PLASTIC				63.1	63.1			
MENTAL		180.4	180.4	48.9	48.9			
CLEANING	0.0	83.5	83.5	28.3	28.3			
TOTAL	**20.9**	**738.8**	**738.8**	**300.0**	**380.0**			

預算表 7-2 電訊傳遞費試算範例

預計系統使用費（第三、四季財務預測）

航線	七月	八月	九月	十月	十一月	十二月	七～十二月
＊	**3.9**	**3.9**	**4.3**	**4.3**	**4.3**	**4.3**	
北高	863,540	848,462	931,673	944,609	886,972	925,261	5,400,516
北南	338,042	330,312	342,908	357,591	346,562	360,417	2,075,831
北東	233,539	222,419	207,483	216,744	203,077	202,996	1,286,258
北花	172,355	175,547	163,469	173,375	172,550	168,918	1,026,214
北馬	52,191	49,908	53,313	52,322	48,473	50,310	306,517
北金	135,841	123,492	115,171	115,632	108,948	111,045	710,130
北嘉	79,604	82,204	82,173	87,482	80,309	82,684	494,457
高花	60,643	60,276	58,040	60,785	58,040	60,785	358,568
高馬	63,250	62,506	57,214	57,431	55,625	57,431	353,457
高金	37,275	40,142	37,456	35,407	33,772	33,510	217,563
南金	4,783	7,465	4,954	6,584	5,882	6,244	35,911
嘉金	-	-	-	-	-	-	-
高東	-	11,606	13,932	15,996	15,480	17,596	74,610
南東	-	-	-	-	-	-	-
嘉東	-	-	-	-	-	-	-
中高	5,897	6,318	6,579	6,966	6,579	6,966	39,305
中花	14,701	14,701	17,647	18,235	19,608	22,288	107,181
合計	2,061,662	2,035,357	2,092,012	2,149,160	2,041,877	2,106,450	12,486,519
PAX TTL	528,631	521,887	486,515	499,805	474,855	489,872	3,001,564
ALLOC	**2,011,895**	**1,986,226**	**1,851,605**	**1,902,185**	**1,807,230**	**1,864,383**	**11,423,525**

註：＊1.電信局數據所××年9月1日至××年6月30日止由$3.9/@人調漲為$4.3/@人，××年7月1日起由IBM續約。

2.××年1月1日國際定期班機出入境人數系統使用費由IBM續約。

			Jul	Aug	Sep	Oct	Nov	Dec
每班費用			80,000	80,000	80,000	80,000	80,000	80,000
	高蘇	87,942	1,143,246	1,143,246	1,143,246	1,231,188	1,055,304	1,231,188
	高帛	123,807	1,114,263	1,114,263	1,114,263	990,456	1,114,263	1,114,263
	高宿	99,847	-	-	-	-	-	-
合計			2,257,509	2,257,509	2,257,509	2,221,644	2,169,567	2,345,451

預計包機成本及國際線成本（第三、四季財務預測）

新台幣：仟元

CHARTERED - POR	USD	NTD	Jul	Aug	Sep	Oct	Nov	Dec	JUL - DEC
AIRFIELD	220	6,050	54,450	54,450	54,450	48,400	54,450	54,450	320,650
APRON	22	605	5,445	5,445	5,445	4,840	5,445	5,445	32,065
CIQ/PAX	6	165	553,245	553,245	491,700	382,470	430,320	430,320	2,841,300
QYARA O/T/PER MONH	4,000	110,000	110,000	110,000	110,000	110,000	110,000	110,000	660,000
GRD HANDLING	2,600	71,500	643,500	643,500	643,500	572,000	643,500	643,500	3,789,500
COMMUN.	48	1,320	11,880	11,880	11,880	10,560	11,880	11,880	69,960
PERMIT	600	16,500	1,375	1,375	1,375	1,375	1,375	1,375	8,250
ROUTE	250	6,875	61,875	61,875	61,875	55,000	61,875	61,875	364,375
TOTAL			**1,441,770**	**1,441,770**	**1,380,225**	**1,184,645**	**1,318,845**	**1,318,845**	**8,086,100**

CHARTERED - SFS	USD	NTD	Jul	Aug	Sep	Oct	Nov	Dec	JUL - DEC
NAVIGATION	376	10,340	134,420	134,420	134,420	144,760	124,080	144,760	816,860
CERTIF/PER MONTH	10	275	275	275	275	275	275	275	1,650
AIRFIELD	234	6,430	83,584	83,584	83,584	90,013	77,154	90,013	507,931
LIGHT	12	330	4,290	4,290	4,290	4,620	3,960	4,620	26,070
COUNTER RENTAL	20	550	7,150	7,150	7,150	7,700	6,600	7,700	43,450
ASST. NAV EQUIP.	450	12,375	160,875	160,875	160,875	173,250	148,500	173,250	977,625
CIQ	750	20,625	268,125	268,125	268,125	288,750	247,500	288,750	1,629,375
GRD HANDLING	495	13,613	176,963	176,963	176,963	190,575	163,350	190,575	1,075,388
PERMIT(NTD)	2,000	2,000	26,000	26,000	26,000	28,000	24,000	28,000	158,000
LANDING PERMIT	700	19,250	250,250	250,250	250,250	269,500	231,000	269,500	1,520,750
TOTAL			**1,111,931**	**1,111,931**	**1,111,931**	**1,197,443**	**1,026,419**	**1,197,443**	**6,757,098**
場站費用			**615,370**	**615,370**	**615,370**	**615,370**	**588,035**	**642,705**	**3,692,220**
CHARTERED TOTAL			**3,169,071**	**3,169,071**	**3,107,526**	**2,997,458**	**2,933,299**	**3,158,993**	**18,535,418**

預計包機成本及國際線成本（第三、四季財務預測）（續）

新台幣：仟元

INTL - POR	USD	NTD	Jul	Aug	Sep	Oct	Nov	Dec	JUL - DEC
AIRFIELD	220	6,050	-	-	48,400	54,450	54,450	48,400	205,700
APRON	22	605	-	-	4,840	5,445	5,445	4,840	20,570
CIQ/PAX	6	165	-	-	437,085	430,320	430,320	437,250	1,734,975
QYARA O/T/PER MONH	4,000	110,000		-	110,000	110,000	110,000	110,000	440,000
GRD HANDLING	2,600	71,500	-	-	572,000	643,500	643,500	572,000	2,431,000
COMMUN.	48	1,320	-	-	10,560	11,880	11,880	10,560	44,880
PERMIT	600	16,500		-	1,375	1,375	1,375	1,375	5,500
ROUTE	250	6,875	-	-	55,000	61,875	61,875	55,000	233,750
TOTAL			-	-	**1,239,260**	**1,318,845**	**1,318,845**	**1,239,425**	**5,116,375**

INTL - GUAM	USD	NTD	Jul	Aug	Sep	Oct	Nov	Dec	JUL - DEC
NAVIGATION	376	10,340	-	-	-	-	-	-	-
CERTIF/PER MONTH	-	-		-	-	-	-	-	-
AIRFIELD	234	6,430	-	-	-	-	-	-	-
LIGHT	12	330	-	-	-	-	-	-	-
COUNTER RENTAL	20	550	-	-	-	-	-	-	-
ASST. NAV EQUIP.	450	12,375	-	-	-	-	-	-	-
CIQ	750	20,625	-	-	-	-	-	-	-
GRD HANDLING	495	13,613	-	-	-	-	-	-	-
PERMIT(NTD)	2,000	2,000	-	-	-	-	-	-	-
LANDING PERMIT	700	19,250	-	-	-	-	-	-	-
TOTAL			-	-	-	-	-	-	-
場站費用			**28,733**	**28,502**	**218,680**	**246,015**	**246,015**	**218,680**	**986,625**
INTL TOTAL			**28,733**	**28,502**	**1,457,940**	**1,564,860**	**1,564,860**	**1,458,105**	**6,103,000**

預算表 7-3 噪音費試算範例

預計噪音費（1-8 月）

單位：新台幣

		費率	一月	二月	三月	四月	五月	六月	七月	八月
北高	757	2,954	2,339,568	1,831,480	2,363,200	2,386,832	2,448,866	2,380,924	2,478,406	2,014,628
	MD	2,578	2,103,648	2,235,126	2,023,730	1,861,316	1,881,940	1,845,848	2,070,134	2,420,742
	737	2,785	-	16,710	27,850	11,140	5,570	5,570	-	-
北南	757	2,954	513,996	401,744	590,800	419,468	434,238	419,468	496,272	392,882
	MD	2,578	1,299,312	1,263,220	1,221,972	1,299,312	1,332,826	1,294,156	1,325,092	1,415,322
	737	2,785	-	-	11,140	-	-	-	-	-
北東	757	2,954	-	-	5,908	-	-	-	-	-
	MD	2,578	1,201,348	1,002,842	1,051,824	992,530	1,026,044	992,530	1,209,082	1,209,082
	737	2,785	161,530	378,760	222,800	172,670	172,670	167,100	-	-
北花	757	2,954	-	-	-	-	-	-	-	-
	MD	2,578	969,328	866,208	938,392	904,878	935,814	904,878	799,180	799,180
	737	2,785	11,140	-	16,710	-	-	-	172,670	172,670
北馬	757	2,954	-	-	-	-	-	-	-	-
	MD	2,578	-	-	-	-	-	-	-	-
	737	2,785	217,230	481,805	384,330	339,770	345,340	362,050	378,760	345,340
北金	757	2,954	-	-	-	-	-	-	-	-
	MD	2,578	665,124	788,868	610,986	608,408	629,032	608,408	639,344	639,344
	737	2,785	5,570	61,270	11,140	11,140	5,570	33,420	33,420	-
北嘉	757	2,954	-	-	-	-	-	-	-	-
	MD	2,578	51,560	-	30,936	164,992	159,836	159,836	159,836	159,836
	737	2,785	66,840	-	38,990	401,040	414,965	401,040	518,010	518,010
高花	757	2,954	-	-	-	-	-	-	-	-
	MD	2,578	484,664	433,104	453,728	461,462	476,930	461,462	319,672	319,672
	737	2,785	11,140	-	22,280	-	-	-	-	-
高馬	757	2,954	-	-	-	-	-	-	-	-
	MD	2,578	-	-	-	-	-	-	-	-
	737	2,785	362,050	387,115	440,030	350,910	362,050	350,910	442,815	442,815
高金	757	2,954	-	-	-	-	-	-	-	-
	MD	2,578	159,836	136,634	157,258	149,524	154,680	149,524	159,836	159,836
	737	2,785	142,035	116,970	111,400	164,315	144,820	139,250	122,540	122,540

預計噪音費（續）（1-8月）

單位：新台幣

		費率	一月	二月	三月	四月	五月	六月	七月	八月
南金	757	2,954	-	-	-	-	-	-	-	-
	MD	2,578	-	-	-	-	-	-	-	-
	737	2,785	69,625	83,550	64,055	72,410	75,195	72,410	38,990	61,270
嘉金	757	2,954	-	-	-	-	-	-	-	-
	MD	2,578	-	-	-	-	-	-	-	-
	737	2,785	-	-	-	-	-	-	-	-
高東	757	2,954	-	-	-	-	-	-	-	-
	MD	2,578	-	-	-	-	-	-	-	-
	737	2,785	-	-	-	-	-	-	-	172,670
南東	757	2,954	-	-	-	-	-	-	-	-
	MD	2,578	-	-	-	-	-	-	-	-
	737	2,785	-	-	-	-	-	-	-	-
嘉東	757	2,954	-	-	-	-	-	-	-	-
	MD	2,578	-	-	-	-	-	-	-	-
	737	2,785	-	-	-	-	-	-	-	-
中高	757	2,954	-	-	-	-	-	-	-	-
	MD	2,578	-	-	-	-	-	-	-	-
	737	2,785	-	5,570	5,570	50,130	50,130	44,560	50,130	50,130
中花	757	2,954	-	-	-	-	-	-	-	-
	MD	2,578	-	-	-	-	-	-	159,836	159,836
	737	2,785	-	-	-	-	-	-	-	-
中帛	757	1,477	-	-	-	-	-	-	-	-
高關	757	1,477	-	-	-	-	-	-	-	-
高蘇	MD	1,477	41,356	35,448	38,402	38,402	38,402	38,402	38,402	38,402
高帛	757	1,477	23,632	23,632	26,586	26,586	26,586	23,632	26,586	26,586
高宿	MD	1,477	-	-	-	-	-	-	-	-
DOMESTIC			**10,835,544**	**10,490,976**	**10,805,029**	**10,822,247**	**11,056,516**	**10,793,344**	**11,574,025**	**11,575,805**
INTL FLT			-	-	-	-	-	-	-	-
CHARTERED FLT			**64,988**	**59,080**	**64,988**	**64,988**	**64,988**	**62,034**	**64,988**	**64,988**

預計噪音費（續）（9-12月）

單位：新台幣

		費率	九月	十月	十一月	十二月	五～十二月	合計
北高	757	2,954	1,985,088	2,055,984	1,955,548	2,044,168	17,363,612	26,284,692
	MD	2,578	2,436,210	2,529,018	2,358,870	2,508,394	18,051,156	26,274,976
	737	2,785	16,710	16,710	5,570	5,570	55,700	111,400
北南	757	2,954	381,066	392,882	381,066	392,882	3,290,756	5,216,764
	MD	2,578	1,379,230	1,430,790	1,374,074	1,420,478	10,971,968	16,055,784
	737	2,785	-	-	-	-	-	11,140
北東	757	2,954	-	-	-	-	-	5,908
	MD	2,578	1,170,412	1,209,082	1,170,412	1,209,082	9,195,726	13,444,270
	737	2,785	16,710	16,710	5,570	5,570	384,330	1,320,090
北花	757	2,954	-	-	-	-	-	-
	MD	2,578	773,400	799,180	773,400	799,180	6,584,212	10,263,018
	737	2,785	167,100	172,670	167,100	172,670	1,024,880	1,052,730
北馬	757	2,954	-	-	-	-	-	-
	MD	2,578	-	-	-	-	-	-
	737	2,785	350,910	362,050	339,770	362,050	2,846,270	4,269,405
北金	757	2,954	-	-	-	-	-	-
	MD	2,578	618,720	639,344	618,720	649,656	5,042,568	7,715,954
	737	2,785	16,710	16,710	5,570	5,570	116,970	206,090
北嘉	757	2,954	-	-	-	-	-	-
	MD	2,578	164,992	175,304	159,836	164,992	1,304,468	1,551,956
	737	2,785	501,300	518,010	501,300	518,010	3,890,645	4,397,515
高花	757	2,954	-	-	-	-	-	-
	MD	2,578	309,360	319,672	309,360	319,672	2,835,800	4,668,758
	737	2,785	-	-	-	-	-	33,420
高馬	757	2,954	-	-	-	-	-	-
	MD	2,578	-	-	-	-	-	-
	737	2,785	428,890	442,815	428,890	442,815	3,342,000	4,882,105
高金	757	2,954	-	-	-	-	-	-
	MD	2,578	154,680	159,836	154,680	159,836	1,252,908	1,856,160
	737	2,785	119,755	122,540	119,755	122,540	1,013,740	1,548,460

預計噪音費（續）（9-12 月）

單位：新台幣

		費率	九月	十月	十一月	十二月	五～十二月	合計
南金	757	2,954	-	-	-	-	-	-
	MD	2,578	-	-	-	-	-	-
	737	2,785	44,560	61,270	55,700	61,270	470,665	760,305
嘉金	757	2,954	-	-	-	-	-	-
	MD	2,578	-	-	-	-	-	-
	737	2,785	-	-	-	-	-	-
高東	757	2,954	-	-	-	-	-	-
	MD	2,578	-	-	-	-	-	-
	737	2,785	167,100	172,670	167,100	172,670	852,210	852,210
南東	757	2,954	-	-	-	-	-	-
	MD	2,578	-	-	-	-	-	-
	737	2,785	-	-	-	-	-	-
嘉東	757	2,954	-	-	-	-	-	-
	MD	2,578	-	-	-	-	-	-
	737	2,785	-	-	-	-	-	-
中高	757	2,954	-	-	-	-	-	-
	MD	2,578	-	-	-	-	-	-
	737	2,785	47,345	50,130	47,345	50,130	389,900	451,170
中花	757	2,954	-	-	-	-	-	-
	MD	2,578	154,680	159,836	154,680	159,836	948,704	948,704
	737	2,785	-	-	-	-	-	-
中帛	757	1,477	23,632	26,586	26,586	23,632	100,436	100,436
高關	757	1,477	-	-	-	-	-	-
高蘇	MD	1,477	38,402	41,356	35,448	41,356	310,170	463,778
高帛	757	1,477	26,586	23,632	26,586	26,586	206,780	307,216
高宿	MD	1,477	-	-	-	-	-	-
DOMESTIC			**11,404,928**	**11,823,213**	**11,254,316**	**11,747,041**	**91,229,188**	**134,182,984**
INTL FLT			**23,632**	**26,586**	**26,586**	**23,632**	**100,436**	**100,436**
CHARTERED FLT			**64,988**	**64,988**	**62,034**	**67,942**	**516,950**	**770,994**

預算表 7-2 安全服務費試算範例

預計安全服務費（更新財務預測）

安全服務費		費率	七月	八月	九月	十月	十一月	十二月	五～十二月
北高	757	1,287	1,079,793	877,734	864,864	895,752	851,994	890,604	7,564,986
	MD	1,287	1,033,461	1,208,493	1,216,215	1,262,547	1,177,605	1,252,251	9,011,574
	737	644	-	-	3,864	3,864	1,288	1,288	12,880
北南	757	1,287	216,216	171,171	166,023	171,171	166,023	171,171	1,433,718
	MD	1,287	661,518	706,563	688,545	714,285	685,971	709,137	5,477,472
	737	644	-	-	-	-	-	-	-
北東	757	1,287	-	-	-	-	-	-	-
	MD	1,287	603,603	603,603	584,298	603,603	584,298	603,603	4,590,729
	737	644	-	-	3,864	3,864	1,288	1,288	88,872
北花	757	1,287	-	-	-	-	-	-	-
	MD	1,287	398,970	398,970	386,100	398,970	386,100	398,970	3,286,998
	737	644	39,928	39,928	38,640	39,928	38,640	39,928	236,992
北馬	757	1,287	-	-	-	-	-	-	-
	MD	1,287	-	-	-	-	-	-	-
	737	644	87,584	79,856	81,144	83,720	78,568	83,720	658,168
北金	757	1,287	-	-	-	-	-	-	-
	MD	1,287	319,176	319,176	308,880	319,176	308,880	324,324	2,517,372
	737	644	7,728	-	3,864	3,864	1,288	1,288	27,048
北嘉	757	1,287	-	-	-	-	-	-	-
	MD	1,287	79,794	79,794	82,368	87,516	79,794	82,368	651,222
	737	644	119,784	119,784	115,920	119,784	115,920	119,784	899,668
高花	757	1,287	-	-	-	-	-	-	-
	MD	1,287	159,588	159,588	154,440	159,588	154,440	159,588	1,415,700
	737	644	-	-	-	-	-	-	-
高馬	757	1,287	-	-	-	-	-	-	-
	MD	1,287	-	-	-	-	-	-	-
	737	644	102,396	102,396	99,176	102,396	99,176	102,396	772,800
高金	757	1,287	-	-	-	-	-	-	-
	MD	1,287	79,794	79,794	77,220	79,794	77,220	79,794	625,482
	737	644	28,336	28,336	27,692	28,336	27,692	28,336	234,416

預計安全服務費（更新財務預測）（續）

安全服務費		費率	七月	八月	九月	十月	十一月	十二月	五～十二月
南金	757	1,287	-	-	-	-	-	-	-
	MD	1,287	-	-	-	-	-	-	-
	737	644	9,016	14,168	10,304	14,168	12,880	14,168	108,836
嘉金	757	1,287	-	-	-	-	-	-	-
	MD	1,287	-	-	-	-	-	-	-
	737	644	-	-	-	-	-	-	-
高東	757	1,287	-	-	-	-	-	-	-
	MD	1,287	-	-	-	-	-	-	-
	737	644	-	39,928	38,640	39,928	38,640	39,928	197,064
南東	757	1,287	-	-	-	-	-	-	-
	MD	1,287	-	-	-	-	-	-	-
	737	644	-	-	-	-	-	-	-
嘉東	757	1,287	-	-	-	-	-	-	-
	MD	1,287	-	-	-	-	-	-	-
	737	644	-	-	-	-	-	-	-
中花	757	1,287	-	-	-	-	-	-	-
	MD	1,287	79,794	79,794	77,220	79,794	77,220	79,794	473,616
	737	644	-	-	-	-	-	-	-
中高	757	1,287	-	-	-	-	-	-	-
	MD	1,287	-	-	-	-	-	-	-
	737	644	11,592	11,592	10,948	11,592	10,948	11,592	90,160
中帛	757	644	-	-	10,296	11,583	11,583	10,296	43,758
高關	757	644	-	-	-	-	-	-	-
高蘇	MD	644	16,731	16,731	16,731	18,018	15,444	18,018	135,135
高帛	757	644	11,583	11,583	11,583	10,296	11,583	11,583	90,090
高宿	MD	644	-	-	-	-	-	-	
DOMESTIC			**5,118,071**	**5,120,668**	**5,040,229**	**5,223,640**	**4,975,873**	**5,195,320**	**40,375,773**
INTL FLT			**-**	**-**	**10,296**	**11,583**	**11,583**	**10,296**	**43,758**
CHARTERED FLT			**28,314**	**28,314**	**28,314**	**28,314**	**27,027**	**29,601**	**225,225**

預算表 7-2 空橋使用費試算範例

預計空橋使用費（更新財務預測）

空橋使用費		費率	七月	八月	九月	十月	十一月	十二月	七～十二月
北高	757	504	422,856	343,728	338,688	350,784	333,648	348,768	2,138,472
	MD	378	303,534	354,942	357,210	370,818	345,870	367,794	2,100,168
	737	378	-	-	2,268	2,268	756	756	6,048
北南	757	504	84,672	67,032	65,016	67,032	65,016	67,032	415,800
	MD	378	194,292	207,522	202,230	209,790	201,474	208,278	1,223,586
	737	378	-	-	-	-	-	-	-
北東	757	504	-	-	-	-	-	-	-
	MD	378	177,282	177,282	171,612	177,282	171,612	177,282	1,052,352
	737	378	-	-	2,268	2,268	756	756	6,048
北花	757	504	-	-	-	-	-	-	-
	MD	378	117,180	117,180	113,400	117,180	113,400	117,180	695,520
	737	378	23,436	23,436	22,680	23,436	22,680	23,436	139,104
北馬	757	504	-	-	-	-	-	-	-
	MD	378	-	-	-	-	-	-	-
	737	378	51,408	46,872	47,628	49,140	46,116	49,140	290,304
北金	757	504	-	-	-	-	-	-	-
	MD	378	93,744	93,744	90,720	93,744	90,720	95,256	557,928
	737	378	4,536	-	2,268	2,268	756	756	10,584
北嘉	757	504	-	-	-	-	-	-	-
	MD	378	23,436	23,436	24,192	25,704	23,436	24,192	144,396
	737	378	70,308	70,308	68,040	70,308	68,040	70,308	417,312
高花	757	504	-	-	-	-	-	-	-
	MD	378	46,872	46,872	45,360	46,872	45,360	46,872	278,208
	737	378	-	-	-	-	-	-	-
高馬	757	504	-	-	-	-	-	-	-
	MD	378	-	-	-	-	-	-	-
	737	378	60,102	60,102	58,212	60,102	58,212	60,102	356,832
高金	757	504	-	-	-	-	-	-	-
	MD	378	23,436	23,436	22,680	23,436	22,680	23,436	139,104
	737	378	16,632	16,632	16,254	16,632	16,254	16,632	99,036
南金	757	504	-	-	-	-	-	-	-
	MD	378	-	-	-	-	-	-	-
	737	378	5,292	8,316	6,048	8,316	7,560	8,316	43,848

預計空橋使用費（更新財務預測）（續）

空橋使用費		費率	七月	八月	九月	十月	十一月	十二月	七～十二月
嘉金	757	504	-	-	-	-	-	-	-
	MD	378	-	-	-	-	-	-	-
	737	378	-	-	-	-	-	-	-
高東	757	504	-	-	-	-	-	-	-
	MD	378	-	-	-	-	-	-	-
	737	378	-	23,436	22,680	23,436	22,680	23,436	115,668
南東	757	504	-	-	-	-	-	-	-
	MD	378	-	-	-	-	-	-	-
	737	378	-	-	-	-	-	-	-
嘉東	757	504	-	-	-	-	-	-	-
	MD	378	-	-	-	-	-	-	-
	737	378	-	-	-	-	-	-	-
中高	757	504	-	-	-	-	-	-	-
	MD	378	-	-	-	-	-	-	-
	737	378	6,804	6,804	6,426	6,804	6,426	6,804	40,068
中花	757	504	-	-	-	-	-	-	-
	MD	378	23,436	23,436	22,680	23,436	22,680	23,436	139,104
	737	378	-	-	-	-	-	-	-
中帛	757	1,152	-	-	18,432	20,736	20,736	18,432	78,336
高關	757	1,152	-	-	-	-	-	-	-
高蘇	MD	1,152	29,952	29,952	29,952	32,256	27,648	32,256	182,016
高帛	757	1,152	20,736	20,736	20,736	18,432	20,736	20,736	122,112
高宿	MD	1,152	-	-	-	-	-	-	-
DOMESTIC			1,749,258	1,734,516	1,708,560	1,771,056	1,686,132	1,759,968	10,409,490
INTL FLT			-	-	18,432	20,736	20,736	18,432	78,336
CHARTERED FLT			50,688	50,688	50,688	50,688	48,384	52,992	304,128

	單橋
757	1008
MD	756
737	756

預計安全服務費、空橋使用費、通訊設備費彙總表（更新財務預測）

空橋使用費			七月	八月	九月	十月	十一月	十二月	五～十二月
DOMESTIC		**1,221,000**	**1,221,000**	**1,221,000**	**1,221,000**	**1,221,000**	**1,221,000**	**1,221,000**	**9,768,000**
INTL FLT			**-**	**-**	**18,432**	**20,736**	**20,736**	**18,432**	**78,336**
CHARTERED FLT			**50,688**	**50,688**	**50,688**	**50,688**	**48,384**	**52,992**	**403,200**

停留費			七月	八月	九月	十月	十一月	十二月	五～十二月
DOMESTIC		**369,500**	**369,500**	**369,500**	**369,500**	**369,500**	**369,500**	**369,500**	**2,956,000**
INTL FLT			**-**	**-**	**-**	**-**	**-**	**-**	**-**
CHARTERED FLT		**14,000**	**14,000**	**14,000**	**14,000**	**14,000**	**14,000**	**14,000**	**112,000**

通訊設備費									
DOMESTIC		**55,900**	**55,900**	**55,900**	**55,900**	**55,900**	**55,900**	**55,900**	**447,200**
INTL FLT			**-**	**-**	**-**	**-**	**-**	**-**	**-**
CHARTERED FLT			**-**	**-**	**-**	**-**	**-**	**-**	**-**

候機室設備服務費									
中帛	757	810	-	-	12,960	14,580	14,580	12,960	55,080
高關	757	810	-	-	-	-	-	-	-
高蘇	MD	810	21,060	21,060	21,060	22,680	19,440	22,680	170,100
高帛	757	810	14,580	14,580	14,580	12,960	14,580	14,580	113,400
高宿	MD	810	-	-	-	-	-	-	-
INTL FLT			**-**	**-**	**12,960**	**14,580**	**14,580**	**12,960**	**55,080**
CHARTERED FLT			**35,640**	**35,640**	**35,640**	**35,640**	**34,020**	**37,260**	**283,500**

地勤場地與設備使用費									
中帛	757	360	-	-	5,760	6,480	6,480	5,760	24,480
高關	757	360	-	-	-	-	-	-	-
高蘇	MD	360	9,360	9,360	9,360	10,080	8,640	10,080	75,600
高帛	757	360	6,480	6,480	6,480	5,760	6,480	6,480	50,400
高宿	MD	360	-	-	-	-	-	-	-
INTL FLT			**-**	**-**	**5,760**	**6,480**	**6,480**	**5,760**	**24,480**
CHARTERED FLT			**15,840**	**15,840**	**15,840**	**15,840**	**15,120**	**16,560**	**126,000**

預計安全服務費、空橋使用費、通訊設備費彙總表（更新財務預測）（續）

INTERNATIONAL FLIGHT							
	七月	八月	九月	十月	十一月	十二月	五～十二月
降落費	28,733	28,502	147,600	166,050	166,050	147,600	684,535
噪音費	-	-	23,632	26,586	26,586	23,632	100,436
安全服務費	-	-	10,296	11,583	11,583	10,296	43,758
空橋使用費	-	-	18,432	20,736	20,736	18,432	78,336
候機室設備服務費	-	-	12,960	14,580	14,580	12,960	55,080
地勤場地與設備使用費	-	-	5,760	6,480	6,480	5,760	24,480
TOTAL	28,733	28,502	218,680	246,015	246,015	218,680	986,625

CHARTERED FLIGHT							
	七月	八月	九月	十月	十一月	十二月	五～十二月
降落費	405,900	405,900	405,900	405,900	387,450	424,350	3,228,750
噪音費	64,988	64,988	64,988	64,988	62,034	67,942	516,950
安全服務費	28,314	28,314	28,314	28,314	27,027	29,601	225,225
空橋使用費	50,688	50,688	50,688	50,688	48,384	52,992	403,200
候機室設備服務費	35,640	35,640	35,640	35,640	34,020	37,260	283,500
地勤場地與設備使用費	15,840	15,840	15,840	15,840	15,120	16,560	126,000
停留費	14,000	14,000	14,000	14,000	14,000	14,000	112,000
TOTAL	615,370	615,370	615,370	615,370	588,035	642,705	4,895,625

預算表 7-2 降落費試算範例

預計降落費

		費率	七月	八月	九月	十月	十一月	十二月	七～十二月
北高	757	10,340	8,675,260	7,051,880	6,948,480	7,196,640	6,845,080	7,155,280	43,872,620
	MD	6,226	4,999,478	5,846,214	5,883,570	6,107,706	5,696,790	6,057,898	34,591,656
	737	4,653	-	-	27,918	27,918	9,306	9,306	74,448
北南	757	10,340	1,737,120	1,375,220	1,333,860	1,375,220	1,333,860	1,375,220	8,530,500
	MD	6,226	3,200,164	3,418,074	3,330,910	3,455,430	3,318,458	3,430,526	20,153,562
	737	4,653	-	-	-	-	-	-	-
北東	757	10,340	-	-	-	-	-	-	-
	MD	6,226	2,919,994	2,919,994	2,826,604	2,919,994	2,826,604	2,919,994	17,333,184
	737	4,653	-	-	27,918	27,918	9,306	9,306	74,448
北花	757	10,340	-	-	-	-	-	-	-
	MD	6,226	1,930,060	1,930,060	1,867,800	1,930,060	1,867,800	1,930,060	11,455,840
	737	4,653	288,486	288,486	279,180	288,486	279,180	288,486	1,712,304
北馬	757	10,340	-	-	-	-	-	-	-
	MD	6,226	-	-	-	-	-	-	-
	737	4,653	632,808	576,972	586,278	604,890	567,666	604,890	3,573,504
北金	757	10,340	-	-	-	-	-	-	-
	MD	6,226	1,544,048	1,544,048	1,494,240	1,544,048	1,494,240	1,568,952	9,189,576
	737	4,653	55,836	-	27,918	27,918	9,306	9,306	130,284
北嘉	757	10,340	-	-	-	-	-	-	-
	MD	6,226	386,012	386,012	398,464	423,368	386,012	398,464	2,378,332
	737	4,653	865,458	865,458	837,540	865,458	837,540	865,458	5,136,912
高花	757	10,340	-	-	-	-	-	-	-
	MD	6,226	772,024	772,024	747,120	772,024	747,120	772,024	4,582,336
	737	4,653	-	-	-	-	-	-	-

預計降落費（續）

		費率	七月	八月	九月	十月	十一月	十二月	七～十二月
高馬	757	10,340	-	-	-	-	-	-	-
	MD	6,226	-	-	-	-	-	-	-
	737	4,653	739,827	739,827	716,562	739,827	716,562	739,827	4,392,432
高金	757	10,340	-	-	-	-	-	-	-
	MD	6,226	386,012	386,012	373,560	386,012	373,560	386,012	2,291,168
	737	4,653	204,732	204,732	200,079	204,732	200,079	204,732	1,219,086
南金	757	10,340	-	-	-	-	-	-	-
	MD	6,226	-	-	-	-	-	-	-
	737	4,653	65,142	102,366	74,448	102,366	93,060	102,366	539,748
嘉金	757	10,340	-	-	-	-	-	-	-
	MD	6,226	-	-	-	-	-	-	-
	737	4,653	-	-	-	-	-	-	-
高東	757	10,340	-	-	-	-	-	-	-
	MD	6,226	-	-	-	-	-	-	-
	737	4,653	-	288,486	279,180	288,486	279,180	288,486	1,423,818
南東	757	10,340	-	-	-	-	-	-	-
	MD	6,226	-	-	-	-	-	-	-
	737	4,653	-	-	-	-	-	-	-
嘉東	757	10,340	-	-	-	-	-	-	-
	MD	6,226	-	-	-	-	-	-	-
	737	4,653	-	-	-	-	-	-	-
中高	757	10,340	-	-	-	-	-	-	-
	MD	6,226	-	-	-	-	-	-	-
	737	4,653	83,754	83,754	79,101	83,754	79,101	83,754	493,218

預計降落費（續）

		費率	七月	八月	九月	十月	十一月	十二月	七～十二月
中花	757	10,340	-	-	-	-	-	-	-
	MD	6,226	386,012	386,012	373,560	386,012	373,560	386,012	2,291,168
	737	4,653	-	-	-	-	-	-	-
中帛	757	9,225	-	-	147,600	166,050	166,050	147,600	627,300
高關	757	9,225	-	-	-	-	-	-	-
高蘇	MD	9,225	239,850	239,850	239,850	258,300	221,400	258,300	1,457,550
高帛	MD	9,225	166,050	166,050	166,050	147,600	166,050	166,050	977,850
高宿	MD	9,225	-	-	-	-	-	-	-
DOMESTIC			**29,872,227**	**29,165,631**	**28,714,290**	**29,758,267**	**28,343,370**	**29,586,359**	**175,440,144**

國內	757	10,340
	MD	6,226
	737	4,653
國際	757	18,450

INTL FLT		-	-	**147,600**	**166,050**	**166,050**	**147,600**	**627,300**
CHARTERED FLT		**405,900**	**405,900**	**405,900**	**405,900**	**387,450**	**424,350**	**3,228,750**

預算表 7-2 擴音設備費試算範例

預計擴音設備費

金額：新台幣

		費率	一月	二月	三月	四月	五月	六月	七月	八月	九月	十月	十一月	十二月	五～十二月	合計
北高	757	15	11,880	9,300	12,000	12,120	12,435	12,090	12,585	10,230	10,080	10,440	9,930	10,380	88,170	133,470
	MD	15	12,240	13,005	11,775	10,830	10,950	10,740	12,045	14,085	14,175	14,715	13,725	14,595	105,030	152,880
	737	15	-	90	150	60	30	30	-	-	90	90	30	30	300	600
北南	757	15	2,610	2,040	3,000	2,130	2,205	2,130	2,520	1,995	1,935	1,995	1,935	1,995	16,710	26,490
	MD	15	7,560	7,350	7,110	7,560	7,755	7,530	7,710	8,235	8,025	8,325	7,995	8,265	63,840	93,420
	737	15	-	-	60	-	-	-	-	-	-	-	-	-	-	60
北東	757	15	-	-	30	-	-	-	-	-	-	-	-	-	-	30
	MD	15	6,990	5,835	6,120	5,775	5,970	5,775	7,035	7,035	6,810	7,035	6,810	7,035	53,505	78,225
	737	15	870	2,040	1,200	930	930	900	-	-	90	90	30	30	2,070	7,110
北花	757	15	-	-	-	-	-	-	-	-	-	-	-	-	-	-
	MD	15	5,640	5,040	5,460	5,265	5,445	5,265	4,650	4,650	4,500	4,650	4,500	4,650	38,310	59,715
	737	15	60	-	90	-	-	-	930	930	900	930	900	930	5,520	5,670
北馬	757	15	-	-	-	-	-	-	-	-	-	-	-	-	-	-
	MD	15	-	-	-	-	-	-	-	-	-	-	-	-	-	-
	737	15	1,170	2,595	2,070	1,830	1,860	1,950	2,040	1,860	1,890	1,950	1,830	1,950	15,330	22,995
北金	757	15	-	-	-	-	-	-	-	-	-	-	-	-	-	-
	MD	15	3,870	4,590	3,555	3,540	3,660	3,540	3,720	3,720	3,600	3,720	3,600	3,780	29,340	44,895
	737	15	30	330	60	60	30	180	180	-	90	90	30	30	630	1,110
北嘉	757	15	-	-	-	-	-	-	-	-	-	-	-	-	-	-
	MD	15	300	-	180	960	930	930	930	930	960	1,020	930	960	7,590	9,030
	737	15	360	-	210	2,160	2,235	2,160	2,790	2,790	2,700	2,790	2,700	2,790	20,955	23,685
高花	757	15	-	-	-	-	-	-	-	-	-	-	-	-	-	-
	MD	15	2,820	2,520	2,640	2,685	2,775	2,685	1,860	1,860	1,800	1,860	1,800	1,860	16,500	27,165
	737	15	60	-	120	-	-	-	-	-	-	-	-	-	-	180
高馬	757	15	-	-	-	-	-	-	-	-	-	-	-	-	-	-
	MD	15	-	-	-	-	-	-	-	-	-	-	-	-	-	-
	737	15	1,950	2,085	2,370	1,890	1,950	1,890	2,385	2,385	2,310	2,385	2,310	2,385	18,000	26,295
高金	757	15	-	-	-	-	-	-	-	-	-	-	-	-	-	-
	MD	15	930	795	915	870	900	870	930	930	900	930	900	930	7,290	10,800
	737	15	765	630	600	885	780	750	660	660	645	660	645	660	5,460	8,340

預計擴音設備費（續）

金額：新台幣

		費率	一月	二月	三月	四月	五月	六月	七月	八月	九月	十月	十一月	十二月	五～十二月	合計
南金	757	15	-	-	-	-	-	-	-	-	-	-	-	-	-	-
	MD	15	-	-	-	-	-	-	-	-	-	-	-	-	-	-
	737	15	375	450	345	390	405	390	210	330	240	330	300	330	2,535	4,095
嘉金	757	15	-	-	-	-	-	-	-	-	-	-	-	-	-	-
	MD	15	-	-	-	-	-	-	-	-	-	-	-	-	-	-
	737	15	-	-	-	-	-	-	-	-	-	-	-	-	-	-
高東	757	15	-	-	-	-	-	-	-	-	-	-	-	-	-	-
	MD	15	-	-	-	-	-	-	-	-	-	-	-	-	-	-
	737	15	-	-	-	-	-	-	-	930	900	930	900	930	4,590	4,590
南東	757	15	-	-	-	-	-	-	-	-	-	-	-	-	-	-
	MD	15	-	-	-	-	-	-	-	-	-	-	-	-	-	-
	737	15	-	-	-	-	-	-	-	-	-	-	-	-	-	-
嘉東	757	15	-	-	-	-	-	-	-	-	-	-	-	-	-	-
	MD	15	-	-	-	-	-	-	-	-	-	-	-	-	-	-
	737	15	-	-	-	-	-	-	-	-	-	-	-	-	-	-
中高	757	15	-	-	-	-	-	-	-	-	-	-	-	-	-	-
	MD	15	-	-	-	-	-	-	-	-	-	-	-	-	-	-
	737	15	-	30	30	270	270	240	270	270	255	270	255	270	2,100	2,430
中花	757	15	-	-	-	-	-	-	-	-	-	-	-	-	-	-
	MD	15	-	-	-	-	-	-	930	930	900	930	900	930	5,520	5,520
	737	15	-	-	-	-	-	-	-	-	-	-	-	-	-	-
中帛	757		-	-	-	-	-	-	-	-	-	-	-	-	-	-
高關	757		-	-	-	-	-	-	-	-	-	-	-	-	-	-
高蘇	MD		-	-	-	-	-	-	-	-	-	-	-	-	-	-
高帛	MD		-	-	-	-	-	-	-	-	-	-	-	-	-	-
高宿	MD		-	-	-	-	-	-	-	-	-	-	-	-	-	-
DOMESTIC			**60,480**	**58,725**	**60,090**	**60,210**	**61,515**	**60,045**	**64,380**	**64,755**	**63,795**	**66,135**	**62,955**	**65,715**	**509,295**	**748,800**
INTL FLT			-	-	-	-	-	-	-	-	-	-	-	-	-	-
CHARTERED FLT			-	-	-	-	-	-	-	-	-	-	-	-	-	-

預算表 7-2 飛機租金試算範例

預計飛機租金（第三、四季財務預測）

						七月	八月	九月	十月	十一月	十二月	七～十二月
	租金	超運轉	修護保留金	**BASE + TAX**	合計	**27.5**	**27.5**	**27.5**	**27.5**	**27.5**	**27.5**	
28017	US$250,000			1.03896	85,714,200	7,142,850	7,142,850	7,142,850	7,142,850	7,142,850	7,142,850	42,857,100
28021	US$250,000			1.03896	85,714,200	7,142,850	7,142,850	7,142,850	7,142,850	7,142,850	7,142,850	42,857,100
28023	US$214,000		11,502,150	1.03896	84,873,505	7,072,792	7,072,792	7,072,792	7,072,792	7,072,792	7,072,792	42,436,753
27001	US$383,333	6,443,937	16,090,800	1.03896	153,963,177	12,830,265	12,830,265	12,830,265	12,830,265	12,830,265	12,830,265	76,981,589
757引擎	US$45,625	19,057,500		1	34,113,750	2,842,813	2,842,813	2,842,813	2,842,813	2,842,813	2,842,813	17,056,875
TOTAL	**US$1,142,958**	**25,501,437**	**27,592,950**		**444,378,832**	**37,031,569**	**37,031,569**	**37,031,569**	**37,031,569**	**37,031,569**	**37,031,569**	**222,189,416**

預算表 7-2 飛機保險試算範例

〇〇航空公司

1996 年 10 月 1 日至 1997 年 9 月 30 日保險費明細（預算用）

ITEM	1996-7 YEAR （實際）									
	AGREED VALUE	RATE	PREMIUM	Jul-86	Aug-86	Sep-86	Oct-86	Nov-86	Dec-86	JUL - DEC
HULL ： ALL RISKS										
BOEING 737--B2615,B2625	$29,500,000	0.774304%	US$228,420	533,501	533,501	516,291	533,501	516,291	533,501	3,166,585
GROUND RISKS-- B2607,B2613,B2601	$1,200,000	0.171186%	US$2,054	4,798	4,798	4,643				14,239
MD-82	$270,000,000	0.644350%	US$1,739,745	4,063,377	4,063,377	3,932,300	4,063,377	3,932,300	4,063,377	24,118,109
BOEING 757	$150,000,000	0.402147%	US$603,221	1,408,892	1,408,892	1,363,444	1,408,892	1,363,444	1,408,892	8,362,454
SUB TOTAL	$450,700,000	0.570987%	US$2,573,439	6,010,567	6,010,567	5,816,678	6,005,769	5,812,035	6,005,769	35,661,387
HULL WAR	$450,700,000	0.030300%	US$136,562	318,957	318,957	308,668	318,957	308,668	318,957	1,893,162
SUB TOTAL	US$450,700,000	0.601287%	US$2,710,002	6,329,524	6,329,524	6,125,346	6,324,726	6,120,703	6,324,726	37,554,549
HULL DEDUCTIBLE -										0
RED. TO US$50,000			US$721,606	1,685,395	1,685,395	1,631,027	1,685,395	1,631,027	1,685,395	10,003,634
TOTAL			**US$3,431,608**	**8,014,919**	**8,014,919**	**7,756,373**	**8,010,121**	**7,751,730**	**8,010,121**	**47,558,183**
LIABILITY ：										0
PER 1,000 RPM	1,332,705,553	US$0.916103	US$1,220,896							0
LIABILITY WAR	US$1,220,896	10%	US$122,090							0
TOTAL			US$1,342,985	3,136,698	3,136,698	3,035,514				9,308,910
										0
SPARE PARTS -	US$38,000,000	0.156648%	US$59,526	139,030	139,030	134,546				412,607
TOTAL			US$4,834,119							0
TOTAL (EXCHANGE RATE@27.5)			NT$132,938,269							0

預算表 7-2 旅客保險試算範例

預計旅客保險（第三、四季財務預測）

	英浬	費率	七月	八月	九月	十月	十一月	十二月	七～十二月
北高	234.9	0.916103	1,441,353	1,416,186	1,410,418	1,430,001	1,342,747	1,400,711	8,441,415
北南	194.5	0.916103	467,192	456,509	429,832	448,236	434,412	451,779	2,687,959
北東	229.9	0.916103	381,509	363,342	307,413	321,135	300,885	300,766	1,975,049
北花	121.2	0.916103	148,433	151,182	127,685	135,423	134,778	131,941	829,442
北馬	173.4	0.916103	64,306	61,492	59,578	58,471	54,169	56,222	354,238
北金	274	0.916103	264,476	240,433	203,374	204,188	192,385	196,088	1,300,946
北嘉	186.5	0.916103	105,492	108,938	98,767	105,148	96,526	99,380	614,251
高花	251	0.916103	108,159	107,503	93,886	98,326	93,886	98,326	600,087
高馬	112.5	0.916103	50,561	49,967	41,482	41,639	40,329	41,639	265,617
高金	189.5	0.916103	50,191	54,052	45,744	43,242	41,245	40,925	275,399
南金	166.9	0.916103	5,672	8,853	5,328	7,082	6,327	6,716	39,978
嘉金	180	0.916103	-	-	-	-	-	-	-
高東	152	0.916103	-	12,536	13,648	15,670	15,164	17,236	74,253
南東	150	0.916103	-	-	-	-	-	-	-
嘉東	150	0.916103	-	-	-	-	-	-	-
中高	225.7	0.916103	9,457	10,132	9,570	10,132	9,570	10,132	58,994
中花	150.3	0.916103	15,701	15,701	17,094	17,663	18,993	21,589	106,741
中帛	1842.5	0.916103	-	-	135,257	133,163	133,163	135,308	536,891
高關	2176.4	0.916103	-	-	-	-	-	-	-
高蘇	556	0.916103	39,660	42,957	36,347	39,152	30,508	39,152	227,776
高帛	1625	0.916103	150,993	150,993	134,196	104,385	117,444	117,444	775,454
高宿	1000	0.916103	-	-	-	-	-	-	-
TOTAL			**3,303,156**	**3,250,776**	**3,169,617**	**3,213,055**	**3,062,530**	**3,165,354**	**19,164,489**

預計折舊費用（第三、四季財務預測）

新台幣：仟元

	七月	八月	九月	十月	十一月	十二月	七～十二月
COST營業成本	39,215	39,215	39,215	39,215	39,215	40,385	236,460
OPEX營業費用	2,470	2,481	2,489	2,489	2,489	2,489	14,907
TOTAL合計	41,685	41,696	41,704	41,704	41,704	42,874	251,367

預算表 4 用人費用試算範例

預計用人費用（第三、四季財務預測）

新台幣：仟元

	七月	八月	九月	十月	十一月	十二月	七～十二月	合計
H/C	1,762	1,762	1,761	1,760	1,758	1,758	10,561	20,886
BASE PAY	77,678	77,688	77,593	77,537	77,459	77,459	465,414	925,893
COST	58,913	58,921	58,849	58,806	58,747	58,747	352,982	702,222
OPEX	18,765	18,767	18,744	18,731	18,712	18,712	112,432	223,671
VACATION	515	515	515	515	515	515	3,089	6,178
COST	397	397	397	397	397	397	2,383	4,767
OPEX	118	118	118	118	118	118	706	1,411
MEAL ALLOW	2,114	2,114	2,113	2,112	2,110	2,110	12,673	25,063
COST	1,623	1,623	1,622	1,621	1,620	1,620	9,730	19,242
OPEX	491	491	491	491	490	490	2,943	5,821
O/T	4,388	4,390	4,388	4,391	4,390	4,390	26,337	57,616
COST	3,821	3,823	3,821	3,824	3,823	3,823	22,936	50,176
OPEX	567	567	567	567	567	567	3,401	7,440
PENSION	15,172	15,178	15,128	15,110	15,141	15,113	90,842	180,938
COST	12,181	12,187	12,141	12,124	12,158	12,130	72,920	145,187
OPEX	2,991	2,991	2,988	2,986	2,983	2,983	17,922	35,752
TEMP	564	564	564	564	564	564	3,384	6,679
COST	222	222	222	222	222	222	1,331	2,627
OPEX	342	342	342	342	342	342	2,053	4,052
SEVERANCE	381	381	381	381	381	381	2,284	4,568
COST	243	243	243	243	243	243	1,459	2,918
OPEX	138	138	138	138	138	138	825	1,650
BONUS	13,838	13,838	13,838	13,838	13,838	13,838	83,029	166,057
COST	10,033	10,033	10,033	10,033	10,033	10,033	60,201	120,401
OPEX	3,805	3,805	3,805	3,805	3,805	3,805	22,828	45,656
SPEC LEAVE	1,630	1,630	1,630	1,630	1,630	1,630	9,780	19,559
COST	1,198	1,198	1,198	1,198	1,198	1,198	7,187	14,374
OPEX	432	432	432	432	432	432	2,593	5,185
LAY OFF	271	271	271	271	271	271	1,625	3,250
COST	-	-	-	-	-	-	-	-
OPEX	271	271	271	271	271	271	1,625	3,250
OTHER	105	105	105	105	105	105	630	1,260
COST	-	-	-	-	-	-	-	-
OPEX	105	105	105	105	105	105	630	1,260
TOTAL	**116,656**	**116,674**	**116,526**	**116,453**	**116,403**	**116,375**	**699,087**	**1,397,061**
COST	**88,632**	**88,647**	**88,526**	**88,469**	**88,441**	**88,413**	**531,129**	**1,061,914**
OPEX	**28,024**	**28,027**	**28,000**	**27,984**	**27,962**	**27,962**	**167,957**	**335,148**

預計用人費用（第三、四季財務預測）（續）

新台幣：仟元

	七月	八月	九月	十月	十一月	十二月	七～十二月	合計
FLT CREW								
FLT PREMIUM	6,643	6,706	6,606	6,625	6,712	6,642	39,934	78,837
FLT O/T	3,768	3,691	3,558	3,657	3,727	3,613	22,014	43,685
TRAVEL	3,357	3,527	3,502	3,402	3,287	3,304	20,379	40,079
CABIN CREW							-	
FLT PREMIUM	2,751	2,786	2,786	2,775	2,947	2,947	16,992	31,644
FLT O/T	3,289	3,298	3,298	3,120	3,079	3,079	19,162	37,338
TRAVEL	1,269	1,277	1,276	1,171	1,337	1,338	7,668	18,130
INSURANCE	7,422	7,421	7,477	7,529	7,580	7,578	45,007	86,399
COST	5,420	5,420	5,461	5,499	5,536	5,534	32,869	63,099
OPEX	2,002	2,001	2,016	2,030	2,044	2,044	12,138	23,300
MEAL	742	742	745	745	745	743	4,462	8,876
COST	544	544	547	547	547	545	3,274	6,512
OPEX	198	198	198	198	198	198	1,188	2,364
FRINGE	748	748	748	748	748	748	4,490	8,980
COST	-	-	-	-	-	-	-	-
OPEX	748	748	748	748	748	748	4,490	8,980
HANDICAP	45	45	45	45	45	45	269	537
COST	-	-	-	-	-	-	-	-
OPEX	45	45	45	45	45	45	269	537
TOTAL	38,947	39,152	39,011	38,839	39,280	39,106	234,336	458,760
G-TOTAL	**8,957**	**8,956**	**9,015**	**9,067**	**9,118**	**9,114**	**54,228**	**104,792**
COST	**5,965**	**5,964**	**6,007**	**6,045**	**6,082**	**6,079**	**36,143**	**69,611**
OPEX	**2,992**	**2,992**	**3,008**	**3,022**	**3,036**	**3,035**	**18,084**	**35,181**
飛加／飛加加	**16,451**	**16,481**	**16,248**	**16,177**	**16,465**	**16,281**	**98,102**	**191,504**
旅費	**7,656**	**7,703**	**7,469**	**7,186**	**7,113**	**7,000**	**44,127**	**82,778**

預計用人費用（第三、四季財務預測）（續）

新台幣：仟元

	離職金	獎金	特休	資遣費	撫卹金	用人費小計	飛加加	旅費	飛加小計	保險費	伙團費	福利金	殘補費	合計
COST	2917.6	120401.0667	14374	0	0	1063808.027	110849	63394	267534	63098	6512	0	0	1400952.027
OPEX	1650	45655.46667	5185	3250	1260	335147.3767	0	0	0	23300	2364	8980	537	370328.3767
TOTAL	4567.6	166056.5333	19559	3250	1260	1398955.403	110849	63394	267534	86398	8876	8980	537	1771280.403

OLD TRAVEL	7823	7818	7920	7737	8001	7871
FLT	3524	3642	3953	3953	4175	4175
CABIN	1269	1277	1276	1171	1337	1338
	3030	2899	2691	2613	2489	2358

預算表 7-2 場站租金試算範例

預計場站租金（第三、四季財務預測）

	前月	七月	八月	九月	十月	十一月	十二月	七～十二月	合計
COST	4,529,296	4,529,296	4,529,296	4,529,296	4,529,296	4,529,296	4,529,296	27,175,776	54,351,552
OPEX	185,002	185,002	185,002	185,002	185,002	185,002	185,002	1,110,012	2,220,024
TOTAL	4,714,298	4,714,298	4,714,298	4,714,298	4,714,298	4,714,298	4,714,298	28,285,788	56,571,576

預算表 18 範例

分月預算損益表（第三、四季更新後財務預測）

新台幣：仟元

會計科目	1月實際	2月實際	3月實際	4月實際	5月實際	6月實際	7月預計	8月預計	9月預計	10月預計	11月預計	12月預計	7-12月	預計合計
營業收入	**454,102**	**495,673**	**482,537**	**518,515**	**505,055**	**517,652**	**564,408**	**569,496**	**537,439**	**548,583**	**521,908**	**532,539**	**3,274,373**	**6,247,907**
班機收入	**433,767**	**476,090**	**468,152**	**484,306**	**476,752**	**477,362**	**533,220**	**537,821**	**495,920**	**504,307**	**477,568**	**486,453**	**3,035,289**	**5,851,718**
客運	424,549	468,946	460,206	475,856	468,413	469,396	525,358	529,770	487,833	495,755	468,934	476,882	2,984,532	5,751,898
貨運	8,089	5,954	7,096	7,650	7,627	7,224	7,154	7,227	7,311	7,961	7,949	8,522	46,124	89,764
郵運	1,129	1,190	850	800	712	742	708	824	776	591	685	1,049	4,633	10,056
包機收入	12,164	15,718	12,926	13,263	16,445	18,857	20,881	21,362	31,201	28,377	28,449	29,904	160,174	249,547
國內	-	-	-	-	-	1,007	-	-	-	-	-	-	-	1,007
國外	12,164	15,718	12,926	13,263	16,445	17,850	20,881	21,362	31,201	28,377	28,449	29,904	160,174	248,540
其他	-	-	-	-	-	-	-	-	-	-	-	-	-	-
修護收入	2,495	1,450	907	14,010	7,522	2,960	1,399	1,399	1,399	1,399	1,400	1,400	8,396	37,740
其他營業收入	5,676	2,415	552	6,936	4,336	18,473	8,908	8,914	8,919	14,500	14,491	14,782	70,514	108,902
營業支出	**434,397**	**456,715**	**473,368**	**467,658**	**469,975**	**480,756**	**499,482**	**492,875**	**492,042**	**505,512**	**491,969**	**494,919**	**2,976,799**	**5,759,668**
變動成本	**232,644**	**229,212**	**240,692**	**221,612**	**229,795**	**235,268**	**251,719**	**248,183**	**245,819**	**253,533**	**243,724**	**251,109**	**1,494,087**	**2,883,310**
營業成本	**218,441**	**219,256**	**225,870**	**211,474**	**221,459**	**225,902**	**239,187**	**235,566**	**233,996**	**241,488**	**232,322**	**239,494**	**1,422,053**	**2,744,455**
油料	113,005	110,146	108,952	115,673	112,069	113,912	122,708	121,610	122,013	126,772	120,993	125,540	739,636	1,413,393
飛行加給	6,620	6,890	7,223	7,314	7,355	7,354	7,811	7,811	7,811	7,811	7,811	7,812	46,867	89,623
飛加加班費	7,525	7,601	7,298	6,719	5,336	5,077	9,510	9,509	9,509	9,509	9,509	9,509	57,055	96,611
旅費	8,367	8,863	8,933	8,846	9,245	8,487	7,823	7,818	7,920	7,737	8,001	7,871	47,170	99,911
侍應食用品	10,021	10,453	9,302	9,749	9,371	5,987	12,006	9,521	9,521	9,521	9,522	9,522	59,613	114,496
降落費	29,032	27,129	28,186	28,307	27,793	27,875	28,733	28,502	27,966	29,065	27,682	28,816	170,764	339,086
安全服務費	4,915	4,666	4,773	4,875	4,894	4,831	4,927	4,891	4,796	4,983	4,748	4,943	29,288	58,242
空橋使用費	1,181	1,109	1,127	935	1,184	1,179	1,534	1,516	1,493	1,552	1,474	1,535	9,104	15,819
夜航費	-	-	-	-	-	-	-	-	-	-	-	-	-	-
佣金費用	-	-	-	-	-	-	-	-	-	-	-	-	-	-
停留費	457	428	438	430	537	466	364	364	364	364	364	364	2,184	4,940
旅客保險費	2,699	2,806	2,771	2,783	2,679	2,663	3,171	3,163	3,077	3,127	2,982	3,072	18,592	34,993
修護材料	21,286	25,977	32,894	9,168	26,412	32,375	25,555	25,907	24,848	25,920	24,645	25,527	152,402	300,514
噪音防治費	10,743	10,434	10,703	10,834	10,875	10,873	11,089	10,986	10,788	11,230	10,675	11,108	65,876	130,338
包機費用	2,487	2,655	3,159	5,684	3,318	4,081	2,359	2,374	2,294	2,299	2,321	2,278	13,925	35,309
中正費用	1	-	10	56	288	639	1,481	1,480	1,481	1,481	1,481	1,481	8,885	9,879
電訊傳遞費	56	54	56	54	56	56	56	56	56	56	56	56	336	668
擴音設備費	46	45	45	47	47	47	60	58	59	61	58	60	356	633

分月預算損益表（第三、四季更新後財務預測）（續）

新台幣：仟元

會計科目	1月實際	2月實際	3月實際	4月實際	5月實際	6月實際	7月預計	8月預計	9月預計	10月預計	11月預計	12月預計	7-12月	預計合計
營業費用	**14,203**	**9,956**	**14,822**	**10,138**	**8,336**	**9,366**	**12,532**	**12,617**	**11,823**	**12,045**	**11,402**	**11,615**	**72,034**	**138,855**
佣金費用	12,528	8,134	12,960	8,121	6,593	7,374	10,560	10,648	9,805	9,965	9,426	9,585	59,989	115,699
系統使用費	1,675	1,822	1,862	2,017	1,743	1,992	1,972	1,969	2,018	2,080	1,976	2,030	12,045	23,156
固定成本	**201,753**	**227,503**	**232,676**	**246,046**	**240,180**	**245,488**	**247,763**	**244,692**	**246,223**	**251,979**	**248,245**	**243,810**	**1,482,712**	**2,876,358**
營業成本	**163,646**	**181,918**	**186,510**	**188,175**	**186,683**	**219,180**	**190,482**	**191,616**	**190,975**	**192,934**	**190,567**	**190,579**	**1,147,153**	**2,273,265**
折舊	38,380	38,389	40,285	38,987	40,193	40,377	39,963	39,963	39,963	39,963	39,963	39,963	239,778	476,389
飛機保險	7,910	7,145	7,910	7,655	7,910	7,655	8,015	8,015	7,756	8,010	7,752	8,010	47,558	93,743
空勤保險	241	248	256	250	263	254	272	272	272	272	272	272	1,632	3,144
其他保險	170	280	180	177	180	30,648	162	157	192	158	158	193	1,020	32,655
飛機租金	37,103	35,255	29,998	36,221	36,640	34,608	37,032	37,032	37,032	37,032	37,032	37,032	222,192	432,017
用人費用	69,910	84,666	89,444	85,324	81,853	81,501	86,637	86,636	86,636	86,636	86,636	86,635	519,816	1,012,514
場站租金	3,366	3,979	3,672	3,803	3,803	4,112	4,008	3,536	3,534	4,003	3,533	3,528	22,142	44,877
稅捐	8	-	-	32	47	3	5	5	5	11	24	4	54	144
機票印刷	1,529	430	32	368	2,921	34	-	2,905	-	2,904	-	2,905	8,714	14,028
印刷費	10	88	171	202	48	37	116	115	115	113	117	190	766	1,322
雜項購置	61	55	344	320	178	411	141	148	142	147	144	140	862	2,231
制服	36	619	83	897	621	223	2	1	2	1	1	2	9	2,488
水電費	243	123	521	343	539	1,210	657	677	656	670	651	659	3,970	6,949
訓練費	182	4,085	6,714	5,896	4,753	10,401	5,011	3,396	5,915	4,104	5,868	975	25,269	57,300
修護費用	328	443	693	854	819	937	744	723	718	721	710	735	4,351	8,425
其他修護	-	-	-	-	-	-	-	-	-	-	-	-	-	-
包車租金	805	746	845	1,025	950	865	845	844	844	844	844	849	5,070	10,306
燃料費	181	274	265	271	286	373	444	439	433	438	430	434	2,618	4,268
廣告費	2	-	-	-	-	-	25	6	6	6	17	8	68	70
機場勤務	194	229	212	287	349	244	165	260	278	257	256	407	1,623	3,138
員工福利	-	225	294	337	204	261	310	310	634	485	485	635	2,859	4,180
書報雜誌	53	199	78	368	381	1,232	892	890	901	891	892	893	5,359	7,670
消耗用品	33	354	307	356	449	386	472	279	279	279	278	442	2,029	3,914
清潔費	139	295	228	184	262	213	207	199	205	199	201	200	1,211	2,532
包車租金	-	-	-	-	-	-	-	-	-	-	-	-	-	-
其他租金	153	371	333	605	181	367	338	338	334	334	329	338	2,011	4,021
文具用品	34	114	83	154	142	161	134	120	120	126	113	114	727	1,415

分月預算損益表（第三、四季更新後財務預測）（續）

新台幣：仟元

會計科目	1月實際	2月實際	3月實際	4月實際	5月實際	6月實際	7月預計	8月預計	9月預計	10月預計	11月預計	12月預計	7-12月	預計合計
運費	10	22	114	-	30	69	286	312	286	287	286	290	1,747	1,992
電話費	301	357	301	423	406	512	437	427	429	418	421	426	2,558	4,858
交際費	60	363	470	113	164	192	160	148	271	147	180	606	1,512	2,874
勞務費	1,769	2,138	2,240	1,914	1,358	1,210	2,818	2,801	2,821	2,801	2,801	2,803	16,845	27,474
團體會費	12	5	3	3	-	-	7	5	6	7	6	6	37	60
會議費	3	6	2	19	26	24	32	23	28	28	24	26	161	241
行政規費	14	48	50	20	85	55	63	63	83	67	65	66	407	679
旅客賠償	3	14	23	15	13	9	45	542	47	542	47	542	1,765	1,842
其他	403	353	359	752	629	596	37	29	32	33	31	251	413	3,505
其他	2,684	4,860	5,076	6,613	6,051	38,153	5,838	6,173	5,835	6,141	5,629	7,240	36,856	100,293
營業費用	**38,107**	**45,585**	**46,166**	**57,871**	**53,497**	**26,308**	**57,281**	**53,076**	**55,248**	**59,045**	**57,678**	**53,231**	**335,559**	**603,093**
折舊	1,091	1,091	1,157	1,170	1,289	1,426	2,470	2,481	2,489	2,489	2,489	2,489	14,907	22,131
用人費用	23,553	27,977	28,835	28,896	27,632	28,289	27,458	27,458	27,458	27,457	27,457	27,457	164,745	329,927
場站租金	185	185	185	144	144	144	2,070	-	-	2,070	-	-	4,140	5,127
其他租金	128	57	47	608	581	350	853	855	853	854	853	853	5,121	6,892
查帳費用	-	8	6	25	12	27	-	-	862	862	-	-	1,724	1,802
旅客賠償	-	-	-	200	1	-	-	-	-	-	-	-	-	201
公司債發行	-	-	-	-	-	-	-	-	-	-	-	-	-	-
股務費用	-	-	736	70	487	449	304	304	304	304	304	304	1,824	3,566
上櫃上市費	-	-	-	-	-	-	-	-	-	-	17	17	34	34
制服	-	16	33	36	39	85	-	-	-	-	-	-	-	209
雜項購置	2	120	215	579	174	572	372	261	265	277	261	250	1,686	3,348
水電費	189	43	225	57	282	174	333	193	352	183	307	157	1,525	2,495
訓練費	2	118	199	206	76	244	753	465	445	335	295	284	2,577	3,422
車輛修護	5	20	-	13	2	36	35	35	31	32	35	51	219	295
其他修護	70	203	2	268	236	275	531	597	546	509	473	482	3,138	4,192
燃料費	84	76	114	83	74	76	97	96	95	94	95	97	574	1,081
廣告費	3	2,049	270	5,332	2,609	2,710	5,605	3,151	3,200	6,680	6,867	3,847	29,350	42,323
印刷費	210	534	462	1,792	369	649	807	798	794	824	922	810	4,955	8,971
自由捐贈	-	-	500	-	38	335	234	247	229	229	229	229	1,397	2,270
保險費	6,988	7,109	6,779	6,938	7,053	(23,509)	7,567	7,566	7,596	7,566	7,561	7,595	45,451	56,809
交際費	405	1,373	715	1,231	1,366	1,847	1,290	1,190	1,641	1,169	1,207	1,227	7,724	14,661

分月預算損益表（第三、四季更新後財務預測）（續）

新台幣：仟元

會計科目	1月實際	2月實際	3月實際	4月實際	5月實際	6月實際	7月預計	8月預計	9月預計	10月預計	11月預計	12月預計	7-12月	預計合計
稅捐	2,344	1,585	1,680	3,523	1,855	1,756	1,315	1,315	1,289	1,315	1,676	1,405	8,315	21,058
壞帳損失	-	-	-	-	-	-	209	208	209	881	881	892	3,280	3,280
員工福利	700	680	686	787	745	788	767	1,814	694	717	665	681	5,338	9,724
團體會費	1	6	176	11	25	41	16	18	16	17	17	17	101	361
文具用品	36	152	122	314	147	136	143	145	142	137	148	153	868	1,775
伙食團補助	380	410	394	394	394	413	806	806	806	805	806	806	4,835	7,220
書報雜誌	22	58	75	35	75	60	41	58	39	35	84	36	293	618
銀行費用	4	8	6	8	13	13	69	69	69	69	68	69	413	465
消耗用品	19	64	73	104	61	285	181	180	182	176	179	183	1,081	1,687
勞務費	883	512	659	735	4,092	4,358	931	699	1,934	698	726	809	5,797	17,036
勞務費	883	520	665	760	4,104	4,385	931	699	2,796	1,560	726	809	7,521	18,838
會議費	2	33	8	15	19	4	37	47	88	48	75	75	370	451
殘障補助費	138	139	123	30	(15)	-	46	46	46	46	46	46	276	691
旅費	216	236	751	584	573	659	602	582	1,221	583	607	576	4,171	7,190
運費	10	7	4	9	11	16	34	32	32	32	32	32	194	251
電話費	230	449	362	438	256	1,006	414	416	433	416	433	417	2,529	5,270
電報費	-	-	-	-	-	-	-	-	-	-	-	-	-	-
行政規費	28	103	23	16	30	47	161	158	160	158	164	155	956	1,203
清潔費	49	46	43	150	59	54	94	96	99	96	96	97	578	979
房租	105	90	107	284	90	90	100	100	100	295	100	100	795	1,561
其他	25	28	394	2,786	2,603	2,403	536	590	529	587	1,503	533	4,278	12,517
其他	1,099	1,876	4,168	6,266	5,371	7,060	5,296	4,897	5,586	5,493	6,403	5,206	32,881	58,721
營業淨利	**19,705**	**38,958**	**9,169**	**50,857**	**35,080**	**36,896**	**64,926**	**76,621**	**45,397**	**43,071**	**29,939**	**37,620**	**297,574**	**488,239**
非營業收支	**(6,233)**	**(3,399)**	**17,106**	**40,330**	**(5,149)**	**250,135**	**(7,045)**	**6,425**	**9,057**	**51,473**	**68,363**	**127,347**	**255,620**	**548,410**
非營業收入	**15,107**	**15,647**	**36,443**	**68,715**	**26,872**	**284,247**	**9,292**	**22,878**	**25,291**	**66,234**	**83,313**	**142,166**	**349,174**	**796,205**
利息收入	13,499	13,362	11,984	12,117	12,407	11,800	9,244	9,244	15,243	15,186	15,265	16,443	80,625	155,794
兌換收益	1,334	1,510	922	2,125	3,383	5,611	-	-	-	-	-	-	-	14,885
租賃收入	48	48	90	53	69	403	48	48	48	48	48	48	288	999
投資收入	57	210	18,932	44,962	8,115	112,166	-	-	-	-	-	57,675	57,675	242,117
處分股權收益	-	-	-	-	-	153,101	-	-	-	51,000	68,000	68,000	187,000	340,101
其他收益	157	517	4,515	1,433	2,898	1,166	-	-	-	-	-	-	-	10,686
固定資產出售	-	-	-	8,025	-	-	-	13,586	10,000	-	-	-	23,586	31,611

分月預算損益表（第三、四季更新後財務預測）（續）

新台幣：仟元

會計科目	1月實際	2月實際	3月實際	4月實際	5月實際	6月實際	7月預計	8月預計	9月預計	10月預計	11月預計	12月預計	7-12月	預計合計
盤存盈餘	12	-	-	-	-	-	-	-	-	-	-	-	-	12
非營業支出	**21,340**	**19,046**	**19,337**	**28,385**	**32,021**	**34,112**	**16,337**	**16,453**	**16,234**	**14,761**	**14,950**	**14,819**	**93,554**	**247,795**
利息支出	18,289	16,316	17,042	17,283	18,041	17,023	16,337	16,453	16,234	14,761	14,950	14,658	93,393	197,387
兌換損失	713	2,190	1,045	2,919	4,539	5,658	-	-	-	-	-	-	-	17,064
投資損失	-	-	-	2,362	2,728	2,351	-	-	-	-	-	-	-	7,441
公債發行費	-	-	-	-	-	161	-	-	-	-	-	161	161	322
固定資產出售	-	-	-	-	-	-	-	-	-	-	-	-	-	-
盤存損失	-	-	419	-	-	101	-	-	-	-	-	-	-	520
其他費用	2,338	540	831	5,821	6,713	8,818	-	-	-	-	-	-	-	25,061
材配跌價損失	-	-	-	-	-	-	-	-	-	-	-	-	-	-
EBIT	**13,472**	**35,559**	**26,275**	**91,187**	**29,931**	**287,031**	**57,881**	**83,046**	**54,454**	**94,544**	**98,302**	**164,967**	**553,194**	**1,036,649**

預算表 7-2 旅客保險試算範例

○○航空股份有限公司
旅客保險費（第三、四季財務預測）

單位：台幣仟元

航線	英浬	7月		8月		9月		10月		11月		12月		合計	
	浬程	人數	金額	人數	金額	人數	金額	人數	金額	人數	金額	人數	金額	人數	金額
台北—高雄	234.9	221,420	$ 1,441	217,554	$ 1,416	216,668	$ 1,410	219,677	$ 1,430	206,273	$ 1,343	215,177	$ 1,401	1,296,769	$ 8,441
台北—台南	194.5	86,677	$ 467	84,695	$ 457	79,746	$ 430	83,161	$ 448	80,596	$ 434	83,818	$ 452	498,693	$ 2,688
台北—台東	229.9	59,882	$ 382	57,030	$ 363	48,252	$ 307	50,406	$ 321	47,227	$ 301	47,208	$ 301	310,005	$ 1,975
台北—花蓮	121.2	44,194	$ 148	45,012	$ 151	38,016	$ 128	40,320	$ 135	40,128	$ 135	39,283	$ 132	246,953	$ 829
台北—馬公	173.4	13,382	$ 64	12,797	$ 61	12,398	$ 60	12,168	$ 58	11,273	$ 54	11,700	$ 56	73,718	$ 353
台北—金門	274.0	34,831	$ 264	31,665	$ 240	26,784	$ 203	26,891	$ 204	25,337	$ 192	25,824	$ 196	171,332	$ 1,299
台北—嘉義	186.5	20,411	$ 105	21,078	$ 109	19,110	$ 99	20,345	$ 105	18,676	$ 97	19,229	$ 99	118,849	$ 614
高雄—花蓮	251.0	15,550	$ 108	15,455	$ 108	13,498	$ 94	14,136	$ 98	13,498	$ 94	14,136	$ 98	86,272	$ 600
高雄—馬公	112.5	16,218	$ 51	16,027	$ 50	13,306	$ 41	13,356	$ 42	12,936	$ 40	13,356	$ 42	85,199	$ 266
高雄—金門	189.5	9,558	$ 50	10,293	$ 54	8,711	$ 46	8,234	$ 43	7,854	$ 41	7,793	$ 41	52,443	$ 275
台南—金門	166.9	1,226	$ 6	1,914	$ 9	1,152	$ 5	1,531	$ 7	1,368	$ 6	1,452	$ 7	8,644	$ 40
高雄—台東	152.0		$ -	2,976	$ 13	3,240	$ 14	3,720	$ 16	3,600	$ 15	4,092	$ 17	17,628	$ 75
中正—高雄	225.7	1,512	$ 9	1,620	$ 10	1,530	$ 10	1,620	$ 10	1,530	$ 10	1,620	$ 10	9,432	$ 59
中正—花蓮	150.3	3,770	$ 16	3,770	$ 16	4,104	$ 17	4,241	$ 18	4,560	$ 19	5,183	$ 22	25,627	$ 108
總　　計		528,631	$ 3,111	521,887	$ 3,057	486,515	$ 2,864	499,805	$ 2,935	474,855	$ 2,781	489,872	$ 2,874	3,001,564	$ 17,622

航線	英浬	7月		8月		9月		10月		11月		12月		合計	
	浬程	人數	金額	人數	金額	人數	金額	人數	金額	人數	金額	人數	金額	人數	金額
高雄—蘇比克	556.0	2,574	$ 40	2,788	$ 43	2,359	$ 36	2,541	$ 39	1,980	$ 31	2,541	$ 39	14,783	$ 228
高雄—帛琉	1625.0	3,353	$ 151	3,353	$ 151	2,980	$ 134	2,318	$ 104	2,608	$ 117	2,608	$ 117	17,220	$ 774
總　　計		5,927	$ 191	6,141	$ 194	5,339	$ 170	4,859	$ 143	4,588	$ 148	5,149	$ 156	32,003	$ 1,002

航線	英浬	7月		8月		9月		10月		11月		12月		合計	
	浬程	人數	金額	人數	金額	人數	金額	人數	金額	人數	金額	人數	金額	人數	金額
中正—帛琉	1842.5			0	$ -	2,649	$ 135	2,608	$ 133	2,608	$ 133	2,650	$ 135	10,515	$ 536
總　　計		0		0	$ -	2,649	$ 135	2,608	$ 133	2,608	$ 133	2,650	$ 135	10,515	$ 536

註：旅客保險費＝RPMS（里程數*含嬰人數）／1000RPMS*US$0.916103*110%*27.5。1浬＝1.853248公里，1公里＝0.62136英里（Mile）

預算表 7-2 電信傳遞費試算範例

〇〇航空股份有限公司

〇〇年度系統使用費（財務預測）

金額：台幣仟元

月份／金額	一月	二月	三月	四月	五月	六月	七月	八月	九月	十月	十一月	十二月	總金額
$ 14,939	455,784人／3,874,240	472,518人／3,874,240	470,786人／3,874,240	476,330人／3,874,240	472,997人／3,874,240	467,961人／3,874,240	533,027人／3,874,240	524,837人／3,874,240					3,874,240人／3,874,240
	$ 1,757.49	$ 1,822.02	$ 1,815.34	$ 1,836.72	$ 1,823.87	$ 1,804.45	$ 2,055.34	$ 2,023.76					$ 14,939.00

說明：$3.9*3,000,000人+$3.9*0.95*(3,874,240人-3,000,000人)=$11,700,000+$3,239,059=$14,939,059

預算表 1-1-1-1d 範例

○○年度國內線可飛機型及班次數（未引進新機並配合嘉義機場整修）

		一月	二月	三月	四月	五月	六月	七月	八月	九月	十月	十一月	十二月	合計（總班次）	合計（總時數）
北高	757	792	620	800	808	829	806	839	682	672	696	662	692	8,898	7,415.00
	MD	816	867	785	722	730	716	803	939	945	981	915	973	10,192	8,493.33
	737	0	6	10	4	2	2	0	0	6	6	2	2	40	33.33
北南	757	174	136	200	142	147	142	168	133	129	133	129	133	1,766	1,324.50
	MD	504	490	474	504	517	502	514	549	535	555	533	551	6,228	4,671.00
	737	0	0	4	0	0	0	0	0	0	0	0	0	4	3.00
北東	757	0	0	2	0	0	0	0	0	0	0	0	0	2	1.67
	MD	466	389	408	385	398	385	469	469	454	469	454	469	5,215	4,345.83
	737	58	136	80	62	62	60	0	0	6	6	2	2	474	395.00
北花	757	0	0	0	0	0	0	0	0	0	0	0	0	0	0.00
	MD	376	336	364	351	363	351	310	310	300	310	300	310	3,981	2,322.25
	737	4	0	6	0	0	0	62	62	60	62	60	62	378	0.00
北馬	757	0	0	0	0	0	0	0	0	0	0	0	0	0	0.00
	MD	0	0	0	0	0	0	0	0	0	0	0	0	0	0.00
	737	78	173	138	122	124	130	136	124	126	130	122	130	1,533	1,149.75
北金	757	0	0	0	0	0	0	0	0	0	0	0	0	0	0.00
	MD	258	306	237	236	244	236	248	248	240	248	240	252	2,993	2,743.58
	737	2	22	4	4	2	12	12	0	6	6	2	2	74	67.83
北嘉	757	0	0	0	0	0	0	0	0	0	0	0	0	0	0.00
	MD	20	0	12	64	62	62	62	62	64	68	62	64	602	451.50
	737	24	0	14	144	149	144	186	186	180	186	180	186	1,579	0.00
高花	757	0	0	0	0	0	0	0	0	0	0	0	0	0	0.00
	MD	188	168	176	179	185	179	124	124	120	124	120	124	1,811	1,660.08
	737	4	0	8	0	0	0	0	0	0	0	0	0	12	11.00

○○年度國內線可飛機型及班次數（未引進新機並配合嘉義機場整修）（續）

		一月	二月	三月	四月	五月	六月	七月	八月	九月	十月	十一月	十二月	合　計（總班次）	合　計（總時數）
高馬	757	0	0	0	0	0	0	0	0	0	0	0	0	0	0.00
	MD	0	0	0	0	0	0	0	0	0	0	0	0	0	0.00
	737	130	139	158	126	130	126	159	159	154	159	154	159	1,753	1,022.58
高金	757	0	0	0	0	0	0	0	0	0	0	0	0	0	0.00
	MD	62	53	61	58	60	58	62	62	60	62	60	62	720	540.00
	737	51	42	40	59	52	50	44	44	43	44	43	44	556	417.00
南金	757	0	0	0	0	0	0	0	0	0	0	0	0	0	0.00
	MD	0	0	0	0	0	0	0	0	0	0	0	0	0	0.00
	737	25	30	23	26	27	26	14	22	16	22	20	22	273	204.75
高東	757	0	0	0	0	0	0	0	0	0	0	0	0	0	0.00
	MD	0	0	0	0	0	0	0	0	0	0	0	0	0	0.00
	737	0	0	0	0	0	0	0	62	60	62	60	62	306	204.00
中正－高雄	757	0	0	0	0	0	0	0	0	0	0	0	0	0	0.00
	MD	0	0	0	0	0	0	0	0	0	0	0	0	0	0.00
	737	0	2	2	18	18	16	18	18	17	18	17	18	162	108.00
中正－花蓮	757	0	0	0	0	0	0	0	0	0	0	0	0	0	0.00
	MD	0	0	0	0	0	0	62	62	60	62	60	62	368	0.00
	737	0	0	0	0	0	0	0	0	0	0	0	0	0	0.00
合計	757	966	756	1,002	950	976	948	1,007	815	801	829	791	825	10,666	8,741.17
	MD	2,690	2,609	2,517	2,499	2,559	2,489	2,654	2,825	2,778	2,879	2,744	2,867	32,110	25,227.58
	737	376	550	487	565	566	566	631	677	674	701	662	689	7,144	3,616.25
總計		4,032	3,915	4,006	4,014	4,101	4,003	4,292	4,317	4,253	4,409	4,197	4,381	49,920	37,585.00

○○航空股份有限公司
預算差異彙表

1997年4月份

會計科目	年度預算	實際數 當月	實際數 累計	預算數 當月	預算數 累計	差異數 當月	%	差異數 累計	%	備註
營業收入	6,148,276	518,515	1,950,827	503,756	2,002,077	14,759	3	(51,250)	(3)	
班機收入	5,858,286	484,306	1,862,314	482,933	1,924,539	1,373	0	(62,225)	(3)	
客運	5,759,786	475,856	1,829,557	475,121	1,892,727	735	0	(63,170)	(3)	
貨運	88,290	7,650	28,788	6,986	27,809	664	10	979	4	
郵運	10,210	800	3,969	826	4,003	(26)	(3)	(34)	(1)	
包機收入	212,110	13,263	54,072	18,320	67,560	(5,057)	(28)	(13,488)	(20)	
國外	212,110	13,263	54,072	18,320	67,560	(5,057)	(28)	(13,488)	(20)	
修護收入	16,790	14,010	18,862	1,399	5,596	12,611	901	13,266	237	
其他營業收入	61,090	6,936	15,579	1,104	4,382	5,832	528	11,197	256	
營業支出	5,819,375	467,657	1,832,140	495,305	1,936,145	(27,648)	(6)	(104,005)	(5)	
變動成本	2,853,538	222,483	926,872	235,345	944,442	(12,862)	(5)	(17,570)	(2)	
油料	1,359,545	115,673	447,775	111,526	451,866	4,147	4	(4,091)	(1)	
飛行加給	207,854	14,033	57,191	17,322	69,290	(3,289)	(19)	(12,099)	(17)	
旅費	101,754	9,430	36,797	8,566	33,525	864	10	3,272	10	
侍應食用品	114,254	9,749	39,525	9,521	38,084	228	2	1,441	4	
降落費	348,136	28,307	112,655	28,693	115,194	(386)	(1)	(2,539)	(2)	
安全服務費	58,247	4,875	19,230	4,792	19,328	83	2	(98)	(1)	
候機設備費	-	-	-	-	-	-	-	-	-	
空橋使用費	14,652	935	4,352	1,221	4,884	(286)	(23)	(532)	(11)	
夜航費	-	-	-	-	-	-	-	-	-	
佣金費用	126,595	8,121	41,742	10,440	43,069	(2,319)	(22)	(1,327)	(3)	
停留費	4,368	430	1,753	364	1,456	66	18	297	20	
系統使用費	23,552	2,017	7,376	1,963	7,852	54	3	(476)	(6)	

○○航空股份有限公司
預算差異彙表（續）

1997年4月份

會計科目	年度預算	實際數		預算數		差異數				備註
		當月	累計	當月	累計	當月	%	累計	%	
旅客保險	33,242	2,783	11,059	2,684	10,954	99	4	105	1	
修護材料	282,062	9,168	89,325	23,299	90,682	(14,131)	(61)	(1,357)	(2)	
噪音防治費	130,720	10,834	42,714	10,773	43,275	61	1	(561)	(1)	
包機費用	27,567	5,684	13,985	2,299	9,041	3,385	147	4,944	55	
中正費用	16,390	56	67	1,481	4,543	(1,425)	(96)	(4,476)	(99)	
其他	4,600	388	1,326	401	1,399	(13)	(3)	(73)	(5)	
固定成本	2,965,837	245,174	905,268	259,960	991,703	(14,786)	(6)	(86,435)	(9)	
折舊	504,936	40,157	160,550	41,787	166,630	(1,630)	(4)	(6,080)	(4)	
飛機保險	93,120	7,655	30,620	7,655	30,620	-	-	-	-	
飛機租金	483,395	36,221	138,578	40,835	156,708	(4,614)	(11)	(18,130)	(12)	
用人費用	1,369,066	114,214	438,583	114,085	456,330	129	0	(17,747)	(4)	
場站租金	52,574	3,947	15,518	6,074	19,220	(2,127)	(35)	(3,702)	(19)	
稅捐	17,182	3,555	9,173	1,445	5,361	2,110	146	3,812	71	
訓練費	71,458	6,102	17,401	10,079	27,213	(3,977)	(39)	(9,812)	(36)	
雜項購置	6,048	899	1,696	716	2,655	183	26	(959)	(36)	
其他修護	13,215	894	2,295	1,192	4,407	(298)	(25)	(2,112)	(48)	
廣告費	14,477	5,332	7,656	1,095	4,693	4,237	387	2,963	63	
勞務費	48,512	2,649	10,848	3,824	17,234	(1,175)	(31)	(6,386)	(37)	
保險費	96,252	7,365	29,616	7,992	32,060	(627)	(8)	(2,444)	(8)	
包車租金	10,158	1,025	3,421	845	3,385	180	21	36	1	
其他	185,444	15,159	39,313	22,336	65,187	(7,177)	(32)	(25,874)	(40)	
營業淨利	328,901	50,858	118,687	8,451	65,932	42,407	502	52,755	80	

○○航空股份有限公司
預算差異彙表（續）

1997年4月份

會計科目	年度預算	實際數		預算數		差異數				備註
		當月	累計	當月	累計	當月	%	累計	%	
非營業收支	456,996	40,330	47,804	52,188	47,132	(11,858)	(23)	672	1	
非營業收入	650,912	68,715	135,911	68,791	113,929	(76)	(0)	21,982	19	
利息收入	145,575	12,117	50,961	10,243	47,220	1,874	18	3,741	8	
兌換收益	-	2,125	5,892	-	-	2,125	-	5,892	-	
租賃收入	576	53	238	48	192	5	10	46	24	
投資收入	96,877	44,962	64,161	-	-	44,962	-	64,161	-	
處分股權收益	390,000	-	-	58,500	58,500	(58,500)	(100)	(58,500)	(100)	
其他收益	-	1,433	6,622	-	-	1,433	-	6,622	-	
固定資產出售	17,884	8,025	8,025	-	8,017	8,025	-	8	0	
盤存盈餘	-	-	12	-	-	-	-	12	-	
非營業支出	193,916	28,385	88,107	16,603	66,797	11,782	71	21,310	32	
利息支出	193,593	17,283	68,929	16,603	66,797	680	4	2,132	3	
兌換損失	-	2,919	6,867	-	-	2,919	-	6,867	-	
投資損失	-	2,362	2,362	-	-	2,362	-	2,362	-	
公司債發行費	323	-	-	-	-	-	-	-	-	
固定資產出售	-	-	-	-	-	-	-	-	-	
盤存損失	-	-	419	-	-	-	-	419	-	
其他費用	-	5,821	9,530	-	-	5,821	-	9,530	-	
材配跌價損失	-	-	-	-	-	-	-	-	-	
稅前淨利	785,897	91,188	166,491	60,639	113,064	30,549	50	53,427	47	

附錄二

中國大陸運輸（民用航空）企業會計制度

本附錄為1993年中國大陸財政部頒布之《運輸（民用航空）企業會計制度》

第一章 總則

一、為了貫徹執行《企業會計準則》，規範航空運輸企業的會計核算，特制定本制度。

二、本制度適用於設在中華人民共和國境內的所有航空運輸企業。

三、企業應按本制度的規定，設置和使用會計科目，在不影響會計核算要求和會計報表指標匯總，以及對外提供統一會計報表的前提下，可以根據實際情況自行增加、減少或合併某些會計科目。

本制度統一規定會計科目的編號，以便於編制會計憑證，登記帳簿，查閱帳目，實行會計電算化，各企業不要隨意改變或打亂重編，在某些科目之間留有空號，供增設會計科目之用。企業填製會計憑證、登記帳簿時，應填製會計科目的名稱，或者同時填列會計科目的名稱和編號，不應只填科目編號，不填科目名稱。

四、企業向外報送的會計報表的具體格式和編制說明，由本制度規定。企業內部管理需要的會計報表由企業自行規定。

企業會計報表應按月或按年報送財政部門、業務主管部門、當地稅務機關、開戶銀行。國有企業的年度會計報表應同時報送同級國有資產管理部門。

月份會計報表應於月份終了後6天內報出，年度會計報表應於年度終了後35天內報出。法律、法規另有規定者從其規定。

會計報表的填列以人民幣「元」為金額單位，「元」以下填至「分」。

向外報送的會計報表應一次編定頁數，加具封面，裝訂成冊，及蓋公章，封面上應註明：企業名稱、地址、開業年份、報表所屬年度、月份、送出日期等，並由企業領導、總會計師（或代行總會計師職權的人員）和會計主管人員簽名或蓋章。

企業對外投資如占被投資企業資本總額半數以上，或者實質上擁有被投資企業控制權的，應當編制合併會計報表。特殊行業的企業不宜合併的，可不予合併，但應當將其會計報表一併報送。

五、本制度由中華人民共和國財政部負責解釋，需要變更時，由財政部修訂。

六、本制度自1993年7月1日起執行。

第二章　會計科目

一、會計科目表

順序號	編　號	名　稱	順序號	編　號	名　稱
		一、資產類			
1	101	現金	33	211	應付工資
2	102	銀行存款	34	214	應付福利費
3	109	其他貨幣資金	35	221	應交稅金
4	111	短期投資	36	223	應付利潤
5	112	應收票據	37	224	應交民航基礎設施建設基金
6	113	應收帳款	38	229	其他應交款
7	114	壞帳準備	39	231	預提費用
8	115	預付帳款	40	241	長期借款
9	119	其他應收款	41	251	應付債券
10	121	器材採購	42	261	長期應付款
11	122	航材消耗件			三、所有者權益類
12	123	高價周轉件	43	301	實收資本
13	124	普通器材	44	311	資本公積
14	129	低值易耗品	45	313	盈餘公積
15	131	器材成本差異	46	321	本年利潤
16	133	委託加工器材	47	322	利潤分配
17	134	機上供應品			四、損益類
18	139	待攤費用	48	401	運輸收入
19	151	長期投資	49	403	通用航空收入
20	161	固定資產	50	404	機場服務收入
21	165	累計折舊	51	405	運輸成本
22	166	固定資產清理	52	406	通用航空成本
23	169	在建工程	53	407	機場服務費用
24	171	無形資產	54	408	銷售費用
25	181	遞延資產	55	409	營業稅金及附加
26	191	待處理財產損溢	56	411	其他業務收入
		二、負債類	57	412	其他業務支出
27	201	短期借款	58	421	管理費用
28	202	應付票據	59	422	財務費用
29	203	應付帳款	60	431	投資收益
30	204	國際票證結算	61	441	營業外收入
31	205	國內票證結算	62	442	營業外支出
32	209	其他應付款			

附註：企業可以根據實際需要，對上列會計科目做必要增減或合併：

1. 統一核算的專業公司或有獨立核算的附屬企業的企業可以增設「撥付所屬資金」科目，附屬企業可相應增設「上級撥入資金」科目。
2. 有調劑外匯業務的企業，可增設「外匯價差」科目。
3. 企業內部各部門周轉使用的備用金，可增設「備用金」科目。
4. 國家撥給特種儲備資金的企業，可以增設「特種儲備物資」科目和「特種儲備基金」科目。
5. 採用實際成本進行器材日常核算的企業，可以不設「器材採購」和「器材成本差異」科目，增設「在途器材」科目。
6. 根據需要，企業可以不設置「器材成本差異」科目，而在「航材消耗件」、「高價周轉件」、「低值易耗品」、「普通器材」、「機上供應品」等科目內分別設置「成本差異」明細科目。
7. 低值易耗品較少的企業，可以將其併入「普通器材」科目。
8. 預付帳款不多的企業，可以不設「預付帳款」科目，將預付帳款在「應付帳款」科目核算。
9. 企業如發行一年期以下的短期債券，可增設「應付短期債券」科目。
10. 對其他業務中經營規模較大、收入較多的經常性業務，企業可以參照相應行業會計制度，增設有關資產、收入、成本、費用、稅金等科目，單獨核算。
11. 還有未包括在會計科目表範圍內的其他資產、其他負債的，企業可根據具體情況，增設有關會計科目進行核算。

二、會計科目使用說明（略）

第三章　會計報表

(一)會計報表的種類和格式（略）

(二)會計報表編制說明

資產負債表編制說明

一、本表（略）反映企業月末、年末全部資產、負債和所有者權益的情況。

二、本表（略）「年初數」欄內各項數字，應根據上年末資產負債表「期末數」欄內所列數字填列。如果本年度資產負債表規定的各個項目的名稱和內容同上年度不相一致，應對上年年末資產負債表各項目的名稱和數字按照本年度的規定進行調整，填入本表「年初數」欄內。

三、本表各項目的內容和填列方法：

1.「貨幣資金」項目，反映企業庫存現金、銀行結算戶存款、外埠存款、銀行匯票存款、銀行本票存款和在途資金等貨幣資金的合計數。本項目應根據「現金」、「銀行存款」、「其他貨幣資金」科目的期末餘額合計填列。

2.「短期投資」項目，反映企業購入的各種能隨時變現、持有時間不超過一年的有價證券以及不超過一年的其他投資。本項目應根據「短期投資」科目的期末餘額填列。

3.「應收票據」項目，反映企業收到的未到期收款也未向銀行貼現的應收票據，包括商業承兌匯票和銀行承兌匯票。本項目應根據「應收票據」科目的期末餘額填列。已向銀行貼現的應收票據不包括在本項目內，其中已貼現的商業承兌匯票應在本表下端補充資料欄填列。

4.「應收帳款」項目，反映企業因在承運由國內、外企業銷售的國內、國際客、貨、郵運輸票證或由其他單位組織的國內、國際專、包機業務，和對外提供勞務等業務，應向銷售運輸票證、組織專、包機或接受勞務的單位收取的款項。本項目應根據「應收帳款」科目所屬各明細科目的借方期末餘額合計填列。

5.「壞帳準備」項目，反映企業提取尚未轉銷的壞帳準備。本項目應根據「壞帳準備」科目的期末餘額填列，其中借方餘額應以「－」號表示。

6.「預付帳款」項目，反映企業預付給供應單位的款項。本項目應根據「預付帳款」科目的期末餘額填列。如「預付帳款」科目所屬有關明細科目有貸方餘額的，應在本表「應付帳款」項目內填列。如「應付帳款」科目所屬明細科目有借方餘額的，也應包括在本項目內。

7.「其他應收款」項目，反映企業對其他單位和個人的應收和暫付的款項。本項目應根據「其他應收款」科目的期末餘額填列。

8.「存貨」項目，反映企業期末結存在庫、在途和在加工中的各項存貨的實際成本，包括航材消耗件、高價周轉件、普通器材、低值易耗品、機上供應品等。本項目應根據「器材採購」、「航材消耗件」、「高價周轉件」、「普通器材」、「低值易耗品」、「器材成本差異」、「委託加工材料」、「機上供應品」、「運輸成本」、「通用航空成本」等科目的期末餘額合計或分析填列。

9.「待攤費用」項目，反映企業已經支出但應由以後各期分期攤銷的費用。企業的開辦費、租入固定資產改良及大修理支出以及攤銷期限在一年以上的其他待攤費用，應在本表「遞延資產」項目反映，不包括在本項目數字之內。本項目應根據「待攤費用」科目的期末餘額填列。「預提費用」科目期末如有借方餘額，在本項目內反映；增設「外匯價差」科目的企業，該科目如有借方餘額，也在本項目內反映。

10.「待處理流動資產淨損失」項目，反映企業在清查財產中發現的尚待批准轉銷或做其他處理流動資產盤虧、毀損扣出盤盈後的淨損失。本項目應根據「待處理財產損溢」科目所屬「待處理流動資產損溢」明細科目的期末餘額填列。

企業待處理的固定資產的淨損失，應在本表「待處理固定資產損失」項目內另行反映。

11.「其他流動資產」項目，反映企業除以上流動資產項目外的其他流動資產的實際成本，應根據有關科目的期末餘額填列。

12.「長期投資」項目，反映企業不準備在一年內變現的投資。長期投資中，將於一年內到期的債券，應在流動資產類下「一年內到期的長期債券投資」項目單獨反映。本項目應根據「長期投資」科目的期末餘額扣除一年內到期的長期債券投資後的數額填列。

13.「固定資產原價」項目和「累計折舊」項目，反映企業的各種固定資產原價及累計折舊。融資租入的固定資產在產權尚未確定之前，其原價及已提折舊也包括在內。融資租入的固定資產原價在「其中」項單獨反映。這兩個項目應根據「固定資產」科目和「累計折舊」科目的期末餘額填列。

14.「固定資產清理」項目，反映企業因出售、毀損、報廢等原因轉入清理但尚未清理完畢的固定資產的淨值，以及固定資產清理過程中所發生的清理費用和變價收入等各項金額的差額，本項目應根據「固定資產清理」科目的期末借方餘額填列；如為貸方餘額應以「－」號填列。

15.「在建工程」項目，反映企業期末各項未完工程的實際支出，和尚未使用的工程物資的實際成本，包括交付安裝的設備價值、未完建築安裝工程已經耗用的材料、工資和費用支出、預付出包工程的價款、已經建築安裝完畢但尚未交付使用的建築安裝工程成本、尚未使用的工程物資的實際成本等。本項目應根據「在建工程」科目的期末餘額填列。

16.「無形資產」項目，反映企業各項無形資產的原價扣除攤銷後的淨額。本項目應根據「無形資產」科目的期末餘額填列。

17.「遞延資產」項目，反映企業尚未攤銷的開辦費、租入固定資產改良及大修理支出以及攤銷期限在一年以上的其他待攤費用。本項目應根據「遞延資產」科目的期末餘額填列。

18.「其他長期資產」項目，反映除以上資產以外的其他長期資產，本科目應根據有關科目的期末餘額填列。

19.「短期借款」項目，反映企業借入尚未歸還的一年期以下的借款。本項目應根據

「短期借款」科目的期末餘額填列。

20. 「應付票據」項目，反映企業為了抵付貨款等而開出、承兌的尚未到期付款的應付票據，包括銀行承兌匯票和商業承兌匯票。本項目應根據「應付票據」科目的期末餘額填列。
21. 「應付帳款」項目，反映企業購買器材或接受勞務供應而應付給供應單位的款項，本項目應根據「應付帳款」科目所屬各有關明細科目的期末貸方餘額合計填列。
22. 「國際票證結算」項目，反映企業銷售後待結算的國際運輸票證款項。本項目應根據「國際票證結算」科目所屬各有關明細科目的貸方期末餘額合計填列。
23. 「國內票證結算」項目，反映企業銷售後待結算的國內運輸票證款項。本科目應根據「國內票證結算」科目所屬各有關明細科目的貸方期末餘額填列。
24. 「其他應付款」項目，反映企業所有應付和暫收其他單位和個人的款項，如應付保險費、存入保證金等。本項目應根據「其他應付款」科目的期末餘額填列。
25. 「應付工資」項目，反映企業尚未付的職工工資，本項目應根據「應付工資」科目期末貸方餘額填列。「應付工資」科目期末如為借方餘額，本項目以「－」號填列。
26. 「應付福利費」項目，反映企業提取的福利費的期末餘額。本項目應根據「應付福利費」科目的期末貸方餘額填列；如為借方餘額，應以「－」號填列。
27. 「未交稅金」項目，反映企業應交未交的各種稅金（多交數以「－」號填列）。本項目應根據「應交稅金」科目的期末餘額填列。
28. 「未付利潤」項目，反映企業期末應付未付給投資者及其他單位和個人的利潤（多付數以「－」號填列）。本項目應根據「應付利潤」科目的期末餘額填列。
29. 「未交民航基礎設施建設基金」項目，反映企業應交而未交的民航基礎設施建設基金。本項目應根據「應交民航基礎設施建設基金」科目的期末額填列（多交數以「－」號填列）。
30. 「其他未交款」項目，反映企業應交未交的除稅金以外的各種款項（多交數以「－」號填列）。未交旅遊發展基金、未交機場管理建設費還應在「其中」項內單獨填列。本項目應根據「其他應交款」科目的期末餘額填列。
31. 「預提費用」項目，反映企業所有已經預提計入成本費用而尚未支付的各項費用。本項目應根據「預提費用」科目的期末貸方餘額填列。如「預提費用」科目有借方餘額，應合併在「待攤費用」項目內反映，不包括在本項目內。
32. 「其他流動負債」項目，反映除以上流動負債以外的其他流動負債。本科目應根據有關科目的期末餘額填列。

33.「長期借款」項目，反映企業借入尚未歸還的一年期以上的借款本息。本項目應根據「長期借款」科目的期末餘額填列。

34.「應付債券」項目，反映企業發行的尚未償還的各種債券的本息。本項目應根據「應付債券」科目的期末餘額填列。

35.「長期應付款」項目，反映企業期末除長期借款和應付債券以外的其他各種長期應付款。如在採用補償貿易方式下引進國外設備，尚未歸還外商的設備價款；企業應付未付的融資租入固定資產的租賃費。本項目應根據「長期應付款」科目的期末餘額填列。

36.「其他長期負債」項目，反映除以上長期負債項目以外的其他長期負債。本科目應根據有關科目的期末餘額填列。

上述長期負債各項目中將於一年內到期的長期負債，應在本表「一年內到期的長期負債」項目內另行反映。上述長期負債各項目均應根據有關科目期末餘額扣除將於一年內到期償還數後的餘額填列。

37.「實收資本」項目，反映企業實際收到的資本總額。本項目應根據「實收資本」科目的期末餘額填列。

38.「資本公積」項目和「盈餘公積」項目，分別反映企業資本公積和盈餘公積的期末餘額。應分別根據「資本公積」和「盈餘公積」科目的期末餘額填列。

39.「未分配利潤」項目，反映企業尚未分配的利潤。本項目應根據「本年利潤」科目和「利潤分配」科目的餘額計算填列。未彌補的虧損，在本項目內用「－」號反映。

損益表編制說明

一、本表（略）反映企業在月份、年度內利潤（虧損）的實現情況。

二、本表（略）「本月數」欄反映各項目的本月實際發生數，在編報年度報表時，填列上年全年累計實際發生數，並將「本月數」欄改成「上年數」欄。如果上年度損益表的項目名稱和內容與本年度損益表不相一致，應對上年度報表項目的名稱和數字按本年度的規定進行調整，填入本表「上年數」欄。

本表「本年累計數」欄反映各項目自年初起至本月末止的累計實際發生數。

三、本表各項目的內容及其填列方法：

1.「主營業務收入」項目，反映企業運輸、通用航空和機場服務等主要經營業務取得的收入總額。本項目應根據「運輸收入」、「通用航空收入」、「機場服務收入」科目填列。

2.「主營業務成本」項目，反映企業運輸、通用航空、機場服務等主營業務所耗費的成本總額。本項目應根據「運輸成本」、「通用航空成本」和「機場服務費用」科目填列。

3.「銷售費用」項目，反映企業在銷售過程中所發生的與主營業務有關的各項銷售費用。本項目應根據「銷售費用」科目發生額填列。

4.「營業稅金及附加」項目，反映企業主營業務應負擔的產品稅、增值稅、營業稅和城市維護建設稅及教育費附加。本項目應根據「營業稅金及附加」科目的發生額分析填列。

5.「其他業務利潤」項目，反映企業除運輸、通用航空、機場服務等主營業務外的其他業務收入扣除其他業務成本及應負擔的費用、稅金後的利潤（如為虧損應以「－」號表示）。本項目應根據「其他業務收入」和「其他業務支出」科目的發生額分析計算填列。企業增設有關科目核算其他業務收支的，其實現的利潤也在本項目內反映。

6.「管理費用」項目，反映企業發生的管理費用。本項目應根據「管理費用」科目發生額填列。

7.「財務費用」項目，反映企業發生的財務費用。本項目應根據「財務費用」科目發生額填列。

8.「投資收益」項目，反映企業以各種方式對外投資所取得的收益，其中包括分得的投資利潤、債券投資的利息收入以及認購的股票應得的股利以及收回投資時發生的收益等。本項目應根據「投資收益」科目的發生額分析填列。如為投資損失，本項目用「－」號填列。

9.「營業外收入」項目和「營業外支出」項目，反映企業經營業務以外的收入和支出。這兩個項目分別根據「營業外收入」和「營業外支出」科目的發生額分析填列。

10.「利潤總額」項目，反映企業全年實現的利潤。如為虧損，則以「－」號在本項目內填列。

財務狀況變動表編制說明

一、本表（略）反映企業在年度內流動資金的來源和運用情況以及各項流動資金的增加或減少情況。

二、本表（略）左方反映流動資金的來源和運用情況；右方反映各項流動資產和流動負債的增減情況。左方流動資金的來源合計數與流動資金運用合計數的差額，與右方流動資產增減淨額與流動負債增減淨額，都反映全部資金增減淨額，兩者應該相等。

三、本表（略）「流動資金來源和運用」的內容及填列方法：

1.「本年利潤」項目，反映企業年度內實現的利潤（如為虧損用「－」號表示），本項目應根據「損益表」上「利潤總額」項目「本年累計數」欄的數字填列。
2.「固定資產折舊」項目，反映企業年度內累計提取的折舊，本項目應根據「累計折舊」科目的貸方發生額分析填列。
3.「無形資產、遞延資產攤銷」項目，反映企業年度內累計攤入成本、費用的無形資產及遞延資產價值，本項目應根據「無形資產」、「遞延資產」科目貸方發生額分析計算填列。
4.「固定資產盈虧（減盤盈）」項目，反映企業經批准在營業外支出列支的固定資產盤虧減去盤盈的淨損失，本項目應根據「營業外支出」和「營業外收入」科目所屬有關明細科目中固定資產盤虧損失扣除固定資產盤盈收益後的差額填列。
5.「清理固定資產損失（減收益）」項目，反映企業年度內由於出售固定資產和固定資產報廢、毀損發生的淨損失。本項目應根據「營業外收入」和「營業外支出」科目所屬有關明細科目中固定資產清理損失扣除固定資產清理收益後的差額填列。
6.「其他不減少流動資金的費用和損失」項目，反映不包括在以上項目中的其他不減少流動資金的費用和損失。本項目應根據「營業外支出」科目所屬有關明細科目分析填列。
7.「固定資產清理收入（減清理費用）」項目，反映企業年度內清理固定資產發生的變價收入、出售固定資產的價款收入以及因固定資產損失而向過失人或保險公司收回的賠償款扣除清理費用後的淨額。本項目應根據「固定資產清理」科目分析填列。
8.「增加長期負債」項目，反映企業年度內長期負債累計增加數。本項目應根據「長期借款」、「應付債券」、「長期應付款」科目的貸方發生額分析填列。企業年度內歸還長期負債累計數，應在本表「償還長期負債」項目單獨填列，不從本項目數字內扣除，但一年內到期的長期負債應從本科目內扣除後在「流動負債本年增加數」部分單列項目反映。
9.「收回長期投資」項目，反映企業年度內收回的長期投資累計數，本項目應根據「長期投資」科目貸方發生額分析填列。年度內企業增加長期投資應在本表「增加長期投資」項目單獨反映，不從本項目數字內扣除。

   一年內到期的長期債券投資應在「流動資產本年增加數」部分單列項目反映，在填列「增加長期投資」項目時，應按扣除一年內到期的長期債券投資後的數額填列。
10.「對外投資轉出固定資產」項目和「對外投資轉出無形資產」項目，分別反映年度內用固定資產、無形資產對外投資累計數。這兩個項目應根據「固定資產」、「無形資產」科目貸方發生額有關數字與「累計折舊」、「長期投資」科目的借方發生額有關數字分析填列。

11.「資本淨增加額」項目，反映企業年度內增加的資本累計數。本項目應根據「實收資本」、「資本公積」和「盈餘公積」科目的年末餘額與年初餘額的差額合計數填列。

12.「應交所得稅」項目，反映企業年度內應交納的所得稅。本項目應根據「利潤分配」科目所屬「應交所得稅」明細科目的借方發生額填列。

13.「提取盈餘公積」項目，反映企業年度內提取的盈餘公積。本項目應根據「利潤分配」科目所屬「提取盈餘公積」明細科目的借方發生額計算填列。企業以盈餘公積彌補的虧損在本項目內以「－」號表示。上述利潤分配各項目，均不包括調增調減本年利潤相應調整的利潤分配數。

14.「應付利潤」項目，反映企業年度內已分配的應付投資者及其他單位或個人的利潤。本項目應根據「利潤分配」科目所屬「應付利潤」明細科目的借方發生額填列。

15.「固定資產和在建工程增加淨額」項目，反映企業年度內增加固定資產淨值和建造固定資產而支出的資金累計數，包括收回長期投資增加的固定資產淨值（固定資產盤盈不包括在本項目數字之內）。本項目應根據「固定資產」、「累計折舊」科目和「在建工程」科目的記錄分析填列。

16.「增加無形資產、遞延資產及其他資產」項目，反映企業年度內無形資產、遞延資產及其他資產增加累計數。本項目應根據「無形資產」、「遞延資產」及其他有關科目的記錄分析填列。

除上述已列明的以外，其他各項目的減少數均以「－」號表示。

四、本表流動資金各項目反映流動資產增減和流動負債增減情況，應根據「資產負債表」中各項流動資產、流動負債的年初數和年末數的差額直接填列。年末數大於年初數的為增加，在表上以正數填列；年末數小於年初數的為減少，在表上以「－」號填列。

五、為了全面反映企業流動資金增減變動的產生原因，便於財務分析，對於不直接影響流動資金的某些項目，在本表中也填列了項目予以反映，為如實反映企業流動資金來源、運用以及增減情況，企業可以根據實際情況，在本表中增加或減少必要項目。

利潤分配表編制說明

一、本表（略）反映企業利潤分配的情況和年末未分配利潤的結餘情況。

二、本表（略）「本年實際」欄，根據當年「本年利潤」及「利潤分配」科目及其所屬明細科目的記錄分析填列。

「上年實際」欄根據上年「利潤分配表」填列。其中，「利潤總額」項目應反映上年「利潤總額」項目加、減「上年利潤調整」項目後的數字。如果上年度利潤分配表與本年度利潤分配表的項目名稱和內容不相一致，應對上年度報表項目的名稱和數字按本年度的規定進行調整，填入本表「上年實際」欄內。

三、本表（略）各項目的內容：

1.「利潤總額」項目，反映企業全年實現的利潤。如為虧損，則以「－」號在本項目內填列。本項目的數字應與「損益表」上「利潤總額」項目的本年度數一致。

2.「應交所得稅」項目，反映企業本年利潤應交的所得稅。

3.「年初未分配利潤」項目，反映企業上年年末未分配的利潤，如為未彌補的虧損，以「－」號在本項目內填列。本項目的數字應與上年利潤分配表「未分配利潤」項目的「本年實際」數一致。如因某種原因需要對上年利潤和利潤分配進行調整的，調整數應在本表「上年利潤調整」項目單獨反映，不調整本項目的數字。其中，調整增加利潤應交納的所得稅，還應在「上年所得稅調整」項目單獨反映，如為調減利潤沖抵的所得稅，用「－」號反映。

4.「盈餘公積補虧」項目，反映企業用盈餘公積彌補的虧損。

5.「提取盈餘公積」項目，反映企業提取的盈餘公積。

6.「應付利潤」項目，反映企業應付給投資者或其他單位和個人的利潤。

主營業務收支明細表編制說明

一、本表（略）反映企業各項主營業務的收入、成本、費用、稅金以及實現利潤的情況。

二、直接從事運輸生產和通用航空作業的企業，主營業務收支按收入種類在各項目中分析、計算填列；為運輸生產和通用航空服務的企業，主營業務收支按服務項目在各項目中分析、計算填列。

三、其他業務部分，如需要填列應根據業務的項目分析、計算，在相應各項目中填列。

國家圖書館出版品預行編目（CIP）資料

航空財務管理 / 黃中堅著. -- 初版. -- 臺北市 : 心理,
2015.05
面； 公分. --（餐旅管理系列；76001）
ISBN 978-986-191-637-8（平裝）

1. 航空運輸管理 2. 財務管理

557.93 103025853

餐旅管理系列 76001

航空財務管理

作　　者：黃中堅
執行編輯：林汝穎
總 編 輯：林敬堯
發 行 人：洪有義
出 版 者：心理出版社股份有限公司
地　　址：231 新北市新店區光明街 288 號 7 樓
電　　話：(02) 29150566
傳　　真：(02) 29152928
郵撥帳號：19293172 心理出版社股份有限公司
網　　址：http://www.psy.com.tw
電子信箱：psychoco@ms15.hinet.net
駐美代表：Lisa Wu（lisawu99@optonline.net）
排 版 者：龍虎電腦排版股份有限公司
印 刷 者：龍虎電腦排版股份有限公司
初版一刷：2015 年 5 月
I S B N：978-986-191-637-8
定　　價：新台幣 480 元